福建省高校“一带一路”跨文化研究丛书　总主编：林大津

教材出版获得福建师范大学教材出版立项资助

日本职场交际及社会常识

日本におけるビジネス・コミュニケーション及び社會常識

缪里英
王海航
/编著

厦门大学出版社
XIAMEN UNIVERSITY PRESS
国家一级出版社
全国百佳图书出版单位

图书在版编目(CIP)数据

日本职场交际及社会常识:汉日对照/缪里英,王海航编著.—厦门:厦门大学出版社,2019.12

ISBN 978-7-5615-7717-2

Ⅰ.①日…　Ⅱ.①缪…　②王…　Ⅲ.①礼仪—日本—汉、日　Ⅳ.①K893.13

中国版本图书馆 CIP 数据核字(2020)第 012683 号

出 版 人　郑文礼
责任编辑　高奕欢

出版发行　厦门大学出版社
社　　址　厦门市软件园二期望海路 39 号
邮政编码　361008
总　　机　0592-2181111　0592-2181406(传真)
营销中心　0592-2184458　0592-2181365
网　　址　http://www.xmupress.com
邮　　箱　xmup@xmupress.com
印　　刷　厦门兴立通印刷设计有限公司

开本　720 mm×1 000 mm　1/16
印张　15.75
字数　258 千字
版次　2019 年 12 月第 1 版
印次　2019 年 12 月第 1 次印刷
定价　62.00 元

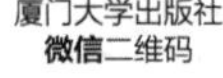
厦门大学出版社
微信二维码

厦门大学出版社
微博二维码

前　言

我们之所以组织编写这本教材，是因为当前大学生——无论是外语专业还是非外语专业——在跨文化交际能力的测评中都表现出相关知识的极度匮乏，这一问题非常突出。大学专业课程中增设了许多文化课程以提高学生的跨文化交际能力，例如介绍和讨论交际对象国家的传统文化、民族心理、民族文化，等等。这些文化课程无疑是重要的，但是却无法指导解决跨文化交际中的实际问题。我们不仅缺少教师来系统地教授更为实用的跨文化交际课程，也缺乏具有指导作用的教材，以解决跨文化交际问题为目的，网罗交际对象国家涉及言语交际表达、职场礼仪、人际交往规则、企业文化、社会文化基本常识等知识。

另一个原因是近年来大学生“就业难”问题日趋严峻，企业所需人才与大学培养人才之间存在巨大的鸿沟。日本的学校和企业在大学生就业指导、公司新人培养方面积累了许多丰富的经验，特别是包括新职员职业意识培养、职业生涯规划、企业基本运营机制的特点、职场社交礼仪、口头及文书等沟通策略等方面的“职业化教育”值得中国学习借鉴。

因此，本教材希望能够向读者展示：(1）中日跨文化交际能力所需的知识框架和基本内容，包括日本言语交际、社交礼仪等等；(2）日本在“职业化教育”领域的成果。我们预设的阅读对象为大学日语专业学生、与日本人打交道的涉外人员、商务人士、访问学者、留学生，以及对日本职业化教育、日本企业文化、日本企业制度、日本社会文化感兴趣的非日语专业学生和社会人士。为了方便更多的读者阅读，本书的撰写语言以汉语为主，日语为辅。同时，考虑到日语专业学生中日跨文化交际知识的储备需求，在介绍日本具体的社会常识、社交礼仪和日语言语交际等内容方面，教材尽可能采用图表的形式和具体的日语表达例句，以期加深读者印象。

本教材围绕“如何培养合格的社会人？”这一问题展开，并引入日语语境下的“社会人”概念，将主要内容划分为“社会人的基本常识”“社会人的沟通能力”“商务社交礼仪”三大部分，着重阐述社会人基础能力之一的沟通能力——日语言语交际能力。我们认为“常识—能力—礼仪”构成了日常职场交际的基本内容，三者之间关系紧密，不可分割。言语表达本身就蕴含了社会基本常识和社交礼仪的规范，反之，人际关系网络、社交心理和社会常识往往又左右着人们在具体场景中的言语交际行为。在此意义上，全篇通读或对照式阅读对加深理解日本社会职场社交的整体特点是有帮助的。同时，我们还设置了诸如“电话交际”“工作联系、汇报、商量等同事之间的口语交际”“会面、洽谈、企划发表等客户之间的口语交际”“失误、道歉、拒绝等棘手问题对应的口语交际”等具体交际情景下的交际对策，方便读者快速查阅自己感兴趣的内容。总之，我们在内容的编排上既考虑各个部分之间的彼此关联，又兼顾各个部分的相对独立性，既适合读者按顺序整体阅读，也适合读者挑选感兴趣的部分跳跃式阅读。

我们在回应“培养社会人”这一问题的过程中，担心陷入强调“日本文化适应论”的误区中。我们在编写教材时沿用了日语词汇的“社会人”，书中主要内容也无可避免地被“日本”化或“日本人”化，但我们仍旧努力寻找一个能够超越日本文化、既适合日本也适合我国的“社会人像”。因为，我们认为，人们在谈“日本的”的时候，往往会误会“日本的”就是“日本独有的”，其他国家或社会没有。显然不是这样，我们在谈日本商务礼仪及社会常识时，没有刻意去挑拣那些不同于世界、不同于中国的东西，因为那是极其狭隘和片面的。我们尽可能地去还原日本社会中那些与我们相同又与我们不同的东西，从更客观、更立体的维度去了解日本社会。介绍日本人的社会观、职业观、日本企业的文化特征、日本商务礼仪等，掌握这些“价值观”影响下的商务交际策略和商务日语表达，不是让我们的日语学习者或者日本学爱好者在商务场景中一味地去适应日本的商务文化和礼仪，而是在“知己知彼”的情况下多一个选择和判断。假如本教材关于日本职场交际和日本社会基本常识的编写内容，对于您了解日本社会和日本人，避免对日工作中可能产生的文化摩擦问题，实现顺畅的中日跨文化交流方面有些许帮助的话，这将是对我们编写工作的最大肯定。

还需要说明的是，职场交际是一个动态的、极其复杂的社会活动，文化背景不同的交际双方或多方互为作用，并与时代、场域彼此联动，受到交际场景、交际者、交际目的等要素的制约。现实中交际情况的复杂性要远胜于教材中列举的具体情境，因此建议学习者和指导者于实际应用时，可在充分考虑日本社会交际原则、社会常识、商务礼仪和企业规则的基础之上，将各种策略和表达组合应用，也可根据实际情况酌情对教材中提供的范例（主要是指日语表达）进行调整修改，切不可生搬硬套。

编者在教材编写的过程中参阅了国内外大量文献资料（参见参考文献），也直接或间接地引用了许多有价值的资料，其中包括了编者在日留学期间（1999—2007 年）收集的企业采访日记、问卷调查、企业人才培养小册子、网络资料，对于这些资料，编者未能在书中逐一注明出处，在此，编者对所引文献的作者、受访的日本企业及大学就业指导中心的相关人员表示衷心的感谢和歉意。

最后，编者还要向对本教材研究课题给予鼓励和支持的神户大学名誉教授石原享一、福建师范大学林大津教授、福州大学阳光学院邱岭教授，对本教材有关问题提供具体宝贵意见的福建师范大学林璋教授，对本教材出版提供资金相助的福建师范大学、福建师范大学外国语学院，对教材出版付出辛苦工作并给予本人极大理解和支持的厦门大学出版社宋文艳总编、外文编辑室王扬帆主任和高奕欢编辑表示最诚挚的谢意。

鉴于编者能力有限，教材中难免存在疏漏、不足之处，恳请读者和专家批评指正，以便再版时能够及时修改、完善。

目　录

第一部分　“社会人”的基本常识

第二部分 “社会人”的沟通能力

第一部分

『社会人』的基本常识

第一章

责任自觉和专业意识

在日语语境中提及“职业”“职场”，人们常常能联想到“社会人”一词。然而，事实上，“社会人”一词的用法是日本社会在20世纪30—50年代才确立起来的。尽管我们很难在学术上对“社会人”概念化，或明确界定“社会人”的具体所指，但是我们可以通过列举不同于“社会人”的所指来认知这一概念。比如，我们将不属于军队、国民、监狱、学校等特殊领域的一般领域的人群统称为“社会人”，不过，特殊领域的所指也并非一成不变，通常因使用该词的人群及其所处时代的不同而有所差异。近年来，伴随日本应届大学毕业生市场主要流向白领阶层和蓝领阶层，“一般社会”便趋同于“职场”。而区别于“学校社会”，“社会人”也就成了区别于学生身份的“职场人”的代名词。

社会是人与人的结合体，作为一个社会人要有“与他人建立、维系良好关系，促进事务发展；遵守社会基本规范、享受社会权利的同时履行社会义务的自觉”。每一个社会对本社会的成员都会有一个期待，就能力方面，日本经济产业省从2006年开始提倡培养“社会人基础能力”，以期适应新时代的要求。

所谓“社会人基础能力”，即在职场、地域社会与他人合作所必需的基础能力。如图1–1所示，社会人基础能力是一个系统能力，包括一个社会人所需的行动力、思考力和合作力3种能力，和主体性、调动力、执行力、问题意识、规划力、创造力、沟通力、倾听力、理解力、灵活性、规律性、控压力等12种能力要素。

行动力，即向前迈出一步的能力，是个人勇于突破自己，实现自己想做而不敢做之事的能力，或者面对自己认为个人能力不足以实现的事情却勇于下定决心、制定计划、努力去实现的能力。思考力，即不断追问的能力，是个人面对不足，善于发现、总结、探索、反思并寻找解决问题方法的能力。合作力，即个人与他人在共同目标下协作的能力。当然，作为社会人，仅仅拥有上述能力是远远不够的，他还需要具备能够胜任工作的基础学习能力、专业知识和基本生活能力。

行动力

～向前迈出一步，即使失败了，也要顽强地应对问题的能力～
主体性　推进事物向前发展的能力
调动力　带动他人推进问题解决的能力
执行力　设定目标、切实行动的能力

思考力

～带着疑问，不断追问的能力～
问题意识　分析现状、明确目标与课题的能力
规划力　为实现目标而明晰过程的准备能力
创造力　产出新价值、附加价值的能力

合作力

～朝着同一目标，与多数人共事的能力～
沟通力　清晰、明确地传达自己意见的能力
倾听力　认真听取他人意见的能力
灵活性　能够理解与自己不同的意见或立场的能力
理解力　能够理解自己与周围的人、事之间关系的能力
规律性　遵守社会规则与人际往来诚信的能力
控压力　应对压力源的能力

图 1–1　社会人基础力

注：参考日本经济产业省官网图文处理而成。http://www.meti.go.jp/policy/kisoryoku/aboutNouryokunozentaizou.pdf

如图 1–2 所示，学习能力包括了读写能力、数学能力、基础 IT 技能等。专业知识，指的是需要达到一定专业程度水准，或具有相应水平的资格认证等。除此之外，作为一个有独立人格的社会人，还需要拥有符合社会生活、学习、工作所必需的“人格和基本生活习惯”，如责任感、关心他人、公共心、道德伦理、基本社会礼仪、社会常识、一般教养等。社会人基础能力并不孤立于其他能力（要素），它与其他能力（要素）之间存在重合的部分，并通过各种实践活动与其他能力（要素）发生相互作用。人们一方面借助发挥社会人基础能力，调动基础学习能力和专业知识，参与社会经济生活；另一方面，通过专业知识的积累、基础学习能力的养成促进社会人基础能力的提升。总之，社会人基础能力的提升无法脱离其他能力（要素）单独完成，他需要在有效的实践和知识构建的过程中，在持续不断地与各种能力（要素）相互作用的过程中完成能力的提升。

“社会人基础能力”概念在一定程度上反映了新时代（21 世纪最近 15 年间）日本社会和日本企业对人才素质的要求，为我们理解日本主流的社会价值观和企业文化的时代背景提供了参考。

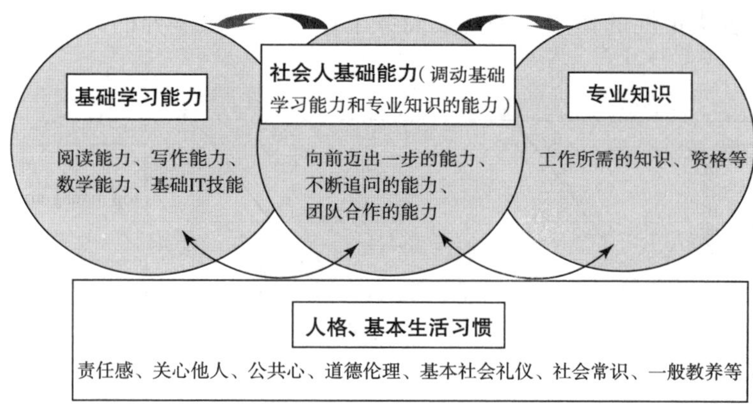

图 1-2 能力整体图

注：参考日本经济产业省官网图文处理而成

20 世纪 50 年代，美国哈佛大学著名教授罗伯特·卡茨（Robert Katz）将管理人员所需的能力归纳为以下三种：

（1）业务操行能力（technical skill）：开展业务所需要的知识或技能。例如，读写、计算等基础能力，办公人员所需的 Excel、Word、PPT 等计算机操作技能，英语等外语能力，等等。

（2）人际关系能力（human skill）：与人沟通交流或处理人际纠纷的能力。其中包括了领导能力、交际能力、指导能力、演讲能力、交涉能力、协调能力，等等。

（3）概念化能力（conceptual skill）：对身边发生的事情或状况能够进行整体思考、大局考虑、系统把握，抓住事物或问题本质的能力。这一能力具体包括具有全局观的思考能力和解决问题的能力，等等。

如图 1-3 所示，企业各个管理层人才所对应、所必需的能力存在差异：越接近经营层（top management），对“概念化能力”要求越高，而越接近监管层（lower management）越需要“业务操行能力”。相较“业务操行能力”与“概念化能力”，“人际关系能力”是三种能力中任一管理层都不可或缺的重要能力，占有相当大的比重。但是，谈及管理人员所需能力时，“人际关系能力”却往往被人们忽视。就像人们常常会忘记空气的重要性一样，人们提及“技能”往往联想到的是实际开展业务时所需的种种技能和知识，而认为“人际关系能力”是人类与生俱来的能力。但事实上，“人际关系能力”通常在现实工作中起着决定性的作用，是促成商务工作发生本质差异的关键能力，不容忽视。

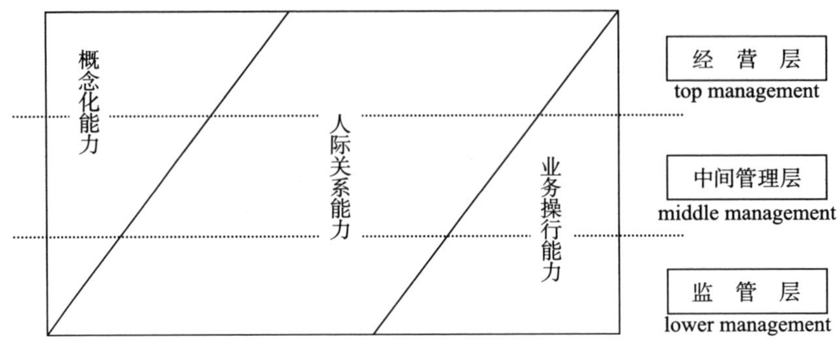

图 1–3　商务人员管理层及相应所需能力构成图

注：参考 http://pmstyle.biz/column/pmstyle/pmstyle80.htm 制图（获取日期：2018 年 6 月 20 日）

“罗伯特・卡茨模式”备受日本企业青睐，被广泛应用于企业的人才培训。该模式所提示的能力并不局限于管理人才，也同样适用于从事其他任何工作的人群。初入职场的大学毕业生作为一般职员处于监管层之下，可以推测他们更需要对自身的管理和提高业务操行的能力。但是，伴随着信息化时代的全面到来，概念化能力的重要性也愈趋明显。在信息大爆炸时代，即使是一般职员也同样需要具备能够对纷繁复杂的信息群进行分类处理的能力。对于一般职员而言，概念化能力意味着“能够发现问题并提出解决问题的方案”“能够柔性地应对变化的状况”“能够宏观看待事物”等。

一、工作的意义：实现自我价值＋社会贡献

日语语境中的“社会人”意味着摆脱学生气，少了家人和老师的保护，多了一份责任和义务。学校虽然也是社会的一部分，但是学校生活和社会生活有着许多本质上的不同。第一，个人目标与集体目标的关系不同。在学校里，每个学生都有各自的个人目标，而集体目标却相对模糊，个人目标与班级集体、学院（学校）的整体目标不一定一致，没有必然联系。但是，踏入社会，走上工作岗位，企业的目标却十分明确，即获取正当的利润，促进公司发展壮大，为社会做贡献。员工的个人目标与企业集体目标之间的关系十分紧密，尤其是在强调集体主义模式的日本企业中，个人目标的实现在很大程度上取

决于企业目标的实现。第二，人际关系不同。在学校里，除了老师之外基本上都是同学关系（同辈），不存在年龄、职务上的差异。而公司却由不同年龄层的人构成，俨然是一个有着严格上下关系的小社会。第三，规章制度不同。大学也有大学生守则和各种规章制度，但相对宽松自由。学校、老师对学生上课迟到、请假、不交作业、考试不合格等行为的约束力十分有限。而企业则不同，公司的规章制度要求每个员工都必须严格遵守。在日本企业，不遵守公司章程和社交礼仪的人通常会被认定为扰乱集体纪律的异端，受到他人排挤。如此看来，成为社会人并不是件好事。但是，结束学生身份，成为社会人并非全然艰苦，社会人可以收获承担责任后被同事、同行、企业或社会认可、信赖的喜悦，收获与同伴朝着同一个目标努力奋进的快乐，这些都是学校生活很难赋予的。

责任、社会贡献、自我提升和发展都涉及社会人的“职业观”问题。职业观就是具体回答“为什么工作？”“工作是什么？”等工作意义的问题。很多人面对这个问题，首先想到的是“挣钱”。的确，“工作—领工资—生计”三者之间存在着一种循环。但是，人们仅仅为了挣钱而工作吗？从工作中收获的价值仅仅只有金钱吗？显然不是。那些因工作而结识的同事、上司、客户，与他们真诚的交往将丰富你的人生；工作上遇到种种突发事件或者被委以重任并最终顺利解决问题、完成任务时带给你的成就感。这些好的坏的经验都将让你变得更加强大。工作中学习到的知识和技能是一笔巨大的人生财富。除去少数年轻时代就发挥出特殊才能的艺术家、运动员之外，大多数的人都是在踏入社会、工作后才让自己的潜能开花结果，可以毫不夸张地说，“工作促使人成长”。正如美国心理学者马斯洛（Abraham Harold Maslow）的“需求层次理论”所阐明的，人类分阶段依次有生理、安全、社会、尊严、自我实现5个层面的需求，人类在满足低次元的需求后进入高次元的需求追求，而为实现各个层次需求采取的一系列行为都将促进人类自身的发展。我们同样可以用“需求层次理论”来解释员工在企业中的个人成长需求。如图1–4所示，一个人在工作岗位上通过劳动获得稳定、足够的劳动报酬和持续的工作机会是为了满足人的生理需求和安全需求；同时，通过与同事共处得到集体认可满足了个人的社会需求。在实现了外在的生理、安全、社会等物质需求之后，员工可以通过不断提升业绩、获得业内尊重、不断突破自己、实现自我满足等个人内在的精神需求，继而完成一个人的成长历程。

工作的意义，不仅关乎个人成长问题，而且与社会关系息息相关。企业生产或销售的产品有益于人们生活，或者企业利润的一部分以税收形式上缴政府时，就意味着作为企业组织成员的一分子为社会尽了一份力。正如日语将“工作”写作“働く”，一个“人”加上“动”，即一个人积极地行动起来，对于自己、对于他人都是有益的，“成为社会人”参与“工作”本身就具有非凡的社会意义。

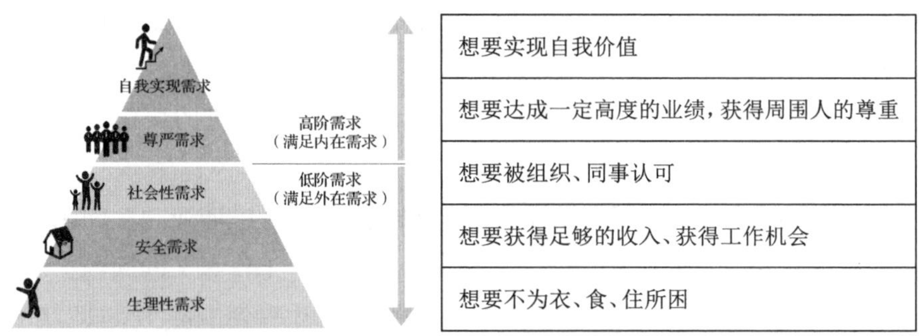

图 1–4　马斯洛的需求层级与组织中人的成长阶段

注：参考小口忠彦（1971：83）制图（获取日期：2019 年 8 月 12 日）

二、责任与专业——角色意识 + 使命感

无论是中国人还是日本人，人们常说，“一踏入社会，肩上就多了一份责任”。但是这份责任究竟是什么？负不负责，为谁负责，怎么负责……这一系列问题的判断背后却有一套自成体系的社会规则，反映的是某个社会的文化价值观。

中国社会、日本社会都认为一个社会人应该对自己的言行负责任。这个观念在日本社会尤其根深蒂固，推及企业，即企业中的每个成员也都承担着或多或少、或大或小的责任。具体而言，企业中有分工差异的责任，例如，社长有经营责任，干部职员有管理责任，而普通职员也需要对自己的工作承担责任；有共同承担的责任，例如，在来访（或致电）的客人面前，每个人都是公司的代表，必须承担维护公司名誉的责任，哪怕是新职员也不例外。打电话的方式不得体，做出的回答不合适或给客人添麻烦，都可能损害公司信誉。总之，日本企业强调并规范个人对自己言行负责的自觉。

日本企业强调"和"的意识，强调公司各部门之间、同部门人员之间的和谐相处，要求企业员工充分意识到每个个体所在的企业是一个为了共同目标而组织起来的团队，每个人都需要与不同年龄层、不同分工的人一起工作。日本企业强调团队之间的合作关系，十分重视个人与他人的协调能力，同时也强调一个合格的社会人需要，备自立、不依赖他人的处理事务的能力。

日本企业还强调个人对企业的归属感。尽管近二三十年，日本企业积极鼓励发展个人能力，推进去除或消减"年功序列制"（年功序列制度）和"终身雇佣制"（終身雇用制度）的企业改革[①]，但是传统的职员与企业之间强烈的连带感依然根深蒂固。一方面，企业选择人才极为谨慎，需通过"书面筛选—职业适合度笔试＋专业笔试—面试1+ 面试2……+ 最终面试"重重考核。另一方面，个人对职业、企业的选择也同样谨慎，"先就业后择业""跳槽"等在中国十分普遍的就业模态在日本并不一定被看好。日本大学本科生通常从大三就开始利用课余时间参加一系列的"就职活动（就職活動）＝参加各类职业培训或各种企业说明会—投递简历—参加笔试、面试"。对于本科毕业生而言，长达1～2年的就职活动在日本社会并不稀奇。作为一种惯习的"就职活动"其一方面映射出日本社会就业冰河期（20世纪90年代至今）大学毕业生面临"就业困难"的严峻现状，同时也反映出个人或企业在选择职业或选择人才上双向均持谨慎态度。这种慎重态度的背后是日本社会的一种集体心理期许——就业单位与个人保持长期、稳定、合二为一的关系。因而，前文提到的"人人代表公司"的共识能够扎根于日本社会也就不难理解了。从个人到企业，再从企业到社会，整个日本社会形成了一个有机整体，企业作为社会的一分子，除了追求利润之外还需要承担相应的社会责任，这样的"企业回报社会观"同样遵循了上述逻辑。

（一）角色意识——各尽其职

现代企业要求经营层、管理层、普通职员各司其职，各担其责。但是事实上，企业不同分层的人对职责的内涵却有着十分不同的理解。在企业的采

① 年功序列制、终身雇佣制和企业工会（労働組合）曾被誉为战后日本经济取得飞速发展、创造巨大经济奇迹的日本式经营的三大法宝，在凝聚人心、建立企业与个人之间荣辱与共关系上发挥着积极作用。但是，20世纪90年代之后，伴随着日本经济的长期低迷和全球激烈竞争的常态化，日本企业文化中的年功序列制和终身雇佣制所带来的组织僵化、论资排辈、人才横向流动受阻、缺乏活力等弊病也日益凸显。

访调查中，上司和部下双方意见产生分歧的情况比比皆是，上司抱怨部下缺乏责任感，而部下却对上司的抱怨表示委屈，认为“自己已经很认真地在做事”。显然，上司认为的“责任”与部下“认真做事”之间的认知并不一致，部下之所以很委屈，很多时候可能是他并没有理解上司所认知的“责任”所指。我们举个例子来说明日本企业中的所谓“责任”。

案例：A是某公司管理部门的职员，遇到公司商品没有库存的情况，上司要求A“马上联系厂长让他快速补货”。接到上司指示，A马上打电话给厂长，但恰巧厂长外出，不知道什么时候回公司。这时，A没有采取任何措施，只是等待厂长回来。上司对A感到失望，甚至认为A缺乏责任意识。

案例中A职员的行为之所以得不到上司的认可，是因为当前情况下最为紧要的事情是确保公司商品充足，为此A必须与当日接替外出厂长代理事务的人员取得联系，解决库存紧张的问题。能否解决问题才是企业“工作责任”的含义。日本企业认为员工工作不负责，是因为缺乏“角色意识”（役割意識）。而“角色意识”意味着一个人能够明确把握自己的角色，知道当下应该做什么、怎么做，并迅速付诸行动。

（二）使命感——1+α 行为

日本的职业教育强调，一个合格的社会人除了需要拥有认识自己、摆正位置的角色意识之外，还应具备富有个性和主动意识的使命感。日本的企业家常常把角色意识和使命感比作汽车的左右轮，角色意识可以让目标更为明确，而使命感是推动目标实现的动力。缺乏使命感的目标，即使再明确也很难百分百地实现。使命感，就是一种不受人指示、自发地采取行动的情绪，是一种“+α 行为”（参见图1–5）。我们以案例1来解释什么是使命感。假设工厂完成了A职员提出的急需配送产品的特殊要求，几天之后A回访了工厂表示感谢（即采取表敬行为），A的行为就是使命感作用的结果。当然，不是所有的“+α 行为”都会带来正向的效果，这时起决定因素的是“感觉”（sense）和“权衡”（balance）。感觉，是一种扎根于使命感的想象力，在日本企业内部可以理解为是部下理解上司指示之后，进一步追问自己“我能做什么？”的能力；权衡，则是一种润滑人际关系的调整能力，它能避开独断专行，与周围人保持和谐，这点在集体主义性格明显的日本社会尤显重要。在日本社会文化的语境中，如果说“回访厂家表示感谢”的想法是“感觉”，那么“回访之前请示上司”的做法就是“权衡”。

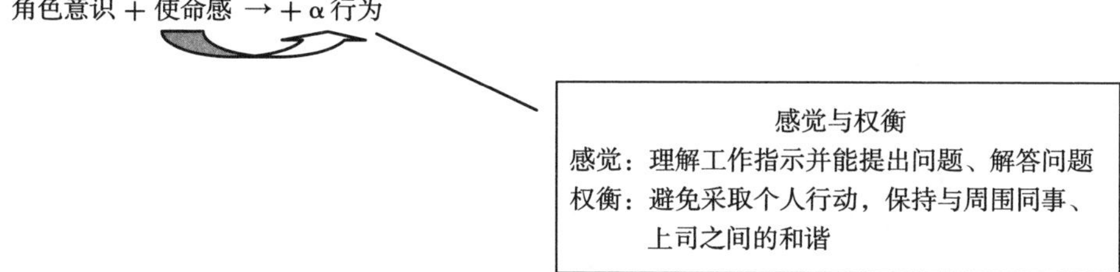

图 1–5　积极的工作态度

注：根据尾形圭子（2015：16–17）制示意图

三、积极的态度——不说“我不会”

日本人极少说“不”（いいえ），即使在拒绝别人时也是先说“是”“是的”（はい），然后再委婉地说明理由。与不常说“不”一样，日本企业的上司也很反感听到自己的部下说“不”。“我不会”“这不行”“我不太擅长这个”等，都是日本职场上比较忌讳的说法。即使上司下达的任务可能是部下没有信心做好的事情，部下也要学会不说“不”。日本的职业教育强调只要是上司的指示，部下就得服从，上司与部下的关系就像是军队中军官与士兵的关系一样。日本人用“业务命令”（業務命令）一词来形容上司的指示，即“指示＝命令”。既然部下只能接受工作命令，那么一开始就不要轻易下结论说“我不会”，而是把下达的任务当作促进自我发展的难得机会。日本企业的上司在下达工作指示时通常措辞委婉，可能会采用商量的口吻（即日语中的情愿表达），比如“希望你能……”（…してほしい）、“你能帮我……吗？”（…しくれる？）。日语学习者需要特别留意的是，这些表面上看似委婉的表达实指业务命令，而非真正的商量或请求。如果不了解这些语言现象背后隐藏的日本职场规则，可能会有人（包括日本年轻人）误以为上司在请求得到部下的帮助，而做出“不接受请求”的回应。或许有人会问：“如果上司需要向部下征求意见，应该说什么呢？”在日本企业的语境中，日本上司可能会采用“你会

如何做？”（君ならどうする？）等直接征求意见的日语表达。

面对业务命令，职场新人通常只能积极应对，但是积极接受业务命令并不意味着不用思考，着手单干就行了。前面说过，日本社会认为，一个合格的社会人应该能够处理好“个人与集体的关系”，即不仅要有角色意识，同时还要能权衡自己与周围人的关系。日本企业在进行员工培训时往往会提醒新入职的员工：在接受一项还不上手的工作时，态度上须积极，方法上则可以征求上司或前辈的意见，将自己思考的对策或问题的优先顺序与上司、前辈分享，得到他们的认可，避免独断专行。

征求上司或前辈意见，主要是为了降低因个人判断可能带来的风险和失误，此外也是为了维持工作上人际的和谐关系。虽然日本企业一以贯之地重视“以和为贵”，但也十分重视个人在集体中的主观能动性。即使在征求上司或前辈意见的时候，也不宜一味地依赖、等待上司或前辈的帮助，或毫无问题意识地全盘接受他们的意见。现代日本企业提倡，职员在征求他人意见时需要带着问题意识，有自己的想法。归根结底，对于一个即将踏入职场的新人，最重要的就是让自己成为有能力的人，找到“我会”“我能”的方法。在许多日本企业的职业教育者看来，个人可以通过自我启发式的“确认”方式训练自己如何成为一个能够胜任工作的职场达人。如表1–1所示，具体操行可以归纳为以下三点供大家参考：第一，能否寻找到推动工作进展的各种可能性的切入点，按照规定时间制定计划，逐个破解瓶颈问题。根据具体情况，向上司、前辈提出或调整工作的优先顺序，或提出帮助的请求并得到认可；第二，换位思考，假设自己是优秀的上司或前辈，想象他们此刻可能制定的工作计划或沟通交流的方式、方法；第三，咨询前辈。一般情况下，得体的咨询不会遭到前辈的拒绝。咨询时，需注意对方是否繁忙，会面地点是否合适，事前是否已将要咨询的问题整理清楚。

表1–1　寻找“我会”的方法

确认1　思考工作相关流程
□　需要向工作委托方／客户确认工作优先顺序吗？ □　是否有需要他人帮助完成的工作？ □　有无可能结合目标，修正工作内容？
确认2　想象上司或前辈可能采取的方式、方法

续表

□ 他会按照怎样的顺序推进工作？ □ 他会在什么时间节点做出什么判断？ □ 他会如何自我勉励？
确认 3 咨询礼仪与咨询准备
□ 时间上是否正是对方繁忙的时间段？ □ 地点是否适合咨询见面？ □ 内容是否已经准备就绪？

注：参考池上彰（2005）制表

四、积极面对失败——辩解是大忌

“任何人都不可能不犯错误，但是任何人都需要努力减少失误”，持这种观点的日本职业教育者占了多数，他们认为年轻人在工作中出现失败并不可怕，重要的是如何应对失败，化险为夷。

首先，出现工作失误时不能找借口。找借口在日本社会是“NG”[①]，是不被允许的行为。犯了错或出现失误需要说明情况，但不能找各种理由进行辩解。体现在日语表达上，例如，“我是按照您的意思做的，但是……”（言われたとおりにやったのですが…）“我很努力做了，但是……”（頑張ったのですが…）这样的表述在日本企业可能会激怒上司，给上司留下坏印象，因为这些说法在日本人听来就是在找借口。而且在日本公司里，试图将责任推卸给别人的态度是极度令人反感的。他们认为只要是同一部门、同一公司的一员，即使事件本身与自己无直接关联，但作为命运共同体的企业一员也需要承担相应的间接责任。虽然有人认为，日本社会的这种逻辑并不可取，“全民皆责任”可能带来“全民皆不负责”的结果，但是在一个强调集体主义的社会制度下，“全民皆责任”在一定程度上有助于提升个人对企业的忠诚度和归属感，加强集体内部成员的自我约束，消减因重大失误带来的个人负疚感。

其次，采取可能的补救行动，即失败后的复原（recovery）能力也是最为关键的。所谓复原并不是一味地陷入自责或道歉中，而是积极地寻找应对措施，例如，可以将自己的想法告诉上司或前辈，请示确认后按照指示采取行

① NG 是 No good 的缩略，作为常用日语被广泛使用。

动。此时仍然强调个人主观能动性，即积极主动地“思考对策后，征求上级意见”，而不是完全被动地依靠上司，等待上司的指示。具体的日语表达例句参见教材第二部分第八章“几种棘手问题的口语交际”的相关内容。

最后，坦然面对失败，振作精神，从失败中吸取教训。第一步，真诚地向蒙受损失或增添了麻烦的他人或上司赔礼道歉。道歉是危机公关的首要任务，不仅是商务礼仪之必须，也是个人调整情绪的有效行为。第二步，整理失败的经过和原因，找到避免重复同样失败的办法。第三步，可以做自己喜欢的事情，如听音乐、跟朋友聚会等，找回不轻易言败的自己。其实，工作上不失误是不可能的，一切朝着原则方面的失误都将推进实现成功的进程。而一个具备抗挫能力的人在职场上都会得到肯定。

五、“Modeling”（模仿）——模仿优秀职员

日本公司的新职员基本上都是在上司或前辈的指导下，通过实际工作与学习相结合，积累实务经验来打磨自己的工作技能。这种在工作实践中培养工作技能的制度就是所谓的“OJT”制度（On the Job Training的缩写，译为“职场内教育”）。大多数日本企业都很重视“OJT”的培训方式，公司新职员初期阶段的“OJT”时间通常为3个月，在此期间，新职员有任何工作上的问题都可以很轻松地请教他人。如果出现失误，上司或前辈也通常因为体谅新人而“手下留情”，因此，常听到上司或前辈对新入职员教诲说，“现在不懂的尽管问，如果过了3个月再问就很丢脸了”（入社後3か月が過ぎたらもう一人前ですから、聞くのは今のうちですよ）。言下之意是说，3个月的新人研修期[①]之后，新职员就不再是“新人”，而是作为“合格的社会人”，接受公司上下全面的评价。

“新人”和“社会人”的评价标准不同，作为当事人的社会心理也存在差异。对绝大多数新人而言，他们在经历3个月企业研修后便面临着工作上无人指导、无人监督、独立操作而带来的不安。为了帮助年轻人快速成长为“能够胜任独立工作的人”（一人前の社員），日本企业提倡向优秀前辈学习的办法，即所谓的“模仿”（Modeling）（参见表1–2）。

① 新职员研修期长短依据各个公司的规定不等，大致3个月至1年。近年日本企业缩减开支，伴随着职员教育成本投入的减少，新职员的研修时间也有不断缩短的趋势。

表 1-2 模仿（Modeling）的技能提升法

第一步：描绘自己的理想图像——结合目前状况和将来目标
第二步：寻找理想图像的模范——职场内或客户，可多于一人
第三步：观察模范的言行举止——观察细部，决心成为模范
第四步：在实际的工作实践中模仿其言行——想象具体场景，并在实际工作中模仿
第五步：取长补短凸显个性——成功完成预想行为，此后逐步凸显个性部分

在许多西方文化中，“模仿”因通常被等同于“缺乏创新”而不被看好，但是在日本的社会文化里却被认为具有积极性和先进性，因此备受推崇。日本人认为“模仿”是通向“创新”的必经之路，从古代模仿中国隋唐文化，到明治维新甚至第二次世界大战之后全面学习欧美先进制度等历史经验都反复证明了日本式模仿的有效性。历史经验坚定了日本人将“模仿”视作行之有效的方法论的认识，而现代心理学研究也为之提供了理论上的支撑。“模仿”作为方法论不断得到理论和实践的论证，被认为具有一定的科学性，也因被写入日本现代企业人才培训方案而得以推广。日本社会提倡个人在成长中要善于寻找学习目标（优秀的前辈、上司），学习模仿优秀者，因为他们相信“只要反复模仿就能成真”（スタイルを繰り返し真似ることで、「本物」になるのだ）。提高工作技能、掌握礼仪规范就像武艺修行一样，可以通过反复模仿“型”①成为“真”（本物），而一旦成了“真”，再加上自己的想法，就可以发挥“个性”。落实到具体的做法就是：先找到工作上的模范，模仿他们的言行举止，继而养成优秀者的思维方式和行为习惯。工作上的模范不一定特指某个人，可以是许多人身上的某个优秀部分：或许是业绩优异的人、电话应对自如的人、会聊天的人、策划能力强的人，甚至是笑容可掬的人……简而言之，只要能从其身上学到具体、正确、有效的工作技能和礼仪知识，优秀的前辈、上司，或者客户都可以是工作模范。

六、委以重任的契机——办好办妥小事琐事

日本企业的新职员常常被安排做些复印或整理文件等简单工作，而如何看待这些“琐事”，直接关系到个人今后的发展前途和职场人际关系。如果疲于应付自己手头上的工作而对上司或前辈交代的琐碎杂务表示厌恶或不上心，可能会招致上司或前辈的不悦甚至愤怒。

① “型”在武艺的修行中极为重要，因为“型”里面包含着“技”的精髓。

前文我们提到日本企业重视“角色意识”，而角色与职务、经验密切相关，其中“如何积极主动地接受任务”就是新职员应有的角色之一。每个公司都有许多杂事，日本人在对待杂事的态度上有一个社会基本共识（参见图1–6）：上司或前辈吩咐新人做杂事很正常，即使没有上司或前辈的吩咐，新人也应该积极主动地去承担一些职场杂事。在上司或前辈看来，一个能把杂事做好的人才可能委以重任。而相反，这个人连复印、整理文件都做不好，那么业务上也很可能出错。因此，“越是资历低、年龄小的员工越应该积极主动地承担职场杂事并努力做好它”已然成为日本职场的潜规则。日本企业培训新人时，会告知年轻人：当上司吩咐打印几张表格时，应该积极明快地回答“好的”（はいっ、わかりました）。这样做，至少可以保证自己在上司或前辈看来具备工作热情。如果新人能把这些琐事、小事完成得很好，上司或前辈甚至会产生“连这些小事都能认真对待，把大事交给他，应该也可以放心”等积极的想法。从这个意义上说，小事、杂事往往成了上司考验新人工作态度和能力的试金石。认真对待小事、杂事并将其出色完成的人往往更有可能收获更多的工作机会。相反，一旦被上司或前辈贴上“工作不热情”“不靠谱”的标签，那么前途可能就比较不乐观了。

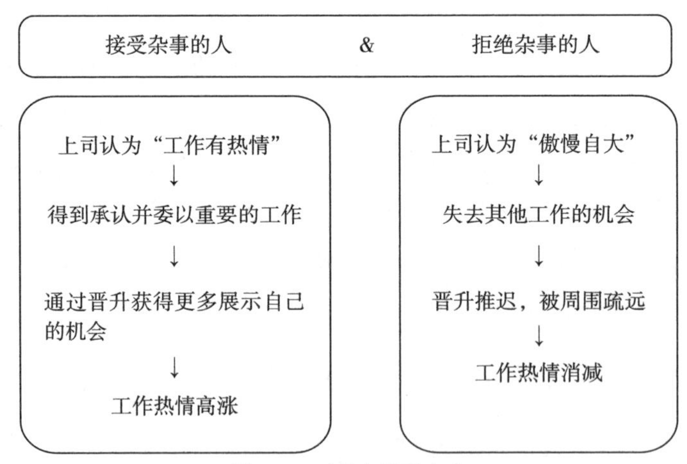

图 1–6　对待杂事的态度

注：参考尾形圭子（2015：24–25）制图

七、逻辑思维习惯——学会用数字说话办事

日本企业新职员研修的一项重要内容就是：培养用数字思考问题的习惯，

培养数理逻辑的思维能力。我们知道处理问题需要逻辑思维，成功的商务人员通常会避免比较模糊的“印象”，更倾向于获取数字等客观信息。新职员最需要的就是养成“用数字思考问题”的习惯。

首先，新入职员必需了解有关企业的重要数字。比如，营业额反映了一家企业的事业规模，体现了一家企业的实力；而营业利润则意味着一家企业的经济状况等。人们通过解读一家企业的营业额和营业利润的数值及变化，能够比较准确地了解一个公司的“基本体力”和“健康状况”。因此，企业职员要培养对营业额和营业利润等数字的敏感度。除此之外，成本意识对一个商务人员来说也是极其重要，而原价计算的方法则有助于培养成本意识。日本大学生为了毕业能够找到一份适合的工作，往往会在大学期间考取许多资格证书，其中会计（日本式簿記）是仅次于驾照的，被日本大学生公认的“非常有用的证书”之一。

其次，新职员需要熟练掌握基本的计算及应用。例如，业务员在进行公司宣传、产品推广时，能否利用客观数据阐述问题，其说服力差异显著。而在商务谈判过程中快速口算得出正确数字也会快速推进谈判进程，获得竞争中的主动权。商务人员每天的工作都是围绕着企业的营业利润、营业额、工作定额等数字展开的，“数字能力”是极为重要的商务技能之一。在商务工作中并非时刻都需要十分精准的计算，在很多场合，比起花时间精确计算，人们通常更需要的是短时间内迅速计算出概数[①]。例如，外出谈判时要计算“降价 1% 会对整体营业额造成多大影响”，通常只需计算概数而不是掏出计算器进行精算。概数的计算在很大程度上关系到工作效率，即能否立即做出判断，进而促成谈判成功。

很多时候，商务人员需要利用数式计算发现问题、做出判断，最终达到解决问题的目的。不难发现，平时使用与不使用数字思考问题的人，其工作方式也大相径庭。经常用数字思考问题的人更重视“结果”，对自己有严格的要求，常常设定数值目标，对工作的“质和量”（我要做多少工作，做到什么

① 商务领域中往往需要应用一些数式来把握现状、发现问题、做出判断、预测变化等。常见的数式概念有：（1）用分数、小数、百分比等表示一定基准下的量比关系，如 180/300=0.6=60%=6 成（6 割）；（2）用比率等表示若干数之间的关系，如 A 商品：B 商品：C 商品 =3:5:2；（3）表示各种价格之间关系的数式，如定价（販売価格）= 原价（仕入れ値）+ 毛利润（粗利益）；（4）利用数学概念上的差倍问题、和倍问题等计算多种商品总价、差价等问题。

程度）有明确的目标并为之努力。即使不能实现目标，也能从正面接受事实，从失败中汲取经验并运用到下一次的实践中。相反，不会用数字思考问题的人通常看不清目标，对自己比较宽松，不能很好地完成工作时会进行自我辩护。虽然商业社会并非一切都靠数字说话，但是“数字思考问题的习惯”却是“专业”的职场人员通往理性思考必不可少的捷径。培养“数字能力”的十个基本技巧参见表 1–3。

表 1–3　培养“数字能力”的基本技巧

序号	主要内容
技巧 1	理解“损益计算表”①和“借贷对照表”②的基本内容
技巧 2	理解基本经营指标所指内涵
技巧 3	积极活用日常业务中掌握的数字。例如：平均购买金额、咨询件数等
技巧 4	不漏阅报刊上刊载的数据
技巧 5	阅读各种统计数据或研究报告
技巧 6	记住自己公司或本行业相关的基本数据
技巧 7	习惯数据分析或数值预测
技巧 8	了解数字魔术。乘法可以放大数值，除法可以使数值显小③
技巧 9	练习归纳同类数据
技巧 10	练习将数字图表化

注：参考弘兼憲史、前田信弘（2009）

① 损益计算表（profit and loss statement：P/L）是一定期间（会计年度，通常从 1 月 1 日至 12 月 31 日）的经营成绩（利益或损失）的报告书。

② 借贷对照表（balance sheet：B/S ）是反映一定时点（决算日）的财务状况（资产负债纯资产状态）的报告书。详细参看本教材附表相关内容。

③ 举例来说，1 年 7800 元和 1 天 20 元两种数字表示法，前者给人数值更大的感觉。

第二章

自我发展与生涯学习

一、目标设定

“你能描绘一下 10 年、20 年后，你在什么样的工作环境中做着什么样的工作吗？”这是一道有关人生目标、职场目标的问题，经常会出现在日本企业的就职面试提问中。大多数面试者在面试时都能够对此做出相应的回答。但在进入职场若干年后，却鲜有人在疲于事务工作时仍能客观审视自己毕业后 5 年、10 年的工作状态。很多人甚至在忙碌中遗忘了初心，失去了自己当初设定的人生目标。

经过半个世纪的研究，美国心理学家洛克（E. A. Locke）于 1967 年提出了“目标设置理论”（Goal Setting Theory），该理论有力地证明了目标设定对人的激励是有效的，直至今日，它仍被广泛地运用在实际的管理工作中。日本现代企业深受美国企业管理理论和实践影响，也强调目标设定对企业和个人成长的重要性，认为个人有无明确的目标设定，其人生也迥然不同。每天只顾眼前工作事务的人是无法切实体会到自己的成长的，也更容易陷入对未来的不安与恐慌。而那些拥有具体目标的人，无论目标大小，一旦实现，就能感受到自己所取得的进步，进而增强自信，不惧怕对将来的思考。这种积极的心态自然也会体现在处理工作的方式方法上。如第一章中的图 1-1，“执行力”作为社会人重要基础能力之一，与目标设定密切相关。执行力是在设定明确目标的前提下，采取负责任的行为并做出持之以恒的努力。

从职业生涯与个人成长关系的角度出发，设定明确的个人目标最终是为了能够促进个人的自我成长。作为企业一分子的个人，其个人目标具体可以分为“日常业务完成目标”“改进业务目标”“自我启发目标”三种。首先，日常业务完成目标，即个人承担的业务需要完成的具体目标。企业部门针对企业中长期目标设定年度目标、季度目标、月度目标，并围绕实现具体目标而展开一系列活动。个人业务完成目标则是根据具体部门目标而设定的每个职员的具体工作目标。其次，改进业务目标。在实现个人目标活动的过程中会产生各种业务上的问题，改进业务目标是指作为企业组织成员的个人不仅需要积极致力于自身业务，还需要积极参与部门、企业解决问题的过程和活动。习惯性地依赖别人、委托他人不仅无法解决所在企业或部门所面临的任何问题，甚至可能导致具体问题加剧。因此，企业要求每一个员工都有相应的“改进业务目标”，即一旦发现问题，要学会设定目标，找到解决问题的方法，然后付诸行动，实现解决实际问题的目的。最后，自我启发目标。个人除了努力提升各种直接或间接与工作相关的技能、知识等水平外，还必须规划面向未来的职业生涯目标，明确各个成长阶段必须掌握的具体技能或知识。毫无疑问，在现代企业中，那些有着明确目标，对任何工作都抱有热情、积极向上的职员总会获得更多的青睐，而相反，没有目标意识且不自信的职员则很难获得正面的评价。因此，设定明确的目标对年轻人而言，其重要性不言而喻。

根据笔者长期对日本大学生的观察，日本大学生的压力主要来源于社会就业。正如第一章中介绍的，日本大学本科生从大学三年级就开始参加各种就业活动，为大学毕业后的进路做准备。日本长期的经济低迷和就业冰河期固然是大学生深感就业压力的社会大背景，但是从个人职业素养角度来看，许多日本大学生对未来的职业没有规划，缺少明确的个人目标，也是日本大学生心理压力的重要来源。而这种情况也普遍存在于中国的大学生中。

近几年，中国大学毕业生的就业也成为社会热门话题，成为一道社会难题。清华大学教授樊富珉指出，中国有 69% ～ 80% 的大学生对未来职业没有规划，在就业时感到压力。中国社会调查所的一项在校大学生心理健康状况调查显示，75% 的大学生的压力来源是就业问题，50% 的大学生对自己毕业后的发展前途没有方向感，41.7% 的大学生表示没有考虑太多，只有 8.3% 的大学生对自己的未来有明确的目标而且充满信心。这些观察与调查都说明了大学生职业素养的必要性，其中，对于大学生而言，首要任务就是尽快确立人生目标。

图 2-1 是部分日本大学对在校生进行就业指导，尤其是针对那些“暂无

目标或找不到目标”的人进行具体目标设定法指导时提出的建议和具体做法。比如，通过试问自己“这份工作希望做到什么时候”“具体想做什么”“10 年后还希望在这家公司继续工作吗”“如果不想，10 年后希望在哪里做什么样的工作”等问题来寻找目标；或者将自己敬重的上司或前辈作为自己的学习目标；如果暂时没有学习榜样，那么还可以通过参加学习会、研讨会接触更多的人，通过与人接触交流，重新认识自己。

有目标的人	无目标的人
（1）获得认可	（1）容易被认为“干劲不足”
（2）积极致力于工作	（2）怀疑自己，焦虑不安
（3）有成就感，有自信	（3）无成就感，无自信心

确立目标的 6 要点

（1）了解自己的可能性

如果知道自己的兴趣所在，了解自己擅长什么，将有助于目标的设立。

（2）描绘若干年后自己的理想蓝图

想象 1 年、2 年……后的自己，包括工作、生活的方方面面，甚至还可以更加具体地想象，例如穿什么衣服、拥有什么东西，等等。

（3）区分梦想与目标的差别

梦想是一种愿景，具有很大的不确定和假想，而目标则是对“何时”“什么”“多少”有具体的要求和设定。

（4）以年、月为单位订立目标

如果目标较大，可以将目标阶段化，将大目标转化成若干个小目标，确定以年、月为单位的短时间目标。

（5）区分工作与个人梦想

不可分割两者的相互影响，设定个人目标时要兼顾工作目标和个人梦想。

（6）向第三者咨询

向他人咨询、与人沟通的过程通常有新的收获，也能够重新认知自己，整理自己的思路。

图 2-1 具体目标设定法

二、日程管理

任何工作都有一定的期限，每天的工作量也是有一定限度的。工作环境、工作内容都相似的两个人，一个能够遵守日程安排，另一个却无法按照日程安排推进工作，其最大的原因是两个人对自身能力的认识存在差异。能够按照日程安排进度推进工作进展的人对自己有充分的了解，并且认为任何工作都是一种人生经历而加以积极对待。相反，不能够管理好工作日程的人往往对待任何工作都无法全心投入，也无法掌握相关技能，更无法提升工作能力。无法按照日程安排完成工作任务的人，也就是不擅于日程管理的人，留给上司或前辈的印象也往往是“没有时间概念”或“患有拖延症”。如果将期限看作是一种约束，无法遵守期限的人就是无法守约的人，这类人在日本社会基本较难获得他人的信任，也通常被人们排除在合作对象的范围外。因此，从某种意义上说，“日程管理”已经不再是能否安排每日的工作和事务，并进行有效的记录这么简单的事情，而是关乎个人能力、与他人建立信赖关系的重要事项。

新职员在工作初期可能需要接受上司或前辈要求的各种琐事杂事，每一件事情看似简单易做，但对新手而言，面对各种毫无关联的杂事往往无从下手。此时，如何权衡不同琐务，安排工作的优先顺序，成了考验新人能力的试金石。首先，可将诸多事务分为截止时限较迫近的紧急事务和时间要求较弹性的非紧急事务两大类。当然，同样比较紧急的情况下，新职员就需要权衡事情的轻重，如果无法判断孰重孰轻则需要立即咨询上司或前辈。请教（请示）上司或前辈时，需要注意提问的方式方法，一般建议采用建议式的提问方式。例如，“××工作需要在下午3点之前完成，这件事情能否安排在××工作完成之后？”（〇〇仕事が3時までに終わりますので、この仕事はそれからでもいいですか？）的提问方式，给人留下好的印象，让人觉得这是一个对自身能力、工作现状都有正确把握的人，是一个可以交付工作、令人放心的人。有关询问方式及相关的具体表达参见教材第二部分第五章“职场上的口语交际”。

“工作记事本”是日程管理的好帮手，善用记事本将对职场人士迅速且妥善安排工作有很大的帮助（参见表2-1）。日本社会注重培养孩子从小养成记笔记、规划个人学习生活的习惯。日本企业员工，上至高管，下至普通职员，几乎人手一本记事本。当然，到了电子商务时代，记事本不再局限于传统的纸质类笔记本，可能是笔记本电脑、手机等电子移动设备。有效地利用工作记事本为日程管理服务也成了职场人士的一个软实力。购买或使用过日式记事本的人应该都被其强大的日程管理功能以及充满人性化的设计所折服：日式工作记事本（包括电子记事界面）通常能一眼把握一周的整体计划，并有足够的空间填写“想法”（idea)、“目标”等。除了周计划表，有些记事本按“月、周、日”时间分别设计有“月记事”“周记事”“日记事”；除了“蓝图表”“项目计划表”“月目标”“月完成”等工作相关记录表外，还附有“读书计划”“理财计划”“健身计划”“出行计划”等个人生活日程记录表。这些设计无疑有助于商务人士拟定计划和执行计划，并对计划的拟定和执行状况进行确认和反思。

表 2-1 日程管理的重要性

严守日程安排的人	不守日程安排的人
• 很忙，但留有余力 • 能够确保自己的私人时间 • 每完成一项工作总能掌握相应的技能 ↓ • 值得信任的人 • 愉快工作的人 • 可以委任新工作	• 看起来很忙，却工作进展很慢 • 无法确保自己的私人时间，而且身心疲惫 • 无法掌握相应技能，也无法提高个人能力 ↓ • 无法信任 • 忙碌却疲惫不堪 • 不放心，较难委以新工作任务

如果只是停留在记事本上填写计划，可能无法获得日程管理的有效结果。这里介绍一些记笔记的有效方法供大家参考：首先，周一记入一周内必须完成的工作内容或目标，完成后标注确认记号。为了避免拖延工作，在填写计划时，除了需要填写开始时间，还要注意标注截止时间。充分意识到工作的结束时间节点，不仅有助于集中完成工作，也会增强个人对业余时间管理的意识，下意识地增加除工作之外的私人业余时间。尤其是针对中长期计划的工作，因为工作时间跨度大，容易忘记时间节点，一定别忘了记入截止时间。

记事本里除了记入工作计划，最好也记入个人计划。因为，只填写工作计划的记事本可能会导致个人计划无法实施，最终牺牲个人时间。以牺牲业余生活为代价的工作并不能使个人身心得到充分休整，继而不利于工作的持续开展。当然，新职员在工作初期，为了尽早地熟悉业务有必要在一定程度上优先工作，可以在工作间隙寻找机会，充分利用碎片时间（如通勤时间、公司访问途中，等等）做自己喜欢的事情。日式笔记范例参见图 2-2。

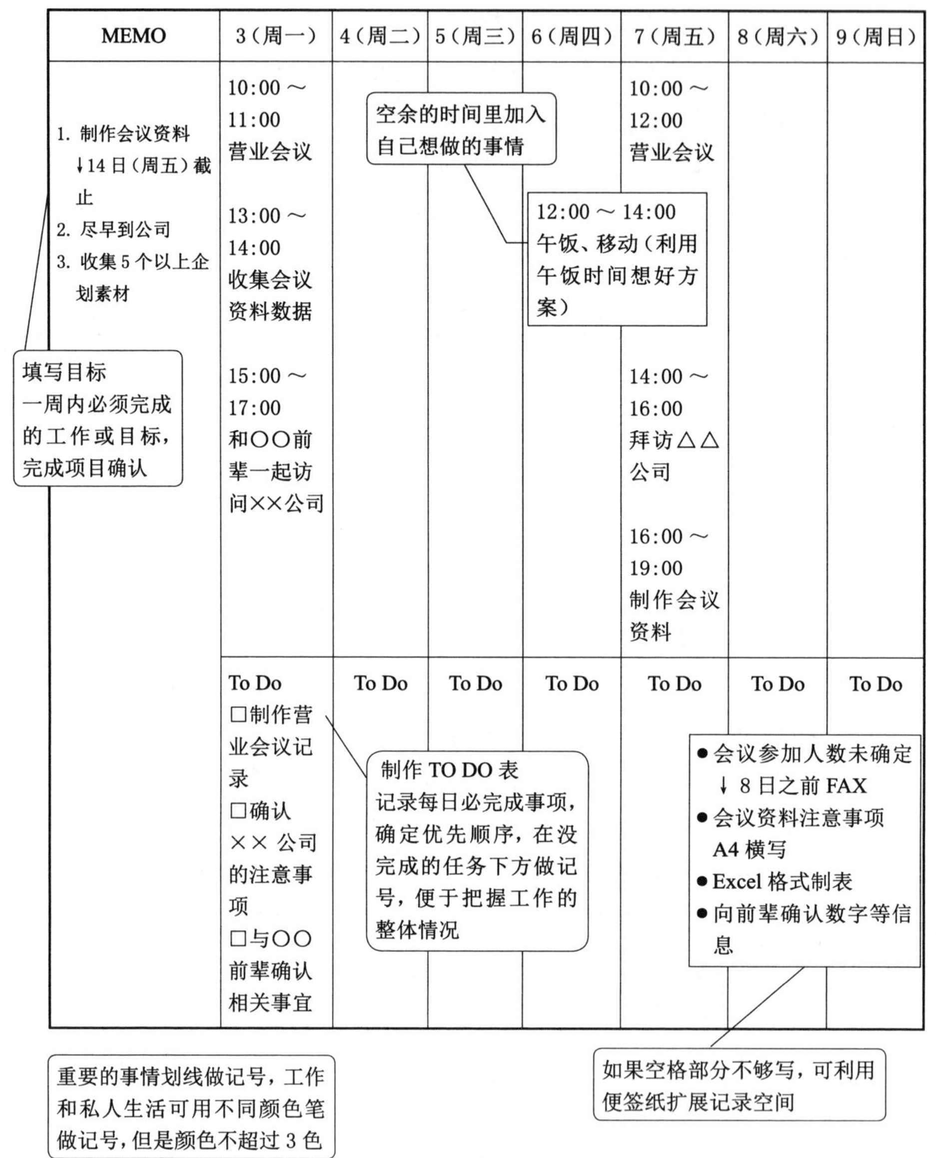

MEMO	3（周一）	4（周二）	5（周三）	6（周四）	7（周五）	8（周六）	9（周日）
1. 制作会议资料 ↓14日（周五）截止 2. 尽早到公司 3. 收集5个以上企划素材	10:00～11:00 营业会议 13:00～14:00 收集会议资料数据 15:00～17:00 和〇〇前辈一起访问××公司				10:00～12:00 营业会议 12:00～14:00 午饭、移动（利用午饭时间想好方案） 14:00～16:00 拜访△△公司 16:00～19:00 制作会议资料		
	To Do □制作营业会议记录 □确认××公司的注意事项 □与〇〇前辈确认相关事宜	To Do	To Do	To Do	To Do	To Do	To Do

图2–2　日式笔记例

注：参考古谷治子（2001）和尾形圭子（2015）制图

三、时间管理

忙碌的人不等于有工作能力的人。一个人若把所有精力都投入日常工作，很难想象他在工作上能有所创新。这样的人在某一天醒来如果发现自己不知不觉、日复一日地在两点一线的工作中机械性重复，定然倍感疲惫，甚至无法重打精神，继而不能集中注意力投入新的工作。一个效率低下，工作总也做不完的人，会给周围人留下“工作慢”“不得工作要领”“惧怕承担工作责任”等不良印象；而一个被上司或前辈评价为工作能力强的人，尽管通常需要处理更多的事务，但却总能够确保属于自己的时间，做自己感兴趣的事，有足够的时间看电影或参加娱乐活动。为什么后者能够平衡工作与个人生活，又是如何做到的？仔细观察后一类人不难发现，那些工作能力强的人善于利用工作的间隙或上下班的移动时间收集各类信息，或将休息时间也纳入日程安排。

对绝大多数上班族而言，一旦入职就意味着一天的绝大多数时间都将花费在工作上，人的一生也将基本在职场中度过。因此，职场对于大多数社会人而言影响深远，毫不夸张地说，能否充实地度过职场生活也就意味着能否充实地度过一生。如此想来，没有人会希望浪费工作时间。在过去的很长一段时间里，日本企业上下，从企业管理人员到普通职员都普遍认为“加班加点＝努力工作”，推崇加班制度。但是，近十数年，越来越多的日本企业反对加班，对那些需要加班加点的员工并不给予绝对的积极评价，相反地，认为“加班加点＝浪费时间”的想法越来越趋主流。在新的观念影响下，那些因无法按时完成工作、需要加班赶工的人可能会因此失去更多被委以重任的机会。其实在很多时候，所谓“无法完成工作”并不一定是因为时间不够，而是很多时间在不知不觉中被浪费掉了。如何知道自己一天当中浪费了哪些时间？我们收集了一些日本企业在时间管理上的改进方法供大家参考。如图 2-3 所示，我们可将一天的所有日程安排都详细写在记事本上，然后通过计算每项事务实际所花费的时间和工作之余的空闲时间，继而找出因时间安排不当造成时间浪费的地方，最后加以修正。

新职员通常难以把握工作流程或日程安排，因此比前辈、上司等职场达人更加难以确保个人时间。但是我们说过，无法从眼前的日常工作事务中抽离出来的人很难在工作中有更多的创新与个人成长。为了确保个人时间，一种有效的做法是充分利用上班前的时间段。因为日本企业普通员工的下班时间需要根据当日的工作情况而定，是否需要加班也是未知数，只有上班前的时间是相对稳定、可规划利用的。此外，人们在工作开始前的时间段相对更容易集中注意力，学习效率比较高。希望利用空余闲暇学习的新职员，可以考虑缩短深夜看电视的时长，提前睡觉，第二天早起一小时以确保上班前的学习时间。在日本，即使是在拥挤的电车上，也总能看到上班族利用通勤时间读书看报的现象。笔者认为这种现象绝非偶然，一方面，这是日本人热爱阅读，有良好阅读习惯的体现，另一方面，这是“利用通勤时间学习”等有效管理时间的方法在日本社会得以推广普及的结果。近几年，我们还看到不少上班族利用早上时间，请私人家教上英语课，或早起在公司附近的咖啡店里边吃早餐边阅读资料、收集信息。无论是利用电车通勤时间看报读书，还是在上班前的时段进修英语，无疑都是一种将早睡早起的行为习惯化的有效方式，其思路值得效仿。

时间浪费1（11:00—12:00）： 上午注意力最为集中的时间段仅用于确认邮件。
改良法： 确认邮件时，立即分类出需要尽早回复的邮件和不着急回复的邮件，列出优先顺序，先处理需要立即回复的邮件，剩余的邮件可利用工作间隙或空余时间段处理。

时间浪费2（13:00—17:00）： 4个小时内仅完成“制作报价单”“处理邮件”“预约会面”，加上之后的“修改报价单”总共花费5个小时，所需时间太长。
改良法： 同时做几件事情无法集中注意力，可列出每一项工作的具体时间，例如，13:00—14:00预约会面&邮件处理；14:00—15:00报价单制作与修改。

时间浪费3（18:00—20:00; 22:00—0:00）： 收集信息可安排在工作间隙或回家之后，不需要利用工作时间。

图 2–3　时间管理改善法

四、健康管理

除了工作上的日程安排和时间管理之外，日本的职业指导也很关注个人的健康管理问题。因为新职员需要学习的地方较多，工作失误也较为频繁，容易产生一定的工作压力。但是，社会人的常态又是：尽管存在一定压力，却不得不面对。对于一个刚刚踏入职场工作的新人，如果每天都顶着压力超负荷地工作，身体很快就会支撑不住。生病请假不仅会给上司或前辈添麻烦，如果正巧赶上与客户会面或重大的商务谈判，那么个人身体健康就不仅仅是个人的问题，而成了公司的重大问题。因此，在日本社会，个人身心健康管理从来都备受重视，被认为是一项重要的工作内容。

我们在许多日本企业的岗前培训课程中看到，培训老师强调学员要学会制定一套适合自己的休息计划和休息规则。比如，“1 周内如果 2 日以上需要深夜加班，那么剩余的 3 日必须按时下班回家”“电脑前工作 30 分钟后要休息一次”等。同时，培训老师还会告诉学员要学会调整心态：工作上挨批时，不必抱着“我被某某批评了”的想法，一味地沉浸在反省中，而应该积极接受上司的工作评价，抱着“今天某件事挨批了，下次可以采取……方法”等态度思考问题，避免陷入不利于身心健康的消极思考方式。甚至，培训老师还会推荐学员要充分利用节假日与朋友见面聊天，排解不良情绪，给心灵充电。总之，身心健康管理已然成为企业职业培训的重要内容之一。表 2–2 是日本企业职业培训中，培训老师给予企业员工有关做好个人健康管理的几点常见建议。

表 2–2 调整焦虑、睡眠不足、疲劳、食欲不振等身体不适的方法

运动	没有时间的人即使是踢踢腿、伸伸腰，活动一下筋骨也是有用的。运动促使血液、淋巴通畅，脑细胞活跃，有助于工作。
饮食	经常在外餐饮难免容易营养不均，平时注意营养平衡，特别对于在正常工作日比较繁忙的人而言，至少休息日要好好地补充营养。
思考	反省虽然重要，但也要学会调整情绪，思考一些令自己高兴的事情。
睡眠	每天保证 6 个小时以上的睡眠，不能因为年轻而透支生命。

五、行事勤思

不动脑做事的人就是被动地接受知识，人云亦云，遇到问题习惯性求助他人并觉得他人的想法都是正确的人。一个做事不动脑筋的人最终不可能在实际工作中解决问题，这也就是通常所指的没有工作能力的人。举例来说，领导要求筹备一场工作会议，这样的人可能只会想到“准备一定份数的资料，打印、复印后放在会议室”，而不会考虑“资料的文字大小是否适合阅读？”“会议室的桌椅是否干净？”等需站在对方立场思考的问题。在日本社会，一个无法站在对方立场思考问题、解决问题的人往往只能遵照他人的指示行事，无法尝试自己的设想，很难在真正意义上掌握技能。其结果可能是不断重复错误，被认为是一个对工作没有问题意识的人，难以获得上司或前辈的赏识。日本人常说“用自己的脑子思考后再工作”（自分の頭で考えて仕事をする），强调的就是，如何站在对方的立场思考行事，“具有同理心，体谅他人”（思いやりのある仕事をすること）的工作能力。

因此，“做事动脑筋的人”在日本社会语境中被认为是在工作上能够换位思考，不重复相同的失误，持有自己的意见的人。在讲究团队精神和人际和谐的日本企业，一个人如果工作时能够充分考虑到其他一起工作的人，自然给人以“工作交给他，令人放心”的好印象，而这样的人通常也容易得到上司或前辈的赏识。相反，做事不动脑筋的人，处处以自我为中心，重复相同的失误，没有自己的主张，因此也不受上司或前辈欢迎。以下是一份自查表，可以检验自己是不是一个做事动脑筋的人，如果符合其中一项都要引起注意。

表 2-3　CHECK LIST——你是一个做事动脑筋的人吗？

- □ 遇到不明白、不理解的地方，立即问他人“这事怎么办？”
- □ 被提问到自己不明白的事情时，立即回答“我不知道”
- □ 被问到“如果是你会怎么做？”时，无法做出回答
- □ 不了解客户或上司的需求
- □ 感觉自己无法具体描述书本的文字内容
- □ 感觉自己比其他人工作速度慢
- □ 不擅长发表个人见解
- □ 经常忘记“汇报、联系、商讨”
- □ 从未向他人表达过自己想法
- □ 开会时，想的都是与会议无关的事情

注：参考 http://syokubapress.com/freshmaneducation 制表（获取日期：2017 年 8 月 22 日）

一份有关“存在感”的问卷调查结果表明，在日本企业里，比起业绩好坏，一个人被同事评价为“是一个在一起工作令人愉悦、令人放心的人”更

容易感受到自己的存在感。新职员要想获得存在感，就必须具备以上所说的“做事动脑筋→换位思考能力”。职业教育者认为，“换位思考能力”可以通过以下步骤进行日常训练而获得或提升：第一步，认知自己的思考方式存在问题；第二步，将新的思考方式植入大脑，从而柔化自己的想象力，培养行事动脑的能力。图 2–4 是典型的缺乏思考能力的思维模式。

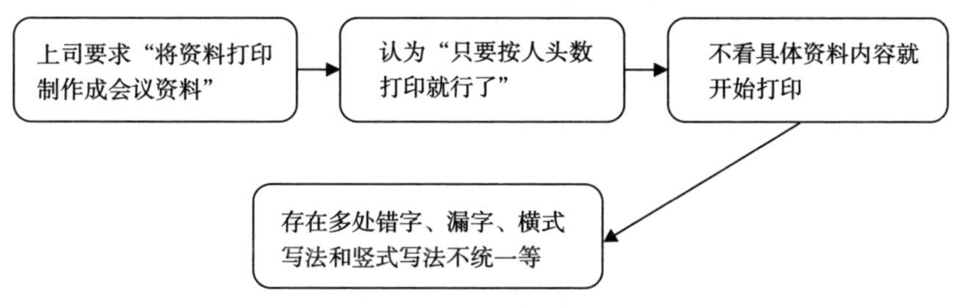

图 2–4 缺乏行事动脑的思维模式

缺乏思考能力的人往往无法理解他人批评自己的原因，因为在他们的认知中只有“打印”任务，认为“我按照指示打印了呀，却……”。而工作中具备同理心的人却能够站在利用者（阅读者）的立场考虑资料内容是否合适，因此会对资料中的错字、漏字进行修改或调整、统一横竖式写法等。比较两者在思维模式上存在的问题意识差异，前者将“按指示行事”作为工作目标，而后者则是将“制作适合阅读的会议资料”作为工作目的。因此，那些“我以为……”（〇〇だと思っていた）的想法就是缺乏同理心、缺乏思考能力的明证。

以下，我们介绍几种在日常生活中训练思考能力的简易方法，供大家参考：

（1）不假装思考

真正的思考结果是能够回应“为什么”的疑问，而无法意识到自己“缺乏思考”本身就是因为存在“假装思考”。出现问题时，首先应当考虑的是“为什么会出现这个问题”“为什么无法避免问题的出现”等有关“为什么”的疑问。如果能够找到回答“为什么”的答案，也就找到了解决问题的对策。一旦找到解决问题的方法，就不会重复犯同样的错误。因此，向上司汇报工作失误时，如果说“当时……做就好了”（〇〇していたらよかったのですが）之类的话，不仅不会得到上司的认可，反而给人留下了在找借口的不良印象。相比之下，“对不起，下次我会……做”（申し訳ありません。次からは〇〇します），坦诚地道歉后说出自己的感想和修改方案的人更容易得到上司的谅解。

发生问题	客户收到的货与订单不符
究其原因	“为什么收到不同的货？”，思考导致问题发生的各种原因
实现预防	找到能够对应所有原因的对策，以防下次出现同样的失误

图 2–5 思考直至找到回答“为什么”的答案为止

（2）换位思考——“如果我是他……”

一旦出现问题，只是茫然地追问“怎么办才好？”是无济于事的。此时，大家可以试试换位思考——假设自己是第三方会如何处理？（参见图 2–6）举例来说，假设递交的企划总是通不过，有思考能力的人自然能通过重新审视自己的企划找到原因，但对于缺乏思考能力的人则需要接受一定的训练后才能做到。让我们试着换位思考一下，思考他人是通过什么办法使企划通过的，是如何收集信息、做企划书的？换位思考能够获得新的办法和思路，有助于找到解决问题的对策。这个办法也可以运用在与客户发生矛盾的时候，我们可以通过换位思考——“如果是前辈，他会怎么处理呢？”“如果我是客户，怎么才能感受到诚意？”——在选择项中找到最佳的对策。

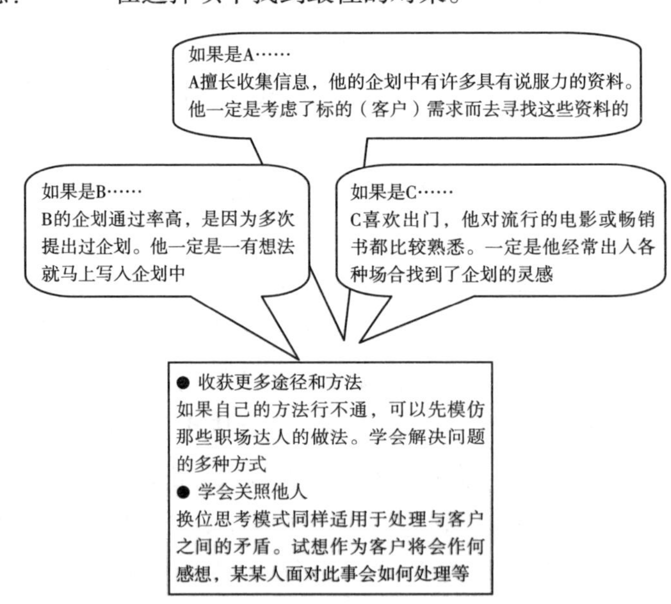

图 2–6 换位思考，如果我是……

（3）逆向思维

若我们构思不出理想的对策，或许我们需要尝试从另一个视角重新思考问题，“逆向思维”就是一种从反向视角出发的思考方式。举例说，假设我们正在考虑一个新产品的促销提案，促销目的是“向客户展示新商品的魅力，吸引他们购买产品”。在这样的目的导向下，我们可能首先考虑的就是“如何让产品的包装更加吸引人”。当所有企划都基于“包装创意”这个出发点思考促销企划案时，促销企划案就只剩下包装 PR 法[①]一种，而这或许并非最善策。我们可以尝试逆向思维，如图 2–7 所示，与以“产品包装为主”的 PR 法相反，通过有意淡化产品包装，突出产品的意象、隐喻等表达，引起消费者的关注。换言之，掌握了逆向思维的方法，我们可能就拥有了实现目标的复数途径。

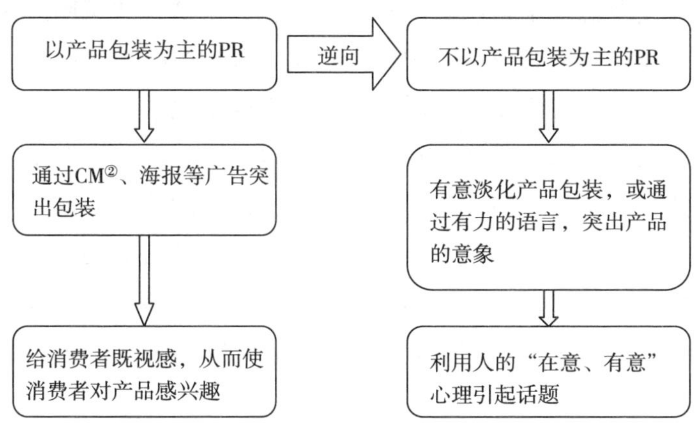

图 2–7 新产品的 PR 提案

（4）寻找更佳的方法

思考力的培养和锻炼并不一定需要很特殊的契机或很重大的工作任务。在日常工作中，只要抱有“凡事有没有更好的办法？能不能做得更好？”的想法，就可以很轻松地训练自身的思考力。比如，制作会议资料并不是一件难事，很多人都可以完成。但是，如果能够想到“加入图示是否更有助于理解？”“调整文字大小是否更易于阅读？”这些问题并采取措施，这些不起眼的小事可能就能给人留下好的印象。当然，仍需要留意“感觉”与“平衡”的

① PR 是英文“Public Relations”（ピー・アール）的略语，指广告宣传活动。
② CM 是英文“commercial”（コマーシャル）一词的缩略语，指通过电视、广播、报刊、杂志、传单等媒介进行的广告宣传。

关系。新职员有想法固然值得鼓励，但要避免自行判断行事，将自己的想法反馈给上司或前辈得到他们的认可也是很重要的。积极思考问题并善于沟通者，不仅能快速掌握技能，同时也能获得上司的信任，获得更多的锻炼机会。

六、建立自信

新职员失败在所难免，遇到脾气暴躁的上司或前辈难免遭受一通批评，言语不当的情况也时有发生。这时，与其一蹶不振、怀恨在心，不如采取积极的态度思考“下次怎样做能不失误”，而这也是上司或前辈真正希望看到的。事实上，一旦你开始反思问题所在，也就无暇郁郁寡欢了。

此外，补短固然重要，善于发现自己的长处、扬长避短才不失为积极向上的态度。即使考虑到了自己的短板、不擅长的事情，并试图改正弥补，若缺乏积极性，往往也很难持续。相反，喜欢、擅长的事情做起来往往干劲十足，容易坚持。一旦找到规避失误的对策，完成了之前未能完成的任务，或许因此得到上司、前辈的赞许，自信心就可以一步一步建立起来。人一旦有了自信，自然神清气爽、精神焕发，也能够积极地阐述自己的意见，从而带来更多变化。不少例子证明，一个人在擅长的领域获得成功后，他的缺点或短板也能自然而然地得以改善。因此，对于那些不知道自己长处的人，首先可以从“我喜欢什么”“我不擅长什么”“我要加强的地方”等自我认知开始，找到动力所在。

认知自我，是锻炼能力并进一步提升自己的第一步。盲目地工作，既无法体会自己的成长，也容易产生倦怠感。那些能够充分认知自己的人往往目标明确，在工作中能够扬长避短，热衷于自己的兴趣爱好，在擅长的领域不断积累知识和经验，并感受工作所带来的自我成长体验和自信心。相反，自我认知低下的人往往缺乏兴趣爱好，没有好奇心，因而也发现不了自己的可能性，更无法向前进。

有明确目标的新职员虽然并不多见，但也并非不存在，因此，新入职员从一开始踏上工作岗位就存在个体差异。那些有明确目标的人一入职场就能够进入状态，在工作中不断地积攒经验、提升自己。而对大多数没有明确目标的人而言，他们首先需要找到自己的兴趣点或长处。自我认知的途径可以是自我反思，也可以参考他人的评价和意见。

如何才能发现自己擅长的领域，客观地认知自己呢？图 2–8 给出了一些方法，可供参考。

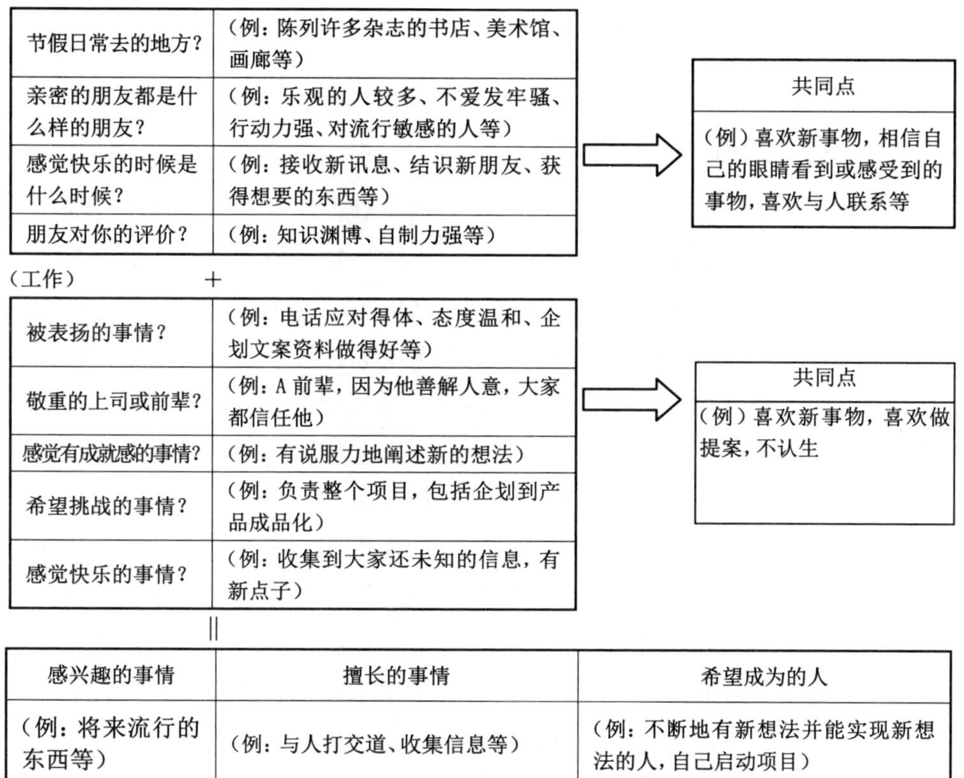

图 2–8 认知自己——找到兴趣爱好和一技之长

注：参考尾形圭子（2015：159）制图

自信心能够帮助我们克服那些短板和困难，甚至勇于挑战那些自认为不擅长做的事情，而这样的挑战一旦获得成功就能进一步增强自信心。有些能力是短时间内可以学会的，例如，不擅长打电话的人可以通过观察、模仿周边那些对电话应对得体的人，逐渐掌握电话沟通的技巧。而有些能力的提升则需要一定的时间，譬如企划能力就很难短时间内迅速得以提升，因为企划能力离不开信息收集能力、分析能力、提案能力等其他能力的相辅相成。此时，即使确定了“一日一企划”的目标，对于不具备信息收集能力、分析能力或提案能力的人而言，这个目标也很难执行。

与其挑战自己不擅长的事情，还不如先从自己的长处着手，寻找突破口。假如你擅长收集信息，那么就从收集信息开始着手，不断地提升在收集信息方面的能力和经验，久而久之，总有一天能够收集到企划所需要的资料。一旦建立了收集信息领域的自信心，分析、提案等不擅长的事情也就有可能迎刃而解。

七、提高技能

发现自己的兴趣所在，找到自己擅长的领域，接下来就要考虑如何用适合自己的方法来提高技能。同样是企划能力或计算机应用能力，其提升方法或手段也不尽相同，选择一种自己能够坚持的方法尤为重要。为了不至于半途而废，建议尽可能选择那些与工作有较大关联性的技能，因为与工作相关的技能一旦得到提升，能够提高工作效率，得到上司、前辈的赞许，从而增强个人的成就感。即使眼前的工作十分艰巨，也能因工作带来提升某种能力的可能性而产生动力，进而激励自己不断接受挑战。这种积极主动投入工作的姿态必然影响他人对你的评价，而积极的评价反过来又进一步推动你快乐地工作。相反，如果你无法感知工作所带来的快乐，那就证明你还没有成功地磨炼好自己。在现代社会，大多数人每天需要花费 1/3 的时间在工作上，既然每人每天花费的工作时间和工作精力是基本不变的，那么理性告诉人们应该选择去做那些对自己有益的事情。因此，如何让自己感受到工作内容与工作环境带来的愉悦是每一个试图提升自己素养的人必须考虑的事情。

确定了自己需要提升的技能和提升技能的方法，我们便可着手拟定计划、安排日程。拟定计划时一定要设置一个期限，规定“什么事情到什么时间截止”，否则计划很难执行。假设拟定一个月计划，可以设定“× 月考取某某资格证书”→“每周确保 ×× 学习时间”→“上下班时间解答 × 个问题”。选择参加资格认证考试作为提升技能的方式，其最大优点就是资格考试一般具有明确的技能分类，有明确的考试时间，因此便于拟定计划。有些企业认可某些对工作有帮助的资格认证，资格认证的获取甚至与薪资相挂钩。当然，取得资格证书并不是为了与人攀比或作为提薪筹码，而是为了最终能够锻炼自身能力，提高工作效率。日本民间团体和企业认定的资格证书琳琅满目，有些企业两者都认可，也有些企业侧重于政府的官方认证，选择报考时需要注意。一般事务性人员可以尝试计算机类技能资格，而"秘书技能检定考试"（文部省认定）、"簿记检定"（日本商工会议所）、"金融涉外技能审查"（劳动省认定）等则比较适合想提升能力或换岗转职的人。

八、收集信息

我们之所以单独列点强调"收集信息能力"的重要性，是因为收集信息的能力是一种需要多角度看待事物的能力，是一个能够较好地完成工作任务的人所不可或缺的能力。一个不善于收集信息的人很容易凭借自己的经验知识考虑问题，常常陷入简单的思考，无法接纳上司或前辈的意见，从而做出错误的判断。相反，一个善于思考"别人是怎么考虑的？""还有什么样的做法？"，并有针对性地收集信息的人，则能够了解到各种不同价值观和方法论。

信息的获取很多时候需要依托有效的沟通，与客户、上司、前辈的谈话交流都有可能产生疑问，而在积极提出问题、寻求解答的过程中可能就会收获有益的信息。收集信息必然促进知识积累，但是不断累加的知识并不一定能成为可在工作中应用的新点子。只有找到信息与信息之间的关联，才有可能闪现新的想法。

收集信息能力强的人总能看清自己所需的重要信息并加以使用，同时收集信息能力强的人因为信息收集目的十分明确，因此平时就会下意识地去关注和寻找相关的信息，越是关注相关信息，相关信息也就越会随之而来。相反，有的人缺乏新想法、新点子，他的问题也许就出在收集信息的手段上，他们可能会过度依赖网络上的信息。我们知道网络上的信息是公开的，是大多数人都知悉的，这类信息的价值可想而知。换句话说，真正有价值的信息一般不可能出现在网络上。若只关注网络上的信息，可能就因此忽略了网络以外的，甚至是眼前的信息。通常，不擅长于收集信息的人在收集信息时缺乏较强的目的性和指向性，可能错失眼前有价值的信息。

收集信息需要对信息有一定直觉的敏感性，直觉能力强的人在收集信息时总是想着"为了什么，需要什么样的信息"，并且能够甄别眼前的信息是否有用。比如，假设我们需要做一个新产品的企划，信息收集能力强的人立即就能从"有哪些类似的产品""新产品的需求量如何"等问题意识入手查找资料，而信息收集能力弱的人可能就想不到这些问题。如何培养对信息的敏感度？有效的信息整理方式或许能够帮助我们从众多的信息中挑选自己所需要的信息。我们可以按照如下步骤试行操作：第一步，明确“为了什么，需要什么样的信息”。针对不同的目的，不同的信息所采取的信息收集方式也不同，应首选最高效的收集方式。第二步，重视一级信息来源，不完全依赖书本、报纸、网络上的二级信息，通过自己亲眼所见、亲耳所闻收集信息。第三步，对所有信息进行分类，挑选自己所需的信息。

日本企业提倡通过“笔记训练法”培养收集信息的直觉敏感度。不擅长收集信息的人，对所见所闻比较无感，容易遗忘，而记笔记可以帮助我们在翻看笔记时勾起回忆，记笔记的习惯更是有助于我们确定主题和方向。比如，每次遇到比较好的广告或广告词，就提笔记录，久而久之便养成了下意识寻找好广告的习惯，甚至在寻找好广告的过程中还可能将目光投向原本并不留意的东西；通过整理、分析笔记，追问“为什么目光会停留在这个广告上？”“这些记录下来的广告都有哪些共通点？”，最终可能就找到了“博眼球的广告都是哪类广告”的解答。有关记笔记的基本方法，我们将在第九章的书面沟通部分做详细介绍。

第三章

企业运营机制与“金钱”意识

一、“会社”的社会定位

“会社”通常意指汉语中的“公司”一词，何为“会社”？日本会社的社会定位及基本形态如何？对于一个需要长期与日本会社打交道的社会人而言（尤其是希望就职于日本企业的人），了解日本会社的本质有助于理解自己的工作职责和日本企业制度。根据日本政府统计中有关“会社”的定义，会社（公司）是一部分社会人共同为满足社会需求提供产品或服务，并以此获取利益的组织。会社通过共同开展事业创造利益，并将其中的一部分利益以股份或工资的形式分配给出资人或职员。为何需要共同开展事业？原因是：第一，人口数越多，开展较大事业活动的可能性就越大，个人能力有限，无法同时完成材料采购、产品销售等事业活动的方方面面；第二，与个体经营相比，有一定组织形式的会社更容易获得银行信用，调动资金的能力也越强；第三，相比个人经营，会社能够分散个人无法承担的风险。

二、会社的基本形态

根据日本的新公司法规定，日本法人公司废除有限公司（有限会社）形态，自2006年5月开始不再增加新的有限公司。因此，目前日本公司的主要类型为股份公司、合同公司、合股公司、合资公司（株式会社・合同会社・合名会社・合資会社[①]）4类（参见图3–1）。其中，股份公司因其集资优势突出而最为常见。股份，即股份公司交付给出资人的证据，持有股份的股东可获

① 日本法人企业虽有4种基本形态，但是由于合股公司和合资公司（合名会社・合資会社）与股份公司和合同公司（株式会社・合同会社）相比，需要承担超出出资部分的责任更大，因而在实际中存在数量较少。股份公司和合同公司各有见长，股份公司因融资能力和信息公开方面比较突出，在日本较为普遍，而合同公司则创业起点低，可避免股东大会、决算公告等烦琐事务，适合小规模企业。

得股份公司获利的配额，与此同时，股份公司通过出售股份进行融资。但事实上，名不见经传的股份公司缺乏社会信任度，很难融到资。因此，能够在证券交易市场自由买卖股份是许多企业的愿望。而能够上市的公司必须通过证券交易所制定的基准要求，如切实盈利、遵守法律、信息公开等。股份公司的上市机制参见图 3-2。

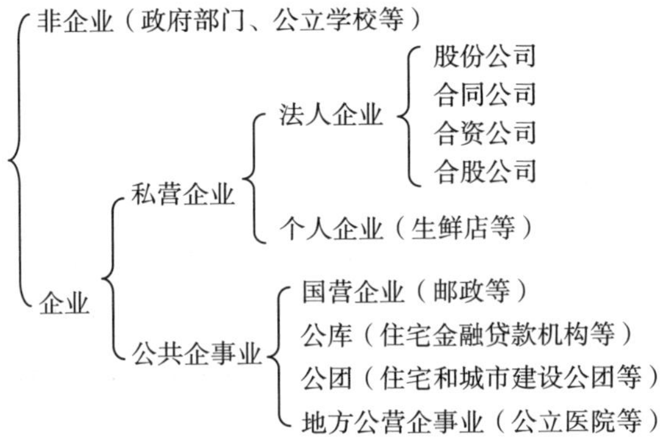

图 3-1　会社在日本社会中的定位

注：参考青塚纯子等（1999）制图

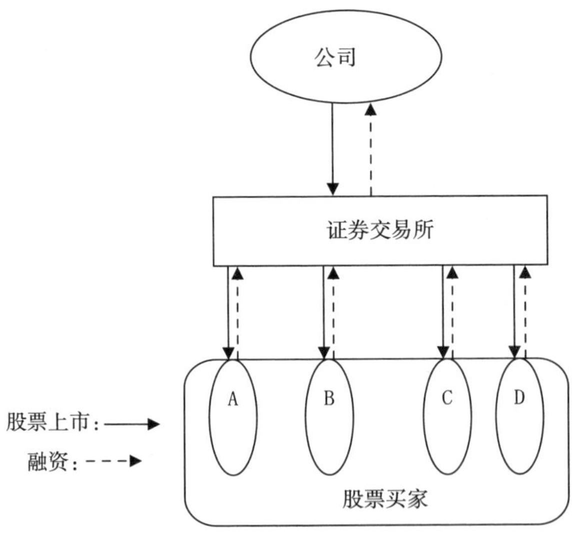

图 3-2　公司上市机制

股份公司的所有者不是公司员工，而是出资购买了股份的股东，股东多为复数。多数股份公司实行股份所有与经营分离（参见图 3-3），即公司的运营不是由股东负责，而是交付由专业经营管理者负责。其运营机制的前设逻辑是：股东众多的情况下，全体股东共同经营企业不仅困难而且缺乏效率，因此通过股东大会选举善于经营管理的人选，委以管理运营公司的职责，而这些从股东中选举产生的经营者被称为董事。

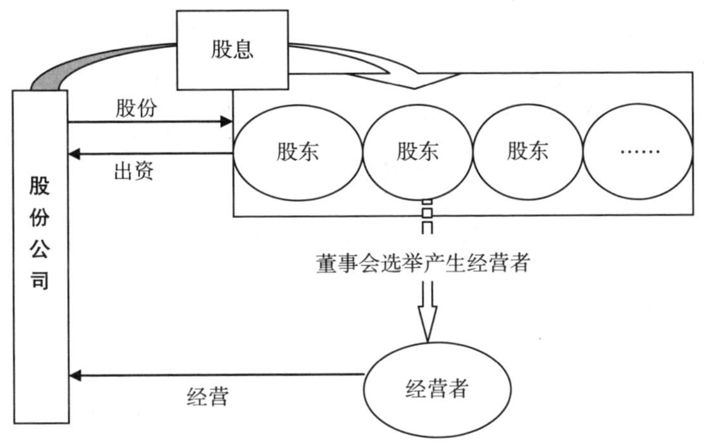

图 3–3 股份公司的所有权与经营权

（一）会社的组织机构及管理

新职员基本不直接参与公司运营，但是作为社会人的必备常识有必要了解公司的运营机制。日本会社的组织机构和管理模式与目前国际主流的企业模式总体上没有太大的差别，我们以股份公司为例进行说明。

日本的股份公司实行三权分立，主要由股东大会、董事会、总监会 3 个机构各司其责，共同运营管理公司（具体见图 3–4）。股东大会（株主総会）是由股东集合决议公司重要事项的大会；董事会（取締役会）是由股东大会选举产生的董事组成的，主要负责决议公司经营方面的事项；董事长（代表取締役）从董事中选举产生，是公司的代表；总监会（監査役会）主要负责监督董事是否承担相应职责，监管公司财务状况。

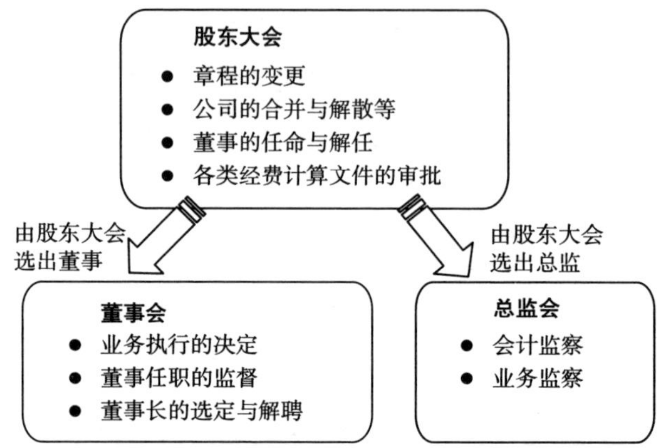

图 3–4　经营上的三权分立

企业的组织结构可以从纵横两个维度来看。首先，说到企业的纵向结构，我们很容易联想到领导与员工、上司与部下的上下关系。为什么企业中存在上司与部下的上下级关系？企业是如何决定每个职员的具体工作？这些问题都与企业组织的运作机制密不可分。企业为了企业员工能够朝着共同目标前行需要设定上下关系，区分发出工作指令的人和执行工作任务的人。不同的人不规则地发出工作指令或开展活动只会使组织管理因无法统一而效率低下。

纵向的企业组织呈金字塔型，上部人数较少，下部人数较多。我们仍然以股份公司为例，股份公司的企业组织最上层，即经营层（top management），是由股东大会选举产生的董事构成，其主要职责是指明企业发展所需的中长期目标、经营战略及经营计划；中间管理层（middle management）承担各领域部门具体战略的实施和经营目标的实现，同时承担培养、管理部下的任务；最下层是执行层，包括下层管理人员（也称监管层，lower management）和普通职员，需要执行上级分派的任务。不同公司的内部结构可能有所差别，有些可能更为细化，但是部下执行上级方针的基本法则并无二致。因此，可以说每个公司个体的具体工作追本溯源都是董事集体指定方针的结果。公司为了明确上下级关系，设置社长、部长、课长等不同等级的职务。近年，不少日本企业倾向于使用欧美企业的职务称呼，如 CEO、COO、CIO、CFO① 等，

① CEO（Chief Executive Officer）：日语为“最高経営責任者”，相当于日本企业的“会长”“社长”；COO（Chief Operating Officer）：日语为“最高執行責任者”，日本企业中，如果“会长”是 CEO，那么“社长”就是 COO；CIO（Chief Information Officer）：日语为“最高情報統括責任者”，相当于日本企业信息部部长；CFO（Chief Financial Officer）：日语为“最高財務責任者”，即日本企业财务部部长。

这样更能体现业务内容、职责分明。

横向的日本企业组织主要是按照工作领域进行划分，可以分为以承担获取收益为目的的产品部门（ライン）和支援生产的事务部门（スタッフ）两大部门（参见图 3–5）。

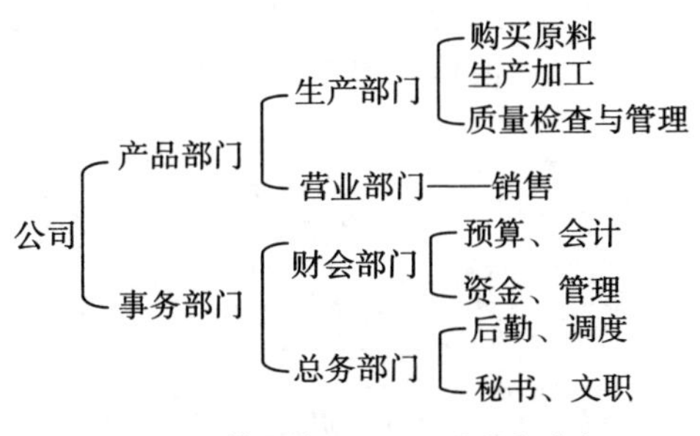

图 3–5 横向的公司——产品与事务

注：参考青塚纯子等（1999）制图

此外，企业组织还可以按照部门职能、地域产品分布、项目课题等分为部门职能组织（参见图 3–6）、事业部制组织（参见图 3–7）和矩阵型组织（参见图 3–8）。其中部门职能组织常见于中小型企业，事业部制组织和矩阵型组织则更深受大型企业的青睐。比如，按照地域、产品类别分类的事业部制，各个事业部门被赋予“意思决定直通权限”以便应对市场环境变化，做出战略调整和执行决议。相比部门职能组织，事业部制的经营层负担减轻，各事业部门能够迅速、自主地做出决定。而矩阵型组织则同时具备“职能”和“产品”，或者“部门”和“项目”两套组织形态（二个指挥命令系统），有望同时发挥部门职能组织和事业部制组织的优势。但是，一旦出现两套经营层人马无法顺畅协调的情况，反而可能导致企业陷入权责不明的境地。

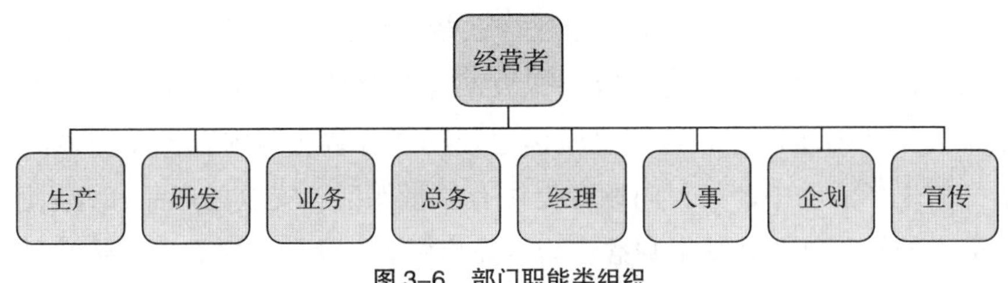

图 3–6 部门职能类组织

注：参考坂田岳史（2007）制图

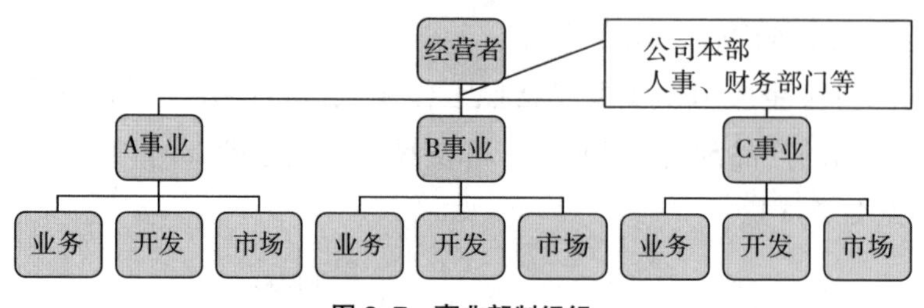

图 3-7 事业部制组织

注：参考坂田岳史（2007）制图

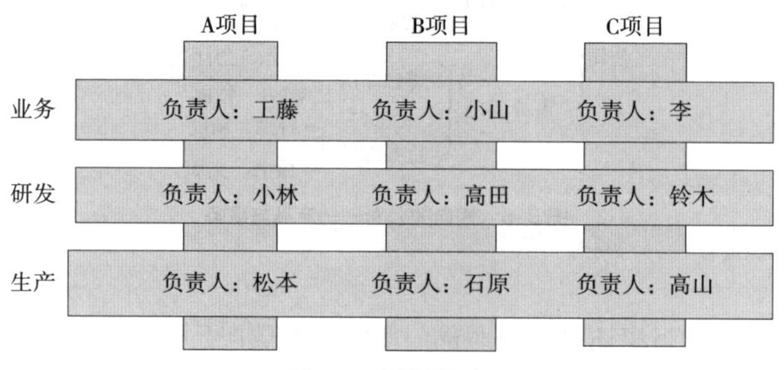

图 3-8 矩阵型组织

注：参考坂田岳史（2007）制图

（二）企业的社会责任

在日本，"追求利润最大化 = 企业存在价值"的时代一去不复返，取而代之的是社会对"企业社会责任"的追问。尽管如此，追求利益仍然是企业的主要目标，只是作为社会成员的现代企业在实现利润最大化目标的同时，还必须承担各种各样的社会责任。现代企业反社会的行为不仅会受到法律的制裁，也会失去消费者的拥护，从而削减企业的社会价值。

"企业的社会责任"一词源于英文"corporate social responsibility"，简称"CSR"。其范围广泛，包括了遵守法令法规，保护消费者权益，重视环境保护、人权拥护、社会贡献等内容。积极推进企业社会贡献派认为，实现承担企业社会责任的途径并非等同于简单地开展慈善事业等内容，而应该回归企业本身的生产活动中，如：向顾客提供有质量保证、安全的产品和售后服务，保障员工的从业尊严和基本利益，为企业出资者（股东）规避企业破产风险或创造红利回报，与合作企业保持稳定的合作关系和遵守合同规定，配合地方政府推进环境保护和地区发展，遵守行政法规和缴纳税收等。当然，在不同时代、不同国家，企业责任的具体内容也有所差别，比如，对于美国企业而言，消除种族歧视是现代美国企业责任的重要内容之一，而现代日本企业则更倾向于环境保护和地区经济的活性化等问题，中国企业的社会责任可能是如何保护消费者权益等。尽管各国企业的社会责任内涵指向有所不同，但可以明确的是，随着时代发展，企业的社会责任内容范围只会有增无减。

从20世纪60年代至90年代，日本社会经历了高度经济成长期的野蛮生长，并深受由此带来的社会副作用影响。在发生雪印[①]、西武铁道[②]等一系列企业丑闻之后，日本社会对企业的社会责任有了更深的理解，对企业的社会贡献呼声也愈来愈高。而“不以追求利润为企业唯一目标，在开展企业活动的过程中重视企业与从业人员、企业与消费者、企业与地区发展、企业与环境等要素之间的关系，考虑企业对社会的责任和贡献，以追求长期的企业持续性发展为目标”的企业理念已然成为当前日本社会的基本共识。近十数年，日本企业致力于降低成本、提高环境效能、促进技术革新、提高企业形象、创造和提升品牌价值，这正迎合了当前时代的诉求与社会共识。作为企业成员的个人，也有必要了解所属企业所承担的社会责任。当自己的所属企业积极地承担社会责任、做出社会贡献时，每个企业成员都会为此感到自豪。

三、企业与“金钱”的关系

企业是一个提供产品生产、销售、服务而实现财富积攒的组织，同时企业需要投入资金购买生产所需材料、部件，支付职员工资、水电气费用、宣传广告费等。总之，企业的经营活动离不开“金钱”的流动，我们需要了解二者相关的基本常识。

① 雪印公司创立于1925年，曾是日本首屈一指的牛奶制品集团，在日本共有34个工厂。2000年6月下旬，因雪印公司大阪工厂缺乏严格的产品质量管理，造成日本历史上最大规模的1.4万人食物中毒事件，震惊日本社会，也使得雪印集团信誉扫地，雪印产品陷入无人问津的境地。2000年6月，中国禁止雪印产品进口，2001年，美国《时代》杂志将雪印中毒事件评为2000年十大丑闻之一。至今雪印中毒事件都是刺痛日本神经的丑闻。

② 西武集团创立于1920年，在日本被称为“西武王国”，经营范围涉及不动产、铁道事业、百货、学校、职业棒球团队等多个领域，从业人数超过10万人。2004年曝出“最大股东虚假信息长达40多年”等丑闻，多名干部自杀，市值蒸发超70%，被撤销东证一部上市资格。原集团会长堤义明于2005年3月3日在东京被捕，罪名为伪造财务报告、从事内线证券交易，本人供认不讳。西武丑闻引发日本国内外金融界对日本股市、金融中心的不信任，继而推动了日本金融厅对日本上市公司采取最严厉的治理新规。

（一）资金筹措的方法

如图 3–9 所示，企业大致可通过直接金融和间接金融两种方式筹措资金。直接金融，即企业通过发行股票或公司债券①直接从市场筹措资金的方式；间接金融，即从银行等金融机构借入资金的方法。

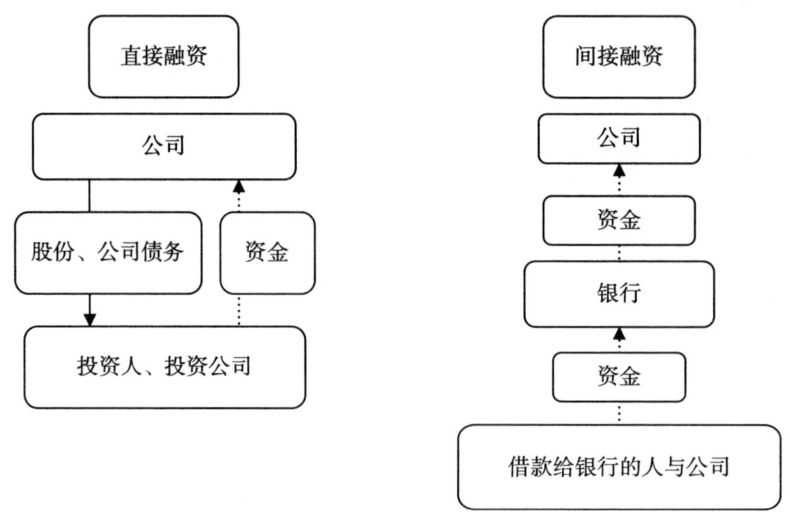

图 3–9　融资办法

（二）销售额与利润的差异

销售额（売上）与利润（利益）是一个公司为提高企业增值通常需要考虑的两个变量。如果用“销售额 － 成本＝利润”（売上 － コスト＝利益）的公式来理解两者之间的关系会比较简单一些。如图 3–10 所示，假设 A 商品单价为 10 元，共出售 10,000 个 A 商品，那么 A 商品的销售额为 10 元 ×10,000 个＝ 100,000 元；同时，假设 A 商品单个需要花费 8 元的材料费、人工费等，那么 A 商品的成本就是 8 元 ×10,000 个＝ 80,000 元；因此，从 100,000 元的销售额中扣除 80,000 元的成本就可以得到利润 20,000 元。

① 公司债券（日语为“社債”），指公司向他人或其他公司借款时发行的证券（表示财产权益或义务）。公司债券归根结底是一种借款，因此需要在一定的期限内向借款人还款（包括利息）。

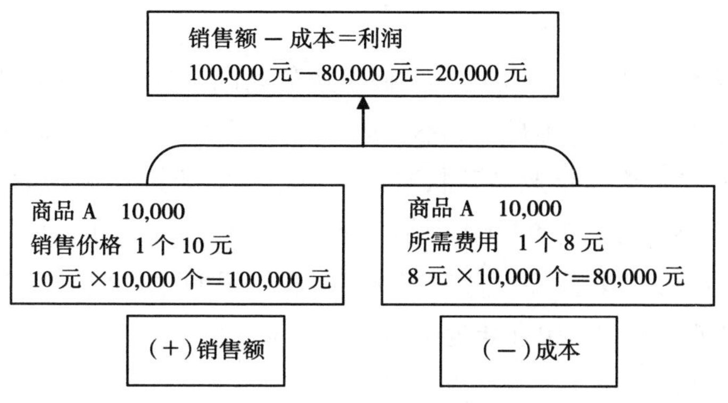

图 3–10 销售额与利润的关系

（三）销售额与成本的关系

如图 3–11 所示，要知道一个公司的利润，我们需要了解企业在进行经营活动的过程中所产生的费用，即成本。通常，成本包括了销售原价（売上原価）和销售及一般管理费（販売及び一般管理費）两大部分。销售原价是购买或生产商品所产生的费用（材料费、劳务费、其他经费[①]），而销售及一般管理费则是销售商品所必需的费用（销售人员的工资、店面租金、水电气费用、通信费、广告费等）和公司事务管理所必需的费用。可见，公司运营需要各种成本，基本上商品销售量越大，利润也越大，但事实上也并非如此。按照前文公式所示，销售额增加，如果成本也同样增加，那么公司盈利就未必增加。因此，在考虑增加公司利润时，必须同时考虑销售额和成本两个因素。

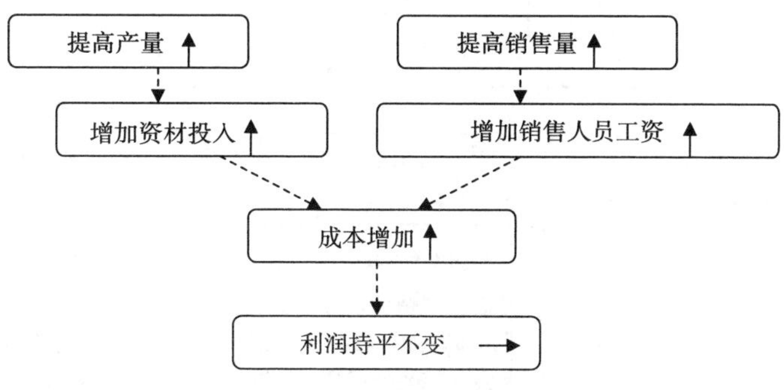

图 3–11 利润无涨幅的情况

① 其他经费，指公司运营工作中产生的各种费用，例如：接待客人的餐饮费、礼品费、交通费等。日本企业员工通常所说的“経費で落ちる”一词中的“经费”指的是员工因工作需要事先垫付，而后经公司会计审核作为公司经费得到报销的费用。日本企业返还这一部分费用的时间通常是收到发票（收据）后的次月工资日。

（四）结算

公司拟定计划时，需要正确把握企业的利润、资产、借贷等基本情况，但是公司的经营状况并不是一成不变的，时常因市场、政策等要素发生变动。因此，为了方便掌握企业经营状况，公司通常需要设置一定的时间段，即“事业年度”或“会计年度”（4月1日至次年3月31日[①]）。日本企业的会计年度以4月1日为“期首”，3月31日为“期末”，中间的时间段为“会计期间”。决算，就是期末公司对事业年度中的企业经营业绩（盈利）、财政状况（资产、借贷状况）进行的结算。

公司结算结果以财务报告书的形式呈现，该报告书称为“结算报表”（決算書）。其中最主要的三个结算报表分别是“资产负债表”（貸借対照表）、“利润表”（損益計算書）和“流动资金表”（キャッシュフロー計算書）（参见图3–12）。资产负债表记录公司资产、借贷情况，利润表记录一定期间的企业利润情况，而流动资金表则记录公司所持现金的增减情况。通过三个结算报表可对公司整体的经营状况做出正确判断。

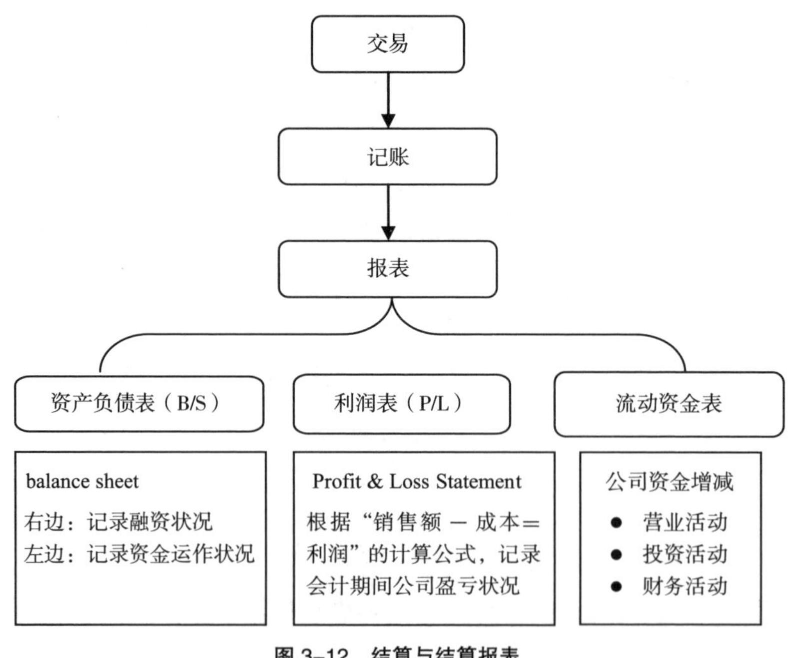

图 3–12　结算与结算报表

① 会计期间的设定比较自由，一般根据企业与所得税、法人税的关系或企业自身特点而定。通常股份公司的会计期间为4月1日至次年3月31日，个人店铺为1月1日至12月31日。

四、正确理解工资

（一）“时间＝金钱”的意识根深蒂固

日语中表达工资（給与）的词语有“時給”“週給”“月給”“年給”等，这些词是按照工资支付时间进行划分的。虽然大多数公司和公司正式员工很少选择按小时支付的制度，但是用小时计算自己劳动价值的观念却深入人心。零工、兼职、派遣等非正规社员的工资计算都是基于“时给 × 时间”公式得出的。我们可以试算一下一个日本新职员的价值 / 小时。

假设一个大学毕业生的工资为 18 万日元 / 月，奖金为 4 个月工资，那么就可得出年收入为：

180,000 日元 ×16 月＝ 2,880,000 日元

按一天工作 8 个小时，一个月工作 20 天计算，一年工作时间就是 1,920 小时，于是每小时的价值便是：

2,880,000 日元 ÷1920 小时≈ 1500 日元 / 小时

日本人之所以习惯按小时计算劳动价值，并不纯粹是为了计算工资，更是通过了解个人工作的每小时价值后，加深理解“时间就是价值”的意义，并带着“时间＝金钱”的观念投入工作。日本人守时、不给别人添麻烦、工作时间和休息时间界限分明等行为习惯的背后无不受到“时间＝金钱”观念的影响。

（二）工资明细的含义

任何国家的新职员对于第一次领薪都有许多困惑，不少日本新职员领到第一个月工资（初任給）时，常常诧异为什么“总收入额（総支給額）比实际到手工资（手取り）少”。其实，如果了解了工资明细表中各个项目的含义，这些困惑就不难理解了。虽然不同公司工资明细书的形态各有不同，但通常都设有“考勤栏”（勤怠欄）、“收入栏”（支給欄）、“扣除栏”（控除欄）三个部分（参见图 3–13）。我们可以通过“收入栏”“扣除栏”等项目理解工资所包含的意义。

“基本工资”（基本給）是工资的基本部分，一般由年龄、学历、工作年限等因素决定。工资包括了“基本工资”和各种“补贴”（手当），各个公司补贴的具体内容有所差别，通常包括“住房补贴”（住宅手当）、“家庭成员补贴”（家族手当）、“交通补贴”（通勤手当）、“加班补贴”（残業手当）等。但

是，净工资（差引支給）还需要扣除包括“税金”（税金）、“社保”（社会保険料）和“其他类”（その他）等项目。“税金”和“社保”是所有公司都必须代替个人缴纳的项目，“其他类”则是各个公司根据规定自由收缴的项目，“储蓄金”（財形貯蓄）、“社员费”（社員会費）等都属于“其他类”项目。

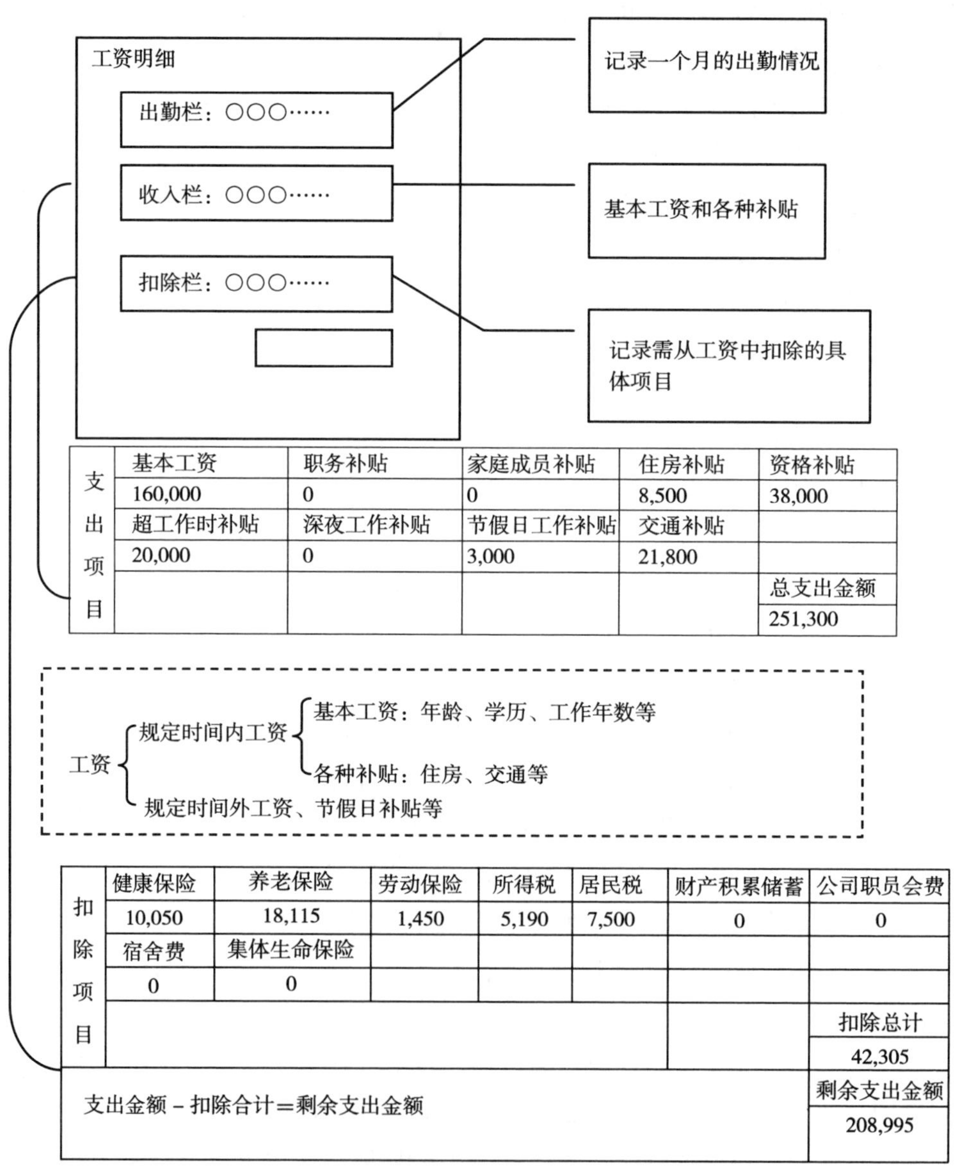

支出项目					
	基本工资	职务补贴	家庭成员补贴	住房补贴	资格补贴
	160,000	0	0	8,500	38,000
	超工作时补贴	深夜工作补贴	节假日工作补贴	交通补贴	
	20,000	0	3,000	21,800	
					总支出金额
					251,300

扣除项目							
	健康保险	养老保险	劳动保险	所得税	居民税	财产积累储蓄	公司职员会费
	10,050	18,115	1,450	5,190	7,500	0	0
	宿舍费	集体生命保险					
	0	0					
							扣除总计
							42,305
支出金额－扣除合计＝剩余支出金额							剩余支出金额
							208,995

图 3–13　工资明细具体内容

注：参考泉正人（2010）制图

（三）加班、休假等规定

根据《日本劳动基准法》规定，劳动者原则上工作时间不得超过 8 小时 / 日，40 小时 / 周，但实际上多数公司在旺季时都有可能出现超工作量的情况。于是，公司可以与职工代表签署协定并提交劳动基准监督署审查获准职工加班加点的要求，同时必须履行支付时间外的劳动报酬。

此外，为了理解时间外劳动报酬和公司从业规则，我们还需要了解日语“休日”与“休暇”两个词的差别。日语“休日”与“休暇”相当于汉语的“节假日”和“休假”，前者是法律规定的“没有劳动义务的日子”，后者是由公司自由裁定的“在原本有劳动义务的日子不工作”。

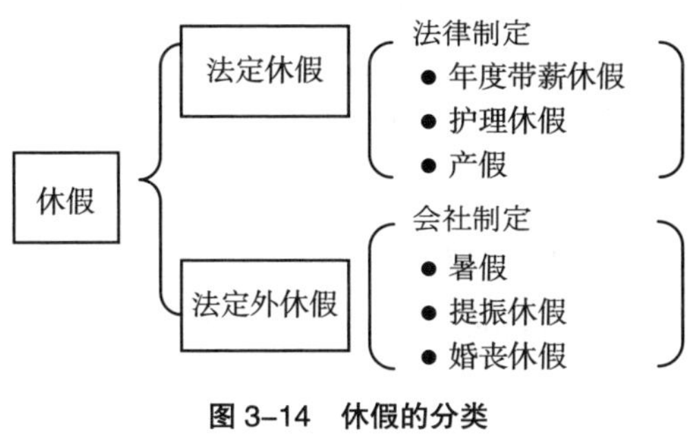

图 3-14 休假的分类

五、税金与社会保障金

（一）征收所得税机制

日本公司从个人工资中扣除一部分所得用于缴纳税金，叫作“征收所得税”（源泉徵収）。“征收所得税”包括了“所得税”（所得税）和“居民税”（住民税），两者最大的不同是前者由国家税收，后者由地方税收。由于个人向税务署申告征收所得税的手续十分烦琐，因此原则上由公司代理个人缴纳税金，即从个人工资中扣除“征收所得税”用于缴纳国家或地方政府的税金。但是，公司代缴的这部分“征收所得税”金额是暂定的，并非正确的所得税金额，同时所得税的征收时间是按年度计算的，因此每到年末或临近年末，公司都需要对“征收所得税”的金额进行精算核实，即所谓的“年末调整”（年末調整）。之前预缴的“征收所得税”超出实际金额的部分，可通过年末调整退还给本人。（参见图 3-15）

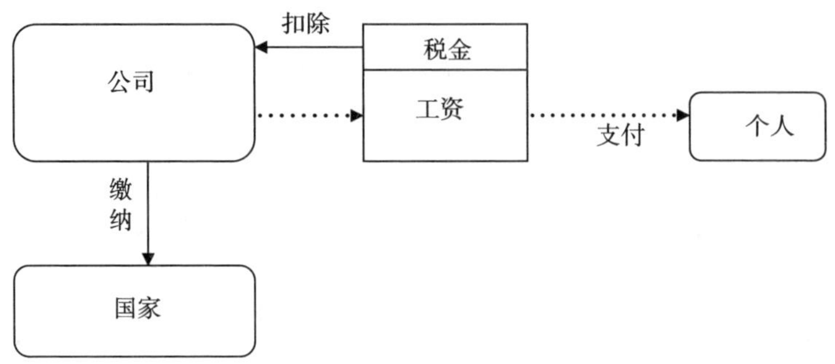

图 3-15　征收所得税的规定

（二）社会保险制度和养老金制度

每个月除了“税金”，还有“社会保险金”也将从工资中扣除。日本国家的社会保险金（社会保険料）一般由“健康保险”（健康保険）、“养老保险”（厚生年金保険）、“劳动保险”（雇用保険）三种保险金构成。其运营机制与民营保险的“生命保险”“火灾保险”等相同，都是每个月定额缴纳保险金，一旦需要，可从保险中收取补助金或养老金。两者最大的不同点是，民营保险遵循自由原则，而社会保险原则上是日本国家强制每个人都必须加入的。除了以上三种保险之外，常见的还有“职工灾害补偿保险”（労働者災害補償保険，即労災）和“护理保险”（介護保険）。“职工灾害补偿保险”主要应对就劳过程中或上下班途中受伤或生病的情况，由公司全额负担，不需要从工资中扣除。“护理保险”的对象是 40 岁以上人员，用于需要护理或资助的情况。

另外，我们还需要了解日本的“国民养老金”（国民年金）与“养老保险”（厚生年金保険）的区别。“国民养老金”是基础养老金，其受众群体是在日本国内拥有居住地址的 20 ～ 60 岁人群，而“养老保险”是公司职员在基础养老金之上追加的养老金，也就是说，日本国家规定公司职员必须缴纳国民养老金和养老保险两种保障金。

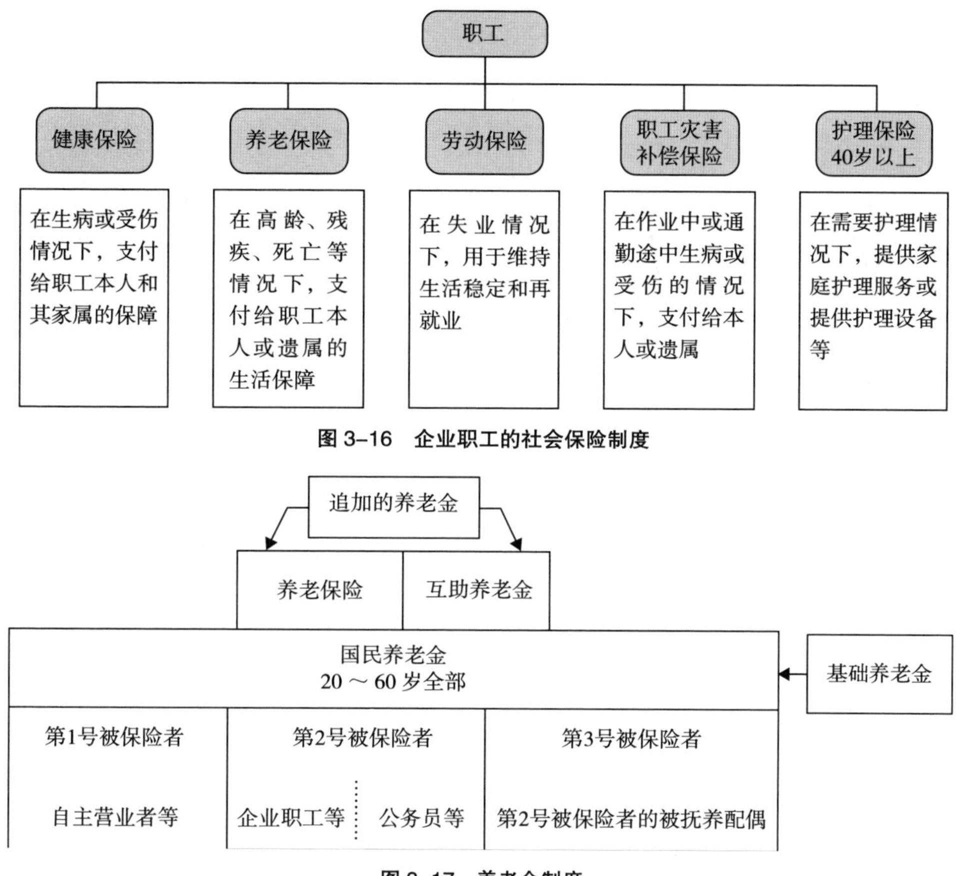

图 3–16 企业职工的社会保险制度

图 3–17 养老金制度

第二部分

『社会人』的沟通能力

第四章

职场交际的基本常识

一、职场人际关系

人际关系往往困扰着新职员，所谓“在社会中工作”，就是在“人际关系网”中工作。在大多数情况下，人们很少能与自己相似的人共事，一起工作的人都是与自己既相似又不相似的人，甚至还可能是自己厌恶的人，但因为工作关系不得不一同相处共事，每天抬头不见低头见。学生时代，我们很多时候可以避开那些自己讨厌的人，然而社会人却不同。这个问题在社会中是无法避免的，但是这对刚毕业的学生而言却是不得不面对的新问题。很多时候，一份工作能否带给人愉快的感受往往并非因为工作内容，而是取决于人际关系，即在工作愉悦度上，“与谁做”比“做什么”更重要。

（一）良好人际关系的基石——非自我本位

工作，就免不了与人打交道，而职场是一群年龄、性别、职责、工作年限、价值观甚至文化背景等都不尽相同的人共同工作的生活场域。职场生活的舒适程度往往对工作的效率与进程有很大的影响。如果一个工作能力很强的人与他人间的人际关系很紧张，他的职场生活一定不尽如人意，这点无论是在中国社会还是在日本社会都尤其明显。在日本社会中，处理好职场人际关系，首先要学会尊重他人、信任他人、关心他人，要学会控制自己的情绪，做一个有自制力的人；其次要维护好公司内外与上司、同辈、后辈、客户之间的交往；最后要提高沟通的有效性和重视团队的重要性。

人与人之间的沟通（communication）往往是从对话开始的，所谓“对话”不是一言堂，不是单方面的洗耳恭听，而是像棒球中的“投接球”（catch ball）一样需要双方的互动和配合。投接球的要领、技巧和重点与对话同出一辙：球速过快，对方无法接到球；球速过慢，球则到达不了对方；而投错方向，对手则需要移步接球。对话亦如此，语速过快，对方听不见；语速过慢，对方会感到无聊；而跑题，对方则会焦虑不安。职业投手或职业接手能够自如地投出或接住直线球或曲线球，沟通能力强的人也像职业投接球手一样，能够自如地发话和接话，而不是把期待寄托于对方。

对话可以是音声的，也可以是手语或笔记，这些都是“言语沟通”（verbal communication）。除了言语沟通，还有“非言语沟通”（non verbal communication），例如服饰、发型、目光、表情、肢体动作、与对方的物理距离等。即使是言语沟通中，也糅杂着语调强弱、语音高低、字迹潦草工整与否等非言语沟通的信息。虽然肢体动作具有文化差异，但是表达人类基本情感的喜、怒、哀、乐、希望、失望、恐怖、惊慌等表情却能跨越文化差异，具有普遍性。因此，沟通不仅是指语言上的交谈，也是指通过行为、态度传递意思、表达情感的交流。良好的沟通可以通过语言、行为、态度等传递“构建人与人良好关系”的基本愿望，而实现“与人建立良好关系”则是满足“希望被理解、被接受、被重视”之欲望的基本路径。

为了“被理解、被接受、被尊重”，人们努力成为受欢迎的一类人，即使无法实现，也不愿意被人讨厌、受人排斥或被边缘化。以下是几种“提升受欢迎度”的有效方法。第一，开朗、充满正能量。而积极主动地打招呼、面带微笑等行为可以让你看起来很开朗。第二，善解人意。良好的人际关系是建立在对他人的关心之上。站在他人的立场思考问题、行事做人，与他人共情共感，必然能建立彼此的信赖关系。第三，遵守职场规则。一个不遵守职场规则的人，在日本企业很难与人共事。第四，记住公司同事和客户的名字。任何人被别人记住名字，心情一定都不坏。

（二）社内人际关系——处理好与上司、同辈、后辈之间的关系

首先是上下关系。可以说，与上司的关系是新职员自学校毕业进入职场后最初的一层人际关系。与上司顺畅的沟通有助于获取更多信息，加深对工作的了解，从而学习到更多知识，提升工作热情。而沟通的优劣很大程度上取决于“能否获得上司的好感”。调查显示，有干劲、懂礼貌、态度积极且具协调性等，是最受日本企业上司喜欢的新职员素质。新职员虽然没有业绩可博上司或同事的好感，但同样可以通过一些细节为自己创造机会。比如：见面时面带微笑并得体地打招呼让人联想到其对工作的热情与活力；能够得体

地回应上司提出的意见，并表达感谢之情，是“有礼貌、懂礼仪”的具体体现；能够与周围的同事保持和谐的关系，既不过分凸显自己也不偷懒耍滑，既具备协调能力又能积极工作，这种“平衡感良好”的新职员总是能收获上司更高的评价。

上司是公司团队的职场指挥，其任务是根据公司的经营计划向团队成员做出具体目标、任务的指示，并指导和监督团队共同完成。每一项工作都是从“接受上司的业务命令”开始，以“向上司汇报结果”结束。上司下达的任务往往不是由团队成员个体单独完成，而是在与团队其他成员的连带作用下共同开展完成的。因此，作为部下的职责就是理解上司的立场，做出积极回应，通过“复唱确认”的方式准确无误地接受工作指示。上司的“命令、指示”与部下的“报告、联系、商讨”（報連相）共同形成了职场交际场（社内コミュニケーション）。有效果的沟通不是单向的，而是上司与部下双向的有效交流（two-way communication）。作为部下，如何接受上司指示、如何与另类（想法、做法等都不同于普通人或自己的）上司打交道、如何向上司表达工作中的困难等具体的沟通技巧将在下一章节中详细介绍。

其次是同事关系。所谓同事即“共同做事”，是为了共同的工作目标聚集在一起的他人。同事关系不以建立友情为目的，同事不必成为朋友，但是共同做事需要建立良好的关系，因为良好的关系能促进工作顺畅开展。良好的关系是遇到困难时能相互提携和轻松倾诉，而良好关系的建立和维系需要平时一点一滴的积累。对他人保持谦和态度，热心助人，工作中关照同事，工作之余积极参加公司例会、聚餐等都是维系良好职场人际关系的重要途径。当然，即使在思想上做好了“要与同事建立良好关系”的心理准备，也不排除仍有一些人无法融入集体，或因遇到难以相处的人而陷入职场交际困境。这时，可以换一个思路，通过充实职场外的人际关系，或者与眼前的职场人际关系做一个了断，把眼前的困境视为“工作需要”迎头向前，不寄予过高的期待。毕竟每个职场都有各自的氛围，能在职场中共事也是一种缘分。

最后，作为前辈，不但需要完成自己分内的工作，也要承担起指导、提携后辈的任务，这在重视“传、帮、带”的日本企业内尤显重要。前辈与后辈的相互信任关系有利于工作上取得成功，而对后辈的成绩加以褒扬，对后辈的失误给予及时补救，适度放手鼓励后辈挑战和试错等做法都可能促成前辈与后辈之间建立相互信任的关系。

表 4–1 职场交际注意事项(社内)

1. 团队意识(team work),关心、帮助团队成员。
2. 避免只与某个或某些特定人员交往。新社员应避免与同期社员频繁喝酒吃饭,应尝试与不同的人交流,获取丰富的信息,促进自己的成长。
3. 不发牢骚,不嚼舌根,不传言。传言容易在不经意间被放大,这可能招致误解,给人留下不良印象,甚至可能被贴上"出卖公司利益"的标签。酒桌上的发牢骚基本不会带来好处,与其埋怨,不如找到问题所在。

(三)社外人际关系——满足顾客

除了公司内部各种关系之外,新职员还要学会如何与公司外部的人员保持工作上良好的人际关系。开展业务、扩大交际范围、收集信息等都离不开与公司外部人员的交往。需要注意的是,在与公司外部人员交往的过程中,无论个人之间的关系如何,彼此都是代表公司在交往,都应以建立工作上的信任关系为先,不能因为对方是个有趣的人或者是自己喜欢的类型,而在工作上松懈或不遵守交往礼仪。

良好的社外人脉不仅能增强工作的自信心,而且也会得到上司、前辈的认可,是一个合格社会人的主要标志之一。如何建立良好的社外人际关系呢?我们可以从以下几方面入手:

表 4–2 建立良好人际关系的方法(社外)

- 工作上令对方满意
- 会说话,善于倾听
- 重视礼仪
- 拥有工作以外的丰富的话题
- 拥有一项自己的专长
- 考虑对方的立场和利益

其中,在工作上尽量满足对方,建立彼此之间的信任关系是最为重要的一方面。日本的商业社会是一个典型的"顾客至上"(顧客ロイヤル)社会,日本人认为"超越'卖家'与'买家'单一关系的,建立在令顾客满意基础之上的信赖关系"是企业可持续发展的重要因素。在顾客需求日趋多样化、复杂化的今天,这种重视顾客满意度(customer satisfaction,缩写作 CS)的企业文化凸显了其优势。众所周知,日本产品的设计、质量、功能、售后服务无一不因其极佳的用户体验而深入人心。产品是企业的命脉，企业是通过各种营销活动提供产品和服务，获得利润，使之持续发展。产品本身让人联想到企业，进而推及公司职员，“产品—企业—人”形成一个企业文化的“三位一体”。对顾客而言，尤其是第一次打交道的顾客，他们往往是通过与一个个具体的公司职员之间的交往来了解一个企业，了解企业的产品。因此，日本人常说，“推销产品之前首先要学会推销自己”。

如何让顾客接受自己、喜欢自己？首先，要养成替顾客考虑的思维习惯；其次，自己要先接受和喜欢顾客，这是原动力。只有真正重视顾客，才能处处以顾客为视角，为顾客出谋划策。西方的社会文化常常强调交际中“叙述能力、说明能力”的重要性，而忽视从社外交际、顾客角度出发的“了解能力”和“倾听能力”。但是，在日本的商务交际中，后者却备受重视和推崇，在“听”与“说”的交际方式中，日本社会更倾向于“听”的文化。有关口语交际中“听”与“说”的能力培养，我们将在后文中展开讨论。

与中国社会相似，日本社会也是人情社会。日本人认为，社外人脉中除了工作上的人际关系，非工作关系的人际交往同样重要。家人、朋友、同学都是我们身边最应珍惜的人群。与不同领域的人交往不仅能丰富自身的个人阅历，激发个人潜质，还可能获得意想不到的灵感和启发，这些都可能反过来提升自己的创造力和其他个人能力。

二、仪容仪表的基本常识

（一）非言语交际——决定第一印象

交际（communication）即意思沟通，表达意思的手段有言语的（verbal）和非言语的（non verbal）。语言交际即使用言语进行的所有交际活动，可能并不一定伴随音声，也通过手语或笔记等非言语交际范畴中的语言形态。非言语交际通常体现在人们日常生活中使用多种言语之外的手段进行意思沟通，非言语交际可能是有意识的，也可能是无意识的。因为“手势生硬”或“字迹不工整”而对当事人产生某种不良“印象”的现象时有发生。甚至说话的语气强弱、声音高低、表情等也都属于非言语交际范畴。交际学研究证明，我们从他人处收集到的信息 60% ～ 90% 是通过非言语交际方式获得的。非言语交际包括了目光、表情、姿势、与人距离、服装、发型、声音、气息，等等。

显然，这些非言语要素因文化而异，但是诸如喜悦、愤怒、失望、希望、感动、恐怖、吃惊等人类普遍情感的表情却是大同小异。

通常，日本公司的职员一入职就通过工作业绩来获取上司或客户的信任是比较困难的。上司和客户往往是凭借观察新职员的工作热情、看他是否遵守公司规章制度等方面来判断该职员是否值得信赖。而工作热情体现在哪里呢？大家往往是通过仪容仪表、说话方式等来窥视。

美国加利福尼亚大学洛杉矶分校（UCLA）的心理学家阿尔伯特·梅拉宾的研究（1971）表明，初见面的 3 ～ 6 秒钟是决定第一印象的关键，而且最初的印象会对以后交往产生深远影响。如果最初留给他人的是“诚实”“值得信赖”的印象，那么之后的交往可能就会格外顺畅。同时他还指出，决定人第一印象的三大要素中，视觉信息（55%）最为突出，其次是听觉信息（38%），最后是言语信息（7%），也就是说，在交流之前，对方的表情、态度、服装等外貌以及声调、语速、说话习惯等说话方式基本上就决定了你对对方性格、印象好坏的判断。这个理论被广泛应用于日本企业的职业教育指导中，因此，我们也不难理解日本企业为什么特别重视职员仪容仪表、见面寒暄问候方面的训导了。日本公司的新职员被教育：应注意着装打扮、表情态度、言谈举止等方面是否体现诚意和知性（具体要求参见表 4–3）。

表 4–3　仪表仪态的注意事项

- 服装：服装是否符合自己的身份、地位、年龄、工作。
- 表情：自己的表情是否让人难以接近或看起来很不高兴的样子。
- 态度动作：腰板是否挺直，站立、行走、坐姿是否让人觉得健康、年轻、知性。
- 语言表达：社交场合是否使用校园用语、网络流行语等不当表达等。

（二）职业服装——着重“整洁 + 功能 + 和谐”

许多企业对服装有一定的规定（dress code）。在日本人看来，如果你的穿着邋遢，令人不快，即使你很有工作干劲，也很可能被判定为缺乏工作自觉，这在常常“以貌取人”的商务领域中并不讨好。日本人在服装方面的要求可以归纳总结为“整洁感 + 功能性 + 和谐统一”。“整洁感”主要是指袖口是否有污渍，皮鞋是否带着泥，是否穿着十分廉价的西服。“功能性”指的是职场的着装应该适合工作需要，即使是女性的西服也要便于活动。“和谐统一”是指服装必须和公司形象、职场氛围相协调，强调服装款式应被大众普遍接受，尽量避免个性张扬，避免穿着花色过于鲜艳夸张的服装。具体参见表4–4和表4–5的商务人员（男性、女性）仪容仪表自查表。

表4–4 商务男士仪容仪表自查表

项目	自查内容
头发	□ 是否凌乱、过长、有异味？
脸	□ 每天早上是否刮过胡子？
	□ 能否看得见鼻毛？
	□ 眼镜是否擦拭干净？
西服马甲	□ 西服颜色、款式是否鲜艳、夸张？
	□ 衣裤上是否有污渍？
	□ 扣子、拉链是否脱落？
	□ 是否佩戴公司徽章、工作证？
衬衫	□ 衣领、袖口是否干净？
领带	□ 是否变形、有污渍？
袜子	□ 花色是否太花哨？
	□ 是否穿着白色运动袜？
	□ 袜头是否松垮？
皮鞋	□ 是否擦拭干净？
	□ 颜色是否与马甲和谐统一？
	□ 鞋跟是否过度磨损？
必备物品	□ 干净的手帕、纸巾、名片夹、钱包、月票、公务包等

注：参考青塚纯子等（1999）制表

表4–5 商务女士仪容仪表自查表

项目	自查内容
服饰	□ 是否与年龄、职业相符？
	□ 是否注意干净、大方？
	□ 公司制服是否正确穿戴？无需穿着制服的情况，是否便于活动、服色款式不花哨？
	□ 名牌是否佩戴在左胸位置？
化妆	□ 妆容是否适合工作场合？
	□ 口红颜色是否明亮？
	□ 眼影是否过浓？假睫毛是否过长？
	□ 指甲油颜色是否过于浓艳？
头发	□ 头发是否凌乱、有异味？
	□ 长发是否影响工作？
	□ 发型是否过于前卫？
皮鞋	□ 是否擦拭干净？
	□ 是否选择好穿、鞋底无声的鞋子？
	□ 工作室内是否穿着凉拖鞋？
袜子	□ 是否选择接近肤色的袜子？
	□ 是否预备一双长筒丝袜？
	□ 工作室内是否穿袜？
手提包	□ 是否注意保养？
	□ 手帕、纸巾等必备物品是否带齐？

注：参考青塚纯子等（1999）制表

（三）态度——有诚意

我们往往可以从一个人的态度中读解他的喜怒哀乐、对工作/同事的热情，因而人们在交往时会不自觉地注意到对方的态度，但是却很少审视自己的态度。何谓有诚意的态度，不同文化背景的人解读定然不同。在日本社会以下态度可能会被视为消极的、排他的，容易引起误会：

表 4-6　消极、排他的态度和行为

(1)不打招呼、招呼声小……………………不懂礼貌
(2)不回答、回答声小……………………不理睬或无自信
(3)被人点名时不作回应，既不看呼喊人也不马上去……………………听不见或不理睬
(4)托着腮帮……………………给人散漫的感觉
(5)两臂交叉在胸前……………………拒绝、戒备对方或傲慢
(6)跷二郎腿坐、大叉腿坐……………………傲慢、不尊重对方
(7)走路、做事磨磨叽叽……………………没有干劲、很疲惫
(8)窃窃私语、传字条……………………说坏话
(9)弓着背……………………不健康
(10)把东西扔向别人……………………违反商务礼仪

三、口语交际的基本常识

日本社会认为，同一公司的职员是为了公司的共同目标而汇集在一起的一群人。因而，公司职场特别重视意思的沟通。良好交际的基础是彼此尊重、彼此信任、彼此关心。尊重他人就是重视并努力理解他人的看法。正确地传递意思必须正确地使用语言，根据不同场景、不同交际对象选择适当的口语表达（包括敬语），尽量不使用地方方言、学生用语、网络流行语、隐语、晦涩难懂的专业术语、让人生厌的口头禅等。此外，职场对话中，还要注意“听”与“说”的技巧，而日本社会倾向于前者，认为“听”比“说”更重要。良好的对话是能够让对方说出自己的主张，避免自己一个人滔滔不绝。

（一）打招呼（“挨拶（あいさつ）”）——沟通的第一步

打招呼是与人交往最初的行为，是建立良好人际关系的第一步，打招呼是否得体直接关系到你在对方眼里留下的第一印象，也是关乎你是否具备沟通能力的关键所在。因此，新职员在创造业绩之前，可以通过积极地打招呼展示自己。打招呼的重点有三。第一，积极主动。即便有时得不到回应也不畏惧，平时养成见面打招呼的习惯。第二，精神饱满地注视对方并报以真

诚的笑脸。即使是一句简单的“你好！”也可传递诚意，不可掉以轻心。第三，可在寒暄语后加上一句能带起话题的内容，拉近关系，如“今天很热啊！”“昨天真是太谢谢了！”等。如果一时想不起说什么好，还可在“你好！”前面加上称谓，如“〇〇課長、おはようございます”。这三点可以浓缩为“挨拶（あいさつ）”＝明（あか）るい＋いつでも＋先（さき）に＋続（つづ）けて”。

打招呼往往还需要配合行礼才算得体，尤其在商务场合更要根据对象和具体场合选择适合的行礼方式。日本社会往往将行礼与工作能力联系在一起，人们认为不会正确行礼的人可能也不会好好工作。因此，作为一名合格的“社会人”必须掌握基本的寒暄行礼要领。首先，正式场合的行礼是先寒暄后行礼，即“语先后礼”。不过也要注意，语先礼后有时给人以比较呆板的感觉，因此日常打招呼一般都是行“同时礼”。此外，日本还根据上半身的倾斜角度将行礼分为“点头礼或 15 度礼”（会釈）、“普遍礼或 30 度礼”（敬礼）、“尊敬礼或 45 度礼”（最敬礼）三种，详见“行礼类别图”（参见图 4-1）。对新职员而言，除了个别的同期职员外，周围的人几乎都是长辈或前辈，因此，会不会有礼貌地行礼就至关重要了。得体的打招呼行礼必然能提高好感度，有利于建立良好的社内人际关系。走廊上遇到前辈，即使距离较远也要朝着前辈方向点头行15度礼。前辈从你身边经过，则要驻足，声音洪亮地打招呼，说一句“辛苦了”（お疲れ様です）并再次行 15 度礼。得体的打招呼行礼无疑对提升好感度有帮助，但是凡事“过犹不及”，反复或过度地行礼会适得其反，给人留下不自信的印象。

打招呼时说的话即“寒暄语”（挨拶言葉）。日语中的寒暄语自成体系，商务日语中的寒暄语大致可根据场合和时间分为上班时、中午休息时和下班时三个时间段的语言表达。

首先，早上走进办公室[①]时应大声说“早上好”（おはようございます）。后来的同事说完“早上好”，也要积极地回应一句“早上好”，同时别忘了对身边和路过的同事打招呼。进公司时的状态会影响他人对你的印象，比如打招呼的声量微若蚊呐或者默不作声地坐到自己的座位上，都很难给周围的人留下好印象。

其次，十一点半之后，碰到同事应该说“辛苦了”（お疲れ様です），而不

① 日本公司基本上采取集中办公的形式，除社长之外员工较少有独立的办公室。

是“你好”（こんにちは）。如果正好遇到公司客户，则要说“欢迎光临”（いらっしゃいませ）并行15度礼。如果正值客人起身离去时，则应道一句“谢谢”（ありがとうございました）。工作时间离开岗位外出时，应向大家打招呼说“我走了”（行ってきます）并在白板[①]上写明事由，比如“去某某公司”（○○社へ行ってきます）、“吃饭”（食事に行ってきます）等。交代自己去向的做法给人以认真、负责的好感，在日本企业很受欢迎。外出归来时也要说，“我回来了”（ただいま戻りました）。同样，对即将外出及外出归来的同事也应回应一句“请走好”（行ってらっしゃい）和“回来啦”（お帰りなさい）。

最后，结束工作离开公司时，要告知一句，“我先走一步”（先に失礼いたします），而反过来，对先行离开的同事则应道一句“辛苦了”（お疲れさまでした）。“辛苦了”有两种日语表达，既可以是“お疲れさまでした”，也可以是“ご苦労さまでした”，但后者是上位对下位使用的寒暄语，新职员要注意避免使用。下班时间到了而同事或前辈还在忙碌时，要尽可能地表示关心：“有什么可以帮忙的吗？（何かお手伝いすることはありませんか？）”因为一项工作往往需要大家齐心协力才能完成，不能工作时间一到就走人，这在日本会遭到非议。当然，如果下班后另有安排，可以说：“不好意思我只有30分钟，能为您做些什么吗？”（30分ほどで申し訳ありませんが、私でお手伝いできることがありませんか）

此外，休假前后也必须向公司内外在业务上有往来的人员打声招呼。例如：“我从明天开始休假××天，○号开始上班，拜托了”（明日から××日間休暇を頂きます。○日から出勤しますので、よろしくお願いします），“我不在的时候给您添麻烦了，拜托了”（不在中ご迷惑をおかけしますが、よろしくお願いいたします），“休假承蒙您的关照，谢谢”（休暇中はお世話になりました。ありがとうございました），“多亏您我得以轻松度假，谢谢”（おかげさまでリフレッシュできました。ありがとうございました）。

① 日本公司用于内部联络的留言板。

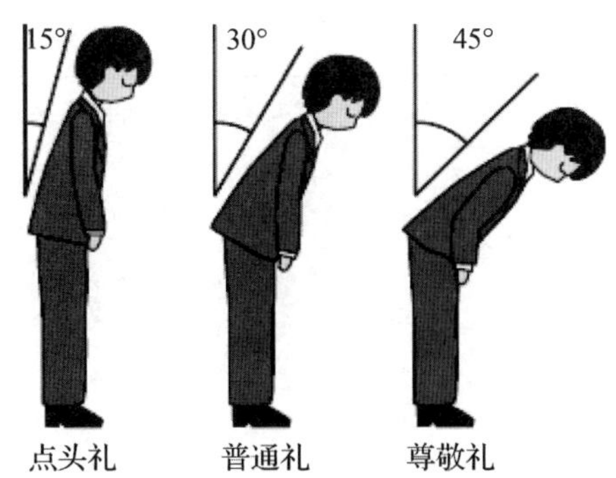

图 4–1 行礼类别

行礼类别	点头礼（15 度）	普通礼（30 度）	尊敬礼（45 度）
场景	楼道上擦肩而过或给客人上茶时	对上级或长辈寒暄时、目送客人时	请求时、谢礼时、道歉时

注：参考 https://cktt.jp/78134；https://mannernoiroha.com/ojigi 制表（获取日期：2017 年 9 月 11 日）

表 4–7 具体场景中的打招呼①

＜本公司内遇见客户时＞	＜同乘电梯＞
×　…（只是点头） ○　こんにちは！ ◎　〇〇さん、こんにちは！いつもお世話になっております。 注意点：如果对方是认识的人，应该积极主动地打招呼。	×　…（只是点头） ○　“こんにちは！”“お疲れ様です。” ◎　何階でしょうか。 　　お先に失礼します。（先出电梯时） 注意点：若电梯内人不多的时候应出声打招呼，若周围较拥挤则对视微笑示意即可。
＜别人有事相求时＞ ×　“いいですよ～” ○　はい、わかりました。 ◎　はい、かしこまりました。 　　はい、承知いたしました。 注意点：与只回应“はい”相比，以上说法会更礼貌，并且为了避免对方不安，回应时应该看着对方。	＜工作中有人向你打招呼时＞ ×　あ、どうも。（一边工作一边说） ○　こんにちは。（暂停手上工作） 　　お世話になっております。（起身行礼） 注意点：一边工作一边打招呼的行为是失礼的。打招呼时应暂停手上工作，看向对方。

① 本教材中，× 指错误交际方式或表达，○指常见交际方式或表达，◎指有礼貌的交际方式或表达。

续表

<公司访问时>	<本公司以外的人员>
×　こんにちは。○○さんいますか? ○　こんにちは。△△会社の××と申します。○○さんはいらっしゃいますか? ◎　こんにちは。いつもお世話になっております。△△会社の××と申します。○○さんにお目にかかりたいのですが、いらっしゃいますでしょうか? 注意点：即使是前往多次拜访过的公司，也要严守职场礼仪，使用敬语和礼貌用语。	×　ご苦労様です。 ○　お疲れ様です。 ◎　お疲れ様です。いつもお世話になっております。 注意点：作为公司一员，向对方表达感谢之情。无论对方是保洁公司人员还是进出本公司的其他工作人员，都要一视同仁，有礼貌地打招呼。
<在楼道或走廊超过他人时> ×　…（什么都不说，直接超过） ○　失礼します。 ◎　失礼いたします。 注意点：比较得体的做法是一边点头行礼一边打招呼。	<向前辈或上司请教问题时> ×　すみません、あのう…（直接说问题） ○　ただいまお時間よろしいでしょうか。 　　お仕事中、失礼いたします。 ◎　お仕事中、失礼いたします。30分ほどでよろしいでしょうか? 注意点：不打招呼，直接问问题是失礼的。向他人请教时宜先打声招呼，并告知大致所需时间。

两人交谈的气氛可能因谈话距离远近而发生变化：太近了，难免拘谨和尴尬；太远了，又可能因听不清楚而影响交流。理论上，保持适当的谈话距离可以使自己处于较好的谈话精神状态。谈话距离多远为宜与彼此之间的亲密度相关。据研究表明，日本人第一次见面时谈话距离一般为1.2米左右，朋友或熟人为1.2～0.8米，亲人或恋人则小于0.8米（参见图4–2）。除了谈话距离，谈话位置同样具有调节谈话氛围的作用。比如交谈时，要直视对方又不令对方紧张，最佳的位置是站在对方斜侧，约90～120度之间。这个交谈位置常常应用在临床心理咨询实践中。

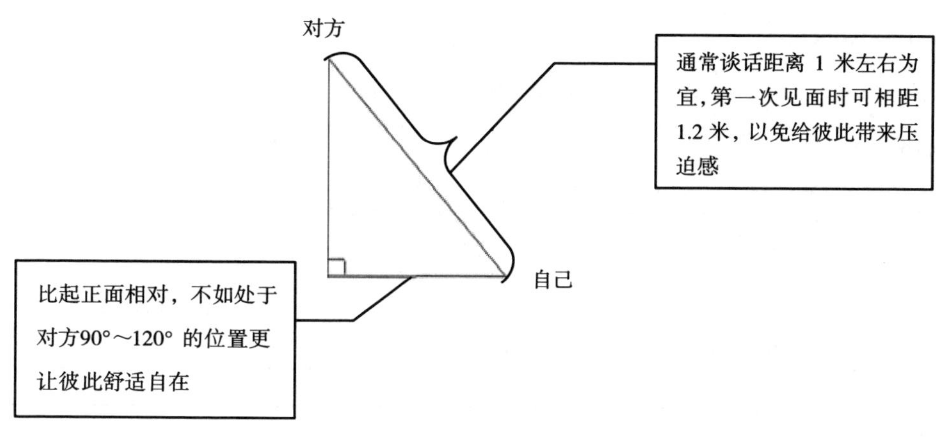

图 4–2 谈话的距离与角度

此外，我们可以通过观察对方的动作判断对方此时的心理状态，以调整谈话内容和谈话进程（参见表 4–8）。

表 4–8 动作与心理

对方的动作		心理状态
不时地看手表	→	时间快到了，希望快点结束谈话
打哈欠	→	话题无趣，最好换一个话题
向前探出身子	→	对话题内容特别感兴趣
双臂交叉前胸	→	若有所思
左顾右盼	→	对话题不感兴趣

（二）使用恰当的敬语

敬语是一种表示尊敬，明确双方立场的语言，是日本商务必备技能，一个社会人如果不会正确使用敬语可能会丧失他人的信赖。尽管现今日本年轻人不会正确使用敬语的现象屡见不鲜，但换一个角度来看，一个新职员如果能够流畅且正确地使用敬语，可能比不会使用敬语的人提前得到企业的重用。从这个意义上说，在日本社会使用敬语的重要性一直都没改变过。如何做到正确使用敬语，关键有两点。第一，正确把握自己所处的语境，选择与之相适应的敬语。仅仅掌握敬语知识是远远不够的，重要的是把握每种语境下的敬语活用。因此，最根本的是理解和掌握敬语的基本规则，具体参见表 4–9。第二，使用敬语时要有诚意，不搞形式主义。诚意比敬语表达的正确性更为重要，因为敬语本是为了表示尊敬，无心的敬语适得其反，容易被对方识破，留下坏印象。

表 4–9　敬语分类及使用

尊敬语
1. 动词＋れる・られる　（例：話す→話される、来る→来られる）
2. お（ご）＋になる・なさる（例：会う→お会いになる、確認→ご確認なさる）
3. 特定词语的换说（見る→ご覧になる、来る→いらっしゃる）

☆表敬程度从 1 至 3 依次递增，例如，"見る（見られる、ご覧になる）"等有多种敬语表达的词，注意区别使用，如对前辈使用 1，对部长使用 2，对社长使用 3。

谦让语
1. お（ご）＋する（例：預かる→お預かりする）
2. お（ご）＋いたす（例：連絡する→ご連絡いたします）
3. 动词＋せていただく（例：やる→やらせていただきます）
4. 特定词语的换说（例：会う→お目にかかる）

☆表敬程度从 1 至 4 依次递增。除了以上分类，谦让语还可以分为两类：一类是自己向对方发出的言语，另一类是礼貌地表达自己的行为或状态。例如，"言う"前者换说为"（○○について）申し上げます"，后者换说为"（私は△△と）申します"。

郑重语
1. 语尾＋です（例：ただいま会議中です）
2. 语尾＋ます（例：机の上にあります）
3. 语尾＋ございます（ただいま会議中でございます）

☆比起 1 和 2，3 的表敬程度更高。郑重语常常与尊敬语、谦让语组合使用。例如：同事询问课长在哪儿，你想回答"在△△处"时，用"課長は△△にいらっしゃいますよ"比"課長は△△にいらっしゃいるよ"给人以更郑重的印象。

美化语
1. お・ご＋名词（例：お茶、ご連絡）
2. 换另一个词表示（例：めし→ごはん、うまい→おいしい）
☆加上"お・ご"能起到美化的作用，但若使用过度也会招来反感，一般一个句子中超过四五个"お・ご"的美化词就有过度使用之嫌。

商务敬语使用的难点不在于语法上的正确与否，而在于使用不当可能引起误解和不快。例如：面对没有自报家门的客人，我们可能会问"どちら様でしょうか?"（您是哪一位？）。虽然这句话在语法上并没有问题，但是有时候可能会惹怒客人，毕竟这句话只比"あなたは誰?"（你是谁？）郑重一点儿而已。面对没主动告诉我们姓名的客人，改用“失礼ですが、お名前をお聞きしてもよろしいでしょうか？”可能会更恰当。另外，表示道歉时常常脱口而出的“すみません”并不适用于商务职场。商务领域中表示道歉应该使用“申し訳ございませんでした”，而表示感谢则应该使用“ありがとうございます”，不可不加区分地随意使用“すみません”。

如何才能避免敬语的不当使用呢？我们除了需要掌握商务上比较郑重的常见表达之外（参见表 4–10 和表 4–11），还需要准确把握自己与对方之间的关系定位，了解公司内外使用敬语的原则（参见表 4–12），避免使用打工用语、流行语（参见表 4–13），避免过度使用敬语（参见表 4–14）等。

表 4–10 商务敬语表达

普通表达	敬语表达
ごめんなさい、すみません	申し訳ございません
すみません（感謝）	ありがとうございます
わかりました	かしこまりました、承知いたしました
話しておきます	申し伝えます
今見てきます	ただいま確認してまいります
ちょっと待ってください	少々お待ちください
どうですか？	いかがでしょうか
わかりません	わかりかねます
その通りです、そうです	さようでございます
できません、無理です	いたしかねます
余裕があったら	お手すきでしたら
やめてください	ご遠慮いただけませんか
来てください	お越しいただけませんか

表 4–11　特定词语转换

普通说法	敬语用法	普通说法	敬语用法	普通说法	敬语用法
ちょっと	少々	きのう	さくじつ	この前	前回
とても	大変	きょう	本日	この次	次回
すごく	非常に	あした	あす	こっち	こちら
本当に	誠に	あさって	明後日	そっち	そちら
じゃあ	それでは	おととい	一昨日	あっち	あちら
すぐに	さっそく	きょねん	さくねん	どっち	どちら
あとで	のちほど	今年	本年	だれ	どなた
前に	以前に	ゆうべ	昨夜	どこ	どちら
どのぐらい	いかほど	もうすぐ	間もなく	どう	どのように
いま	ただいま	今度	今回・この度		
さっき	先ほど	この間	先日		

表 4–12　自称和他称的区别使用

普通说法	自称	他称
わたし	わたくし	○○様
社長（部長・課長）	社長（部長・課長）の○○	社長（部長・課長）の○○様、○○社長（部長・課長）
お店（係）の人	お店（係）の者	お店（係）の方
社員	上司・担当・社員	ご上司・ご担当・○○様
同行者	同行の者	お連れ様、ご同行の方
友達	友人	お友達、ご友人
男（女）の人	男性（女性）	男（女）の方
どの人	どの者	どの方、どちらの方
会社	弊社、小社、当社、わたくしども、手前ども	御社、貴社
学校	本校、当校	貴校
大学	本学	御学、貴学

续表

普通说法	自称	他称
配慮	配慮、留意	ご配慮、ご尽力
考え	私見、考え、愚見、卑見	お考え、貴意、ご意向、ご意見
贈答品	粗品、寸志	お品物、ご厚志、結構なお品
自宅	拙宅、小宅、愚居	お住まい、お宅、貴宅
祖父・祖母	祖父・祖母	御祖父さん・御祖母さん、お祖父様・お祖母様
兄・姉	兄・姉	お兄さん・お姉さん、お兄様・お姉さま
弟・妹	弟・妹	弟さん・妹さん、弟様・妹様
妻	妻、家内	奥さん、奥様
夫	主人、夫	ご主人、ご主人様
子ども	子ども	お子さん、お子様
息子	息子	息子さん、ご子息、息子様
娘	娘	お嬢さん、娘さん、ご令嬢、お嬢様
伯父（叔父）	伯父（叔父）	伯父さん（叔父さん）、伯父様（叔父様）
伯母（叔母）	伯母（叔母）	伯母さん（叔母さん）、伯母様（叔母様）

表 4–13 刺耳的表达

① ～っていうか	⑨ ～とか
② 超～	⑩ ～ですよねぇ？
③ ～って感じ	⑪ すいません
④ ～的には	⑫ ～らしいですよー
⑤ ～の方	⑬ ありえない
⑥ ～でよろしかったでしょうか	⑭ ～っすか
⑦ ～なっております	⑮ ヤバい
⑧ 私って～な人だから	

表 4–14 常见敬语误例

① × お名前（ご住所 / 電話番号）を頂戴できますか？
× お名前を聞いてもいいですか
○ お名前を教えて頂けますか？
○ お名前をお伺いできますか？

续表

②	×	～でよろしかったでしょうか？
	○	～でよろしいでしょうか？
③	×	3000 円からお預かりいたします。
	○	3000 円お預かりいたします。
④	×	ご案内書とご明細書をお送りいたしますので、ご確認の上、不明点等がございましたらご連絡…
	○	案内書と明細書をお送りいたしますので、ご確認の上、不明点等がございましたらご連絡…
⑤	×	受付で伺ってください。（对客户）
	○	受付でお尋ねください。
⑥	×	△△課長がご説明いたしましたが…（在公司谈论公司内部人员的人或事时）
	○	△△課長が説明されましたが…
⑦	×	△△課長がご説明いたしましたが…（不在本公司谈论公司内部人员的人或事时）
	○	課長の△△が説明しましたが…
⑧	×	私がそちらにお行きします。
	○	私が御社にお伺いします。
⑨	×	お好みはコーヒーでいらっしゃいましたね。
	○	お好みはコーヒーでございましたね。
⑩	×	資料を一部ずつお取りして頂けますか？
	○	資料を一部ずつお取りいただけますか？
⑪	×	お世話様です。
	○	お世話になっております。
⑫	×	お客様がおいでになられました。
	○	お客様がお見えになりました。
⑬	×	会議室におられますか？
	○	会議室にいらっしゃいますか？
⑭	×	この書類を拝見して頂けますか？
	○	この書類をご覧いただけますか？
⑮	×	△△部長、どうぞ頂いてください。
	○	△△部長、どうぞ召し上がってください。
⑯	×	お茶になります。
	○	お茶です。
⑰	×	課長、そろそろ失礼されますか？
	○	課長、そろそろお帰りになりますか？
⑱	×	私の方からおいでになります。
	○	わたくしが参ります。
⑲	×	△△さんという人が来てます。
	○	△△様が受け付けにいらしています。
⑳	×	なんの用でしょうか？
	○	どのようなご用件でしょうか？
㉑	×	ちょっと行ってきます。
	○	行って参ります。

续表

㉒	×	後でかけ直します。
	○	後ほどかけ直させていただきます。
㉓	×	部長はスノーボードもおできになるんですか？
	○	部長はスノーボードもなさるんですか？

原则上对本公司内部的人员使用郑重语，对长辈或上司使用尊敬语；对本公司以外人员，无论对方年龄大小与职务高低都应使用尊敬语；而在与本公司以外人员的谈话中出现本公司内部人员时，也不论年龄和职务均应使用谦让语。"部长""课长"等职务称谓也属于敬语范畴。因此，职务称谓后面没必要加"さん""さま"，"部长さん""课长さま"的说法都是不规范的。而对外谈及自己上司的时候，也不宜说"山田課長が…"，而应该说"課長の山田が…"。

根据调查显示，很多中年男性职员对使用打工用语[①]或流行语的年轻人表示不满，质疑他们的工作能力，不希望在工作上提携他们，也不愿意成为他们的上司，更不愿意把客户介绍给他们认识。尽管这些想法多少带有偏见，但也反映了日本现实社会对于语言使用规范的严格要求。

使用敬语时需要注意避免过度使用，即"过剩敬语"，这种情况很容易出现在已经有一定敬语使用经验的人身上。新职员比较容易犯的错误是多次连续使用"いただきます"。例如："お送りただいた企画書につきまして、検討させていただき、明日ご連絡させていただきます"这一句话中三次用到"いただく"，令人生厌。若改为"お送りいただいた企画書につきまして、検討した上で明日ご連絡いたします"就显得清新多了。此外，过度使用敬语会让人觉得过于殷勤反而缺少诚意，例如，给客户打电话时说："ご指摘はごもっともかと存じますが、私の一存では計りかねますゆえ、上司に相談させて頂きたくお願い申し上げます…"。

最后，掌握一些较为得体且郑重的表达可以给人以好印象。例如，请求

① 打工用语（バイト用語）或打工敬语（バイト敬語）是一种不正确的日语敬语表达，最早产生并流行于餐饮业等服务行业。之所以称之为"打工用语"，是因为餐饮业等服务行业的打工人员占多数，而这些不规范的表达在打工人员中又被广泛使用，甚至被编写成"接待用语指南"用于新进打工人员的接客培训中。有服务行业打工经历的日本高中生、大学生很容易在不知不觉中学习了"打工敬语"而养成表达习惯。

他人或拒绝他人时，可选择使用“恐れ入りますが”“失礼ですが”“申し訳ございませんが”“もしよろしければ”“お差し支えなければ”“お手数おかけいたしますが”“ごもっともですが、しかし…”“ご足労頂き、ありがとうございます”“ご足労おかけいたしますが”“いかがいたしましょうか”“頂戴いたします”等。

（三）做一个会说话、善倾听的人

所说的话传递不到对方或者对方无法理解你的表达，这些都是商务场域中需要避免的事情。一个声音不清晰、喋喋不休地只顾表达自己想法的人，很难说是一个拥有良好交际能力的人。作为一个合格的社会人需要掌握心怀对方的说话方式。一种能让对方听懂的说话方式应该具备以下几点：

第一，明确表达的要领。自己都不知所云，也就无法期待听者也能理解发言要领。

第二，注视对方的眼睛（eye contact）。当然，是否采取直视对方眼睛说话的方式是因人而异的，有人喜欢，也有人不喜欢，觉得被人盯着看会感到拘束、紧张。因此，需要根据对方的状态适时调整注视时长。注视多久合适可以通过仔细的观察来把握，譬如，自然地注视着对方说话直到对方避开你的视线，估计这一过程所需要的时间。即使对方不反感你的目光，双方长时间彼此注视也会感到无聊。因此，四目相视的时间一般不超过 7 秒为好，超过 7 秒，可将视线转移到对方的喉咙部位或衬衫领口位置，然后再转移到对方眼睛，视线转移的同时不应只是转动眼珠子，而应伴随头部做适当调整。

第三，音量大小和语速适中。声音大小取决于听者的人数，讲话速度则在一定程度上需要迎合对方。对方谈论问题时如果语速快且逻辑性强，则应敏捷麻利地回应；相反，如果对方慢条斯理，那么连珠炮似地说个不停显然就不合适了。

第四，敬语使用的正确度和得体表达。大多数时候，新职员的说话对象是长辈或上司，掌握敬语和“待遇表达”（待遇表現）① 的重要性不言而喻，但选择恰当的表达却并非易事。比如，表达同样意思，选择“和语”② 还是“汉

① 较之“敬语”，待遇表达在内容上更为广泛，是建立在尊卑、优劣、利害、亲疏等关系及场合、口吻等在内的日本社会人际关系认知基础之上的语言表达形式。

② 日本自古以来使用的语言，一般是指训读词汇。

语”①需要根据具体情境而定。例如“適切な”和“ぴったりな”，前者是汉语，后者是和语，两者意思相近，但给对方的印象却不尽相同。一般而言，开会或需要明确传达意思的场合，使用汉语较为妥当；而宴会或相对轻松的场合，使用和语被认为是上策。

第五，对话是双向的，应该兼顾对方的反应。不适应商务对话的人常常会陷入自我陶醉、滔滔不绝的说话模式。商场上“时间即金钱”，应尊重对方的宝贵时间，不说废话，关注对方反应，学会言简意赅地表达意思。

交流从倾听开始，在对话中，一个好的听者往往能促成对方愉悦地表达，“只顾自言”在日本社会是一大禁忌。“听”与“说”在时间分配上，一般控制在6：4的比例为佳。善于倾听的人往往被认为具备以下几个特征：

第一，将话听完整，不中途打断对方。若对方在谈话中途被打断，可能会忘了最初要说的内容，那么他的谈话心情自然会受到影响。如果谈话过程中确有疑问需要向对方确认或咨询，也最好等对方的话暂告一段落后，接话说“そうですか。実はこれについてお伺いしたいのですが”。一来，便于自己听取完整内容；二来，也便于对方回答问题。此外，需要对方就一话题进一步深入说明时，可通过“表示对话题感兴趣”或“提问”的方式引导对方展开话题，详细表达和应对策略可参考表4–15。需要注意的是，控制好对方回答问题的时间。有研究认为，对方“说话的时间”和“问答的时间”配比为7：3比较理想。这个时间比例被认为是最能给予对方满足感的对话平衡点，而对话只有达到这种平衡，对方才能无意识地对促成这场愉悦对话的你抱有好感。对方如果能毫无芥蒂地展开谈话，自然也就会认为你是一个会说话的人。

第二，要有所反应（reaction）。有效的反应可以是注视对方的眼睛（eye contact）、点头示意、确认和随声应答（相槌（あいづち））。恰当的反应也能证明自己认真倾听的态度，促使对方更好地表达自己，给人以“诚实”“知性”“亲和”的良好印象。相反，没有反应或反应冷淡则会给人以“没在听”“不理解”“阴沉”的不良印象。

与说者同样，听者也要根据对方调整注视目光的时长。点头示意，能够传递认真倾听的信息，但应避免短时间内频繁点头，否则可能造成对方的不

① 原本是中国的语言，后被纳入日语中的音读词汇。

快。最常见的反应表达有“はい”“さようでございますか”，具体可参考表4–16、表4–17。使用“○○ですね”的确认方式，重述对方的谈话内容，促使对方以“そうなんですよ。それでね…”接着话题继续展开。恰到好处的确认能促进对方畅快地谈话。

表 4–15　倾听过程中的应对

引导话题的表达： ◎　面白そうですね。もっと教えて頂けませんでしょうか？ ◎　メモを取らせていただいてもよろしいでしょうか？ ◎　ぜひ、参考にさせていただきます。 ◎　なるほど、大変興味深いですね。 ⟹养成概括总结所听内容的习惯	不宜： ×　打断谈话 ×　带着结论听 ×　数字、数据等要点不做笔记
要点不明时： ×　言いたいことがよくわかりません。 ○　もう少し教えて頂けませんでしょうか？ ◎　大変恐れ入りますが、もう少し具体的に教えて頂けますでしょうか？ ⟹不能告诉对方说自己“不得要领”	×　結局、△△ということが言いたいんですね？ ○　つまり、△△ということでよろしいでしょうか？ ◎　では、確認させていただきます。△△でよろしいでしょうか？ ⟹用自己的话概括总结，并进行是非确认
对方是位不善言辞的人： ◎　それでどうなったんですか？ ⟹尽可能寻找对方容易回答的问题来引导话题	对方是位喜欢谈论的人： 首先判断谈话内容是否有益，然后从中寻找有益的信息要素并与信息主干联系起来。避免跑题，通过提问等方式引导谈话往自己所需的话题内容转移。

表 4–16　同样的“はい”，不一样的效果

“はい”是最常使用的附和词，正确的用法应该是：发音短促、明确且只说一次。以下的用法都会给人不良印象。

○　“はあ、はあ。”　——草率、随便的印象
○　“は～い！”　——学生气十足的印象
○　“はい、はい。”　——拖沓啰嗦的印象
○　（小声）“はい。”　——缺乏活力的印象
○　“はい？”　——轻视的印象

表 4-17 随声应答

肯定：	そういうこともあるんですね。 なるほど。 そうだったんですね。 その通りですね。 さすがです。
感叹：	お見事ですね。 それは知りませんでした。 脱帽です。
展开话题：	それでどうなったんですか？ その先を教えてください …と、おっしゃいますと？
不宜：	うん。 …ってゆうか ふーん

第三，抓住谈话要点，可活用笔记。商务场域中的倾听最重要的是如何抓住要点。笔记不仅是记录谈话中的内容，也包括了谈话前的准备和谈话后的总结。谈话前的笔记有助于预测对方可能涉及的谈话内容，在大脑中检索谈话的关键词和关键句。谈话中的笔记及谈话后的总结能够帮助我们回忆谈话的整体和要点。实践证明，有无笔记、笔记好坏差别很大。而且，做笔记是认真倾听的最好证明，也会促使对方回答你的问题。及时地记录谈话中出现的疑问便于在恰当的时候统一提出问题和进行确认。做笔记时，我们应尽可能地用列纲要的方式记录客观的数据，参见图 4-3。

8 月份新产品发售
○对象：40 ～ 49 岁
○价格：旧产品的 1.5 倍
○特征：耐用 / 送礼
○方针：4 ～ 6 月集中宣传

图 4-3 笔记例

第五章

职场口语交际的基本和电话交际

职场人际关系的建立和维系离不开人与人之间的交流，而口语交际是最基本的交流方式之一。口语交际能力是每一个社会人、每一个职场人士必备的基本能力之一，它在很大程度上影响着一个人的事业成败和个人幸福。本章重点针对公司内外的主要工作场景，学习日语口语交际的基本准则和主要表达，探究这些表达的社会文化根源，进而理解中日跨文化交际的差异。

一、重视“報連相（ホウレンソウ）”原则

日本企业给予“報連相”高度的重视，将之定位为工作沟通技巧的基础，并纳入许多企业新职员研修班的课程中。所谓“報連相（ホウレンソウ）”是“報告・連絡・相談”（汇报、联系、商讨）的日语简称。汇报（報告）应避免“报喜不报忧”，不能隐瞒不好的事实，要根据实际情况选择适宜的时机向上司汇报情况。汇报时，按照“先结论后经过”的顺序，分要点加以阐述。结果越不好越要及早汇报，以便商讨对策。联系（連絡）即向必要的人做必要的联系，是共享信息必不可缺的步骤之一。在工作初期，即使是小事，也要及时联系，特别是有关日程、时间、数量等变更的联系更需优先处理。汇报和联系容易混淆，前者是传递现在或过去的结果，后者则是对未来信息的传达。例如：有关“迟到”的联系和汇报，事前通知迟到行为是联系，而事后告知迟到事宜则是汇报。商讨（相談）指遇到不知如何判断、没有把握的情况时需要及时与上司商量，请示上司的意见。尽早请示、商讨能够避免或减轻不当处理可能带来的损失。正确的“報連相（ホウレンソウ）”不仅要有“5W3H”的意识[①]，还要养成记笔记的习惯。例如：○○社の△△（Who）さんから電話があり、新製品全種類のサンプル（What）

① 5W3H是指What、Who、When、Where、Why、How、How many、How much。

を、会社会議(Why)に使いたいので(When)○月×日の14時までに2(How many)個ずつ用意して、(How)宅配便で届けてほしいとのことでした。

表5-1 “報連相”技能确认一览表

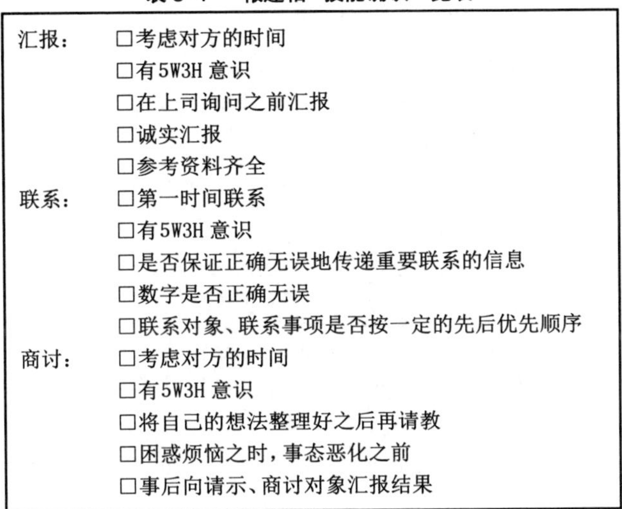

汇报：	□考虑对方的时间
	□有5W3H意识
	□在上司询问之前汇报
	□诚实汇报
	□参考资料齐全
联系：	□第一时间联系
	□有5W3H意识
	□是否保证正确无误地传递重要联系的信息
	□数字是否正确无误
	□联系对象、联系事项是否按一定的先后优先顺序
商讨：	□考虑对方的时间
	□有5W3H意识
	□将自己的想法整理好之后再请教
	□困惑烦恼之时，事态恶化之前
	□事后向请示、商讨对象汇报结果

注：参考古谷治子（2001）制表

（一）汇报——“及时”和“客观”是重点

新职员常常把握不好汇报的时机。实践表明，你犹豫不决是否应该汇报时，便是最好的汇报时机。一般汇报包括了“结果汇报”“中间汇报”“变更汇报”三种。除此之外，出现紧急问题时需要立即汇报，常见的做法是先询问对方当前是否有空（今、お時間よろしいでしょうか？），得到对方肯定答复之后快速汇报；外出电话汇报时，应该讲明重要事项后才开始汇报，如“○○の件についてですが”；如果上司未接电话，应告知秘书或接电话人自己的所在地点和汇报内容，如“今、○○にいます。××の件の報告で電話しました”，确认上司回来时间后告知传话人自己会再打电话或回公司后再汇报。最后，最好确认一下传话人姓名。紧急情况下也可拜托对方回电话。

汇报要做到正确无误，除了需要注意用正确的语言传达客观事实外，还要注意说话时的确信态度，以免让人怀疑汇报内容的真实性。若有疑惑或无法确定的地方也不必隐瞒，应坦诚地告诉对方以取得信任，如“○○について不安が残っているのですが”“○○は××にすればもっと上手くできたと思います”等说法都值得效仿。具体表达例参看表5-2。

表 5-2　成功汇报和失败汇报的表达例

注意点	失败报告 & 成功报告
主语不能省略	×　できました。 ○　××の件、出来上がりました。
正确使用敬语	×　この書類、これでいいっすか。 ○　この書類は、こちらでよろしいでしょうか。
先确认对方是否方便	×　××の件でご報告いたします。 ○　今お時間よろしいでしょうか。××の件についてご報告いたします。
要点明确	×　××はまだ終わっていません。 ○　××は□□の部分でと滞っており、まだ予定の半分しか終わっていません。
表达简洁明了	×　今日は山田さんと青山さんがいらして、それで××について話したのですが、それというのも今日は□□会議で… ○　本日は××についての□□会議で、山田さんと青山さんがいらっしゃいました。
紧急时第一时间汇报	×　（等到会议结束） ○　会議中失礼します。○○さん、××の件で緊急にご報告したいことがあります。
表达准确明了	×　○○さんから電話がありました。 ○　△△社の○○さんから□□の件についてお聞きしたいとのお電話を×時頃頂きました。
会议汇报需要包括结果和过程	×　先日の会議では○○という結論が出ました。 ○　先日の会議では△△、××、□□などのアイデアも出ましたが、結果として○○という意見にまとまりました。
注重实际情况	×　昨日の接待で○○さんにはかなり喜んでもらえたので、契約いけそうです。 ○　昨日の接待で○○さんには××とおっしゃって頂きました。私の意見では、今度の契約はOKしていただけそうです。

注：参考唐沢明（2003，2004）制表

人往往越是失手、犯错误时，越是羞于汇报。但是，倘若抱着侥幸心理不汇报，可能导致事态恶化。因而，新职员要自觉自己的言行与公司的利益是息息相关的。商场上争分夺秒，不及时的汇报可能会导致无法挽回的损失，迅速汇报是首要任务，过失反省可以留待问题解决后再进行。汇报重在迅速和客观，但并不意味着对内容完全不加整理就赶着汇报。越是紧急的时候，我们越不能慌乱甚至失控哭泣，而要冷静并梳理清楚汇报的内容，包括涉事人员、现状、原因、备注、问题点等内容。回避问责、找借口的说辞都不可

取。道歉要有诚意，陈述事实要客观，避免“～とか”“～けど”“一応”等暧昧表达和“たぶん～”“～だと思います”等表示推测或想象的表达。

例如：× 私は××だと思ったのですが、間違っていました。
× 言われたとおりにやったら、間違っていました。
× おかしいと思ったのですが…
× 明日、お伺いするとかと言っておきました。
× やっておきましたけど。
× 一応、終わりました。
○ 申し訳ございません。××でミスが発生しました。
◎ 申し訳ございません。□□の手違いで、○○のミスが起きました。

注：参考唐沢明（2003，2004）

（二）联系——良好的联系可以提高时间的效用

公司内部的联系以当日工作计划、次日日程安排为主。越是经验不足的新职员越需要勤联系，让上司了解自己工作的现状，以免因个人判断有误而成为日后问题的隐患。勤联系不单可以对外发出“我在认真工作”的信号，看似繁杂无味的联系往往能修正不合理的工作计划，提高工作效率，是自我不断完善的过程。联系时注意：一、声音清晰明亮；二、确认对方是否方便接听；三、简洁明了地从结论开始；四、做好笔记；五、复述确认时间等具体细节。电话联系时要注意周围环境是否适合谈论公司内部信息。如果是电话或短信留言，需要对方亲自确认是否收到留言，通过复述确认信息传递是否准确，最后不忘对传话人表示感谢。以下是在电话中说明自己是“直接前往客户处”（直行）或“直接回家”（直帰）时的日语表达。

＜直接前往客户处＞

◎ おはようございます。昨日、届けを出しましたが、本日は直行です。これから△△会社さんに伺います。帰社は10時の予定です。

＜直接回家＞

◎　お疲れ様でございます。本日の訪問はこれで終了いたしました。訪問結果を報告します。明日の連絡事項などはありますか。それではお先に失礼させていただきます。

注：参考唐沢明（2003，2004）

除了通过电话等媒介，比较重要的事项还需要以“口头＋邮件、留言便签”等口笔结合的方式进行联系。例如，上司因开会、电话通话中、外出等缘故无法接听电话时，可以先通过邮件或留言进行联系。但是，重要的信息还需口头向本人进行确认。此外，如果信息涉及时间、地点等详细内容，在电话联系后还需再通过邮件加以确认。邮件联系的关键点如下例所示：标题一目了然、先结论后过程、5W3H明确、归纳要点（参见图5-1）。

> 次回、企画プレゼンテーションの件
>
> ————————————————————————————
>
> 次回の企画プレゼンテーションが、
> 〇〇商事で〇月〇日〇曜日〇時に
> 行われることになりました。
>
> 内容は、新商品の商品名・ターゲット・キャンペーン時期の３点です。
>
> ————————————————————————————
>
> ぜひご同席いただきたいのですが、
> ご都合はいかがでしょうか。

图5-1　邮件联系

当对方因外出无法记笔记或者所述内容较为复杂、数字较多时，我们更应该在口头联系之后通过邮件对内容进行再次确认。例如：“今、△△社から連絡があったのですが、〇月〇日△時から△△社の第一会議室で行う予定だった□□のプレゼンを、急遽〇月△日〇時に変更してほしいとのことでした。場所は、同じく△△社の第二会議室だということです。この件に関しましては、今申し上げました詳細を念のためメールでお送りしておきますので、後ほどご確認いただけますか？”

电话联系有时难免唐突，可适时地插入“すでにご存じかもしれませんが…”“もうお聞き及びかもしれませんが…”“お時間はとらせません。至急お知らせしたいことがあります。”这些都是避免唐突较好的表达方式。

（三）商讨（请教）——巧妙的商量将促使商务顺利展开

对知识欠缺、经验不足的新职员而言，他们在遇到困难或无法判断形势的情况下应学会咨询前辈或上司，倾听他们的意见和建议，获取更有利的帮助，以免酿成错误，招致不必要的危机。当然，“有困难就请教”并不意味着“不懂就问”，而是“就自己思考的判断听取意见”。请教前首先确认对方是否方便并说明意图，如“相談させていただきたいのですが、お時間よろしいでしょうか？”接着阐明请教内容，如有多个事项则需告知件数，如“○○の件についてお聞きしたいことが3点ほどあります”，并明确地指明具体内容，如“1点目は○○についてです。××の部分がわからないのですが”。为了更浅显易懂地传递自己的意思，应事先做笔记，列出要点。最后，可将自己的想法告知对方，征寻对方意见，如“私としてはこのように進めればいいのではないか、と思っているのですが、いかがでしょうか？”阐述自己的想法不仅能给对方提供线索，收获更好的解决方案，也是自我历练的一个良好机会。

若想开门见山，自然地切入主题，可以说“この件の○○部分が分かりかねたので、ご相談したいのですが、よろしいですか？”或“ただいまお時間よろしいですか。今日は○○社との会議でこの件の××についてこのように請求されたのですが、どう対応すべきかわかりかねたので、ご相談させてください”，不宜说“これ、自分の担当じゃないとこなんで、わからんないです。”重点是明确“谁，对哪件事，说了什么，不明白点”等谈话要素。

倘若客户问及自己处理不了的问题，需要请示上司或咨询同公司前辈时，不能对客户打马虎眼，不宜直言不知道（“ちょっと自分ではよくわからないので…”）或表现出犹豫不定的模样（“ちょっと上司に聞いてから…”），而应该坦诚相待地说明需要进一步确认了解或请示上司等，如：“申し訳ございません。この件に関しましてはいったん持ち帰らせてください”或“申し訳ございません。私ではわかりかねますので、一度確認させていただきたいと思います。でき次第、こちらから再度ご連絡さしあげます。明日までには確実な返事をいたしますので、いったん持ち帰らせてください”。

二、电话交际的基本礼仪及应对策略

随着电话、手机的普及，人们早已熟知电话的使用方法，却因不熟悉电话基本礼仪而频频出现应对不得体的现象。这种现象不仅出现在日本人的电话交流中，在中国人的电话交流中也很常见。同一语言背景的人们尚且不懂接打电话的“规矩”，可以想象，不同语言背景下的人要进行电话沟通是何其困难。电话已然成为中日跨文化商务工作中不可或缺的重要工具，我们有必要重新审视电话的基本功能和使用方法，了解和学习日本社会的一套自成体系的电话礼仪规范和电话语言。

（一）电话的基本功能和特性

电话带来的最大便利就是双方可以不用见面就直接对话。不见面可以节约时间成本、交通成本、约会成本等，可以第一时间及时听取或传达必要的信息，推进事务发展进程，减轻见面可能带来的心理负担。但与此同时，电话的弊病就是电话拨出方总是不自觉地从自己的立场出发选择自己合适的时间和场合拨打电话，无法准确地判断和推测对方是否方便接听电话，也因仅凭声音和话语表达、接收信息，无法看到对方的表情和动作（视频电话除外），所以难免产生误解或留下不良印象。总之，电话的基本特性就是：依赖声音传播，能够直接听说，除留言或录音外不保留说话或听话的内容。基于以上特性，我们在接听电话时需要做好三点心理准备：

第一，更需礼貌。因为体察不到对方的表情和肢体语言，可能产生误解，所以需要用更礼貌的回应以弥补不足。同时，声音大小、语速快慢、遣词造句是否得体及反应是否及时都可能被对方放大接收。

第二，时间意识。除非紧急情况，电话拨打方应该尽量避免在开始工作、中途休息、午休、周末、月末等工作繁忙的时段拨打电话。而接听方应该随时做好及时接听电话、顺畅交接电话等准备。

第三，成本意识。接打电话伴随着电话费或人工费的产生。长时间或不得要领的通话都会给对方制造麻烦，应该尽量避免，商务电话尤其重视简洁明了。

（二）接听电话的基本礼仪及基本应答——电话印象直接关乎公司形象

首先，从时间角度出发，原则上应该第一时间接听电话。日本公司默认应在电话铃声三响之内接听电话。来电的客户可能有紧急情况，也可能正怒火中烧，即便不是以上情况，默默地让对方等待都是对对方的不尊重，是在浪费时间和金钱。越是事务繁忙的人越厌烦浪费时间。

其次，从维护公司形象角度出发，日本员工被赋予“任何时间都是公司代表”的自觉意识，应时刻谨记自己的不慎言论可能损害公司形象。调查表明，新社员普遍感到棘手的一个问题就是接听电话。新职员应该在新人阶段尽快记住公司客户的名字、客户的基本情况和客户分类。

最后，从语音、语调的效用看，电话中适度高扬的声音能给人以明朗有礼貌的印象，而放慢语速既能方便对方听清，更好地传达信息，也给人以为人沉稳的印象。虽然不是面对面交流，但在接打电话时也应始终保持微笑。因为对方看不见自己，所以对情感上的波动尤为敏感，而最好的办法就是把电话沟通当作面对面交流来对待。

接听电话的第一声回应应面带微笑、明快清晰、语速适中，能准确地自报家名（公司名或自己的名字），同时及时确认对方的公司名和人名。在接听的过程中，我们需要做好笔记、及时“重复”（復唱）以核实信息。接听电话的过程中需要根据具体情境做出具体应答，我们归纳了常见情境中的电话应答案例，具体参见表5–3。

表5–3 接听电话的基本应答

情景	表达	应对措施
自报家名	<外线电话> おはようございます。〇〇会社でございます。 はい、〇〇会社でございます。 お待たせいたしました。〇〇会社でございます。（电话铃声超过3次）	—
	<内线电话> はい、〇〇課でございます。 〇〇課の□□（名前）です。	—
	<对方未主动通报姓名> 申し訳ございませんが、お名前を教えて頂けますでしょうか。	—

续表

情景	表达	应对措施
咨询电话	＜业务内容＞ △△についてのお問い合わせですね。ただいま担当におつなぎいたします。	转接给负责人
	＜公司信息或职员的个人信息＞ 申し訳ございませんが、これ以上のことはお答えしかねます。 失礼ですが、どのようなことにお使いでしょうか。 担当者より折り返しご連絡差し上げます。恐れ入りますが、お電話番号を教えて頂けますでしょうか。	回答范围限于官网等正式媒介上记载的内容
	＜到达公司的交通途中＞ ××駅の××出口を出て××方向へ××分程度お越しいただけませんでしょうか。	应事先了解到达公司的路线，做好说明准备
指定接听人请假中	○○は本日お休みを頂いております。	做好留言笔记
打错电话	私どもは□□社ですが何番におかけでしょうか。	—
不了解来电咨询的内容	＜上司在时＞ 申し訳ございません。私ではわかりかねますので担当におつなぎいたします。	转接给上司
	＜上司不在时＞ 申し訳ございません。その件に関しましては確認後、折り返しお電話させて頂いてよろしいでしょうか。	记录对方联系方式，待了解具体情况后回复对方
听不清楚	お電話が遠いようです。恐れ入りますが、もう一度おっしゃって頂けませんでしょうか。	—
通话时有紧急来电	お話の途中、恐縮です。緊急の電話が入ったようです。少々お待ちいただいてよろしいでしょうか。 お電話の途中、申し訳ございませんが、緊急の電話が入ったようです。そちらが済み次第、折り返させて頂いてもよろしいでしょうか。	不挂断电话，接听紧急电话 暂且挂断电话，接听紧急电话
公司职员的亲友来电	＜本人在时＞ いつもお世話になっております。○○部長ですね。少々おまちいただけますか。	转接给本人
	＜本人不在时＞ いつもお世話になっております。あいにく○○課長は外出なさっています。お戻りになりましたら、お電話すようにお伝えいたします。	—

续表

情景	表达	应对措施
推销电话	あいにくですがその件については、今のところ必要ありません。必要になりましたら、こちらからご連絡いたします。	—
索赔电话	申し訳ございません（でした）。 お電話くださいまして、ありがとうございました。	首先道歉

注：部分例句参考尾形圭子（2006）

做好笔记是接听电话的重要辅助策略，“重复”（復唱）笔记内容，向对方进行核实，都是为了避免接听过程中出现纰漏。尤其对方的姓名、联系方式等信息都是必要确认的事项。为了方便回电话，我们别忘了记录对方方便接听的时间。记录事项基本包括：来电时间、来电人名、指定接听人名、来电人的公司名、电话号码、要件、应对措施、接听人名等重要事项。为了及时准确地记录或者转告电话内容，我们可将以上项目格式化，制作成电话便签（参见图 5-2），放置在电话机旁以备所需。

图 5-2 电话便签例（接听方）

電話メモ例 1

TEL　＿月＿日（　）
10:30
To: 鈴木様
From: ○○社の森田様
□ お電話がありました
□ 折り返しお電話をいただきたい
□ またお電話します
□ ご要件は以下のとおりです

×月×日の打ち合わせの予定を変更したいとのこと

受：王

電話メモ例 2

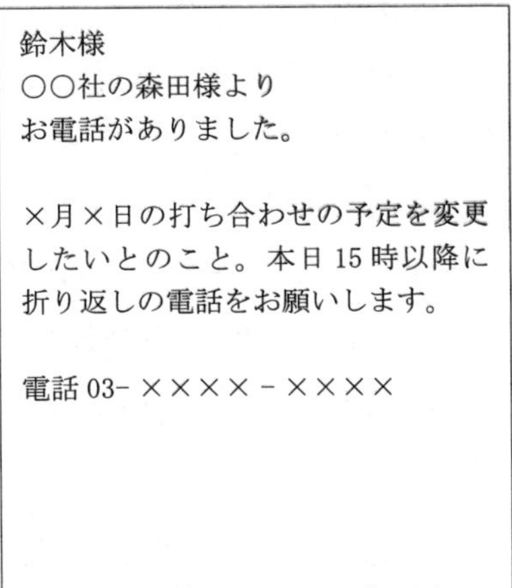
鈴木様
○○社の森田様より
お電話がありました。

×月×日の打ち合わせの予定を変更したいとのこと。本日 15 時以降に折り返しの電話をお願いします。

電話 03- ×××× - ××××

×月×日 10：30 分　王

因在电话交流过程中看不见彼此的动作表情，所以我们更容易担心对方是否听清自己说的话。因此，接听电话尤其需留意传递“我在听着”的讯号，“随声应答”（相槌（あいづち））便是传递这一讯号的重要方式。“相槌（あいづち）”的重要性和表达例可回顾第四章第一节第三点“做一个会说话、善倾听的人”，此处不再赘述。

电话转接过程中我们常常采取保留通话（即不立即挂断电话）的做法。采取保留通话前要注意说明，例如“〇〇ですね。ただいまお繋ぎいたしますので、少々お待ち下さい”，“ただいま確認いたしますので、少々お待ちいただけますか”，“お待たせいたしました”。在保留通话中应注意不宜用手捂挡话筒，因为捂挡电话时发出的声响会令人不快，而且注意保留时长一般不要超过 30 秒。在结束通话放下话筒时，日本人通常不会直接放下话筒，而是确认对方已切断通话后才轻轻地用手按住挂钩放下话筒，以免发出令人不愉快的“哐啷”声。

我们除了了解日本社会接听电话的基本应答方式外，还需要了解不当的应对方寸。例如，拒绝推销电话时，日本社会和中国社会的应对方式存在巨大差异。中国人接到推销电话后一般会直接挂断、拒接电话，或回一句“我们不需要”后挂断电话。在这一方面，日本社会显然对推销电话是很包容的，既不会拒接或直接挂断电话，也不会说“我们不需要”，而是以“我们需要时再联系你”的表达方式委婉地拒绝对方。日本人认为，所有打来电话的人都是潜在的客户，而对客户是不能失礼的。再如，不能在没弄清对方身份的情况下就直接将电话转给对方要找的人，而应该有礼貌地询问并正确地转告打电话人的名字和公司名之后才把电话转给对方要找的人。又如，对方需要找的负责人不在时，通常不能要求对方再次致电（这点与中国社会截然不同），而应询问对方联系方式，征求对方是否愿意等负责人回来后联系他。除此之外，我们需注意商务电话接打的禁忌，如：不可在打电话的人旁边说话，不可一边做别的事一边接听电话，不可告诉对方无关紧要的事情，等等（参见 5–4）。

表 5–4　接听电话的几种 NG 表达

＜拒绝推销来电＞ ×　セールなら結構です。 ○　申し訳ございませんが、必要になりましたらこちらからご連絡いたします。ご連絡先をお願いいたします。
＜代传电话＞ ×　なんか〇〇さんって人から電話です。会社名はちょっと聞き取れなかったんですけど。 ○　誠に申し訳ございませんが、お名前をもう一度伺ってもよろしいでしょうか。

续表

<指定接听电话的人不在场>
× 申し訳ございません。○○はただ今席をはずしておりますので、また掛け直していただけますか？ ○ ○○はただいま席を外しておりますので、戻りましたら○○から折り返しご連絡を差し上げてもよろしいでしょうか。
× すみません、○○課長は今ちょっとトイレに行ってます。 ○ 申し訳ございません。○○はただいま席を外しております。

注：部分例句参考尾形圭子（2006）

在各类来电类型中，我们尤其需要重视应对索赔电话。若遇到来电人情绪高涨、不讲道理，新职员容易产生不满情绪而消极应对。在这种情况下，我们可以尝试改变看待问题的角度，把对方的言行看成是出于改善我方公司、促进我方发展的目的，这样一想也许就能更积极地去应对这类电话。电话应对效果好坏不仅关乎公司利益，也是锻炼交流能力的极好机会。日本企业通常把索赔电话比喻为"情书"，把应对索赔电话看作重新获取对方芳心的绝好机会。索赔电话采取"一道歉，二倾听，三找对策"的应对策略，关键取决于倾听能力和应答能力，找借口、情绪化等消极应对都可能导致火上浇油。倾听过程中，我们要控制一切消极发言，完整倾听对方的诉求，整理诉求内容进行确认，并记录对方地址、姓名、电话号码等重要联系方式，迅速解决当场能解决的问题，结束通话后立即汇报上级领导并回拨电话进一步沟通。

事情无论大小，首先要道歉以安抚对方情绪。当然不是一味地说"对不起"就行了，我们可适当增加一些"共情语句"（参见表 5–5）。重复对方的说法也是一种共情方式，能够起到稳定对方情绪的效果。

表 5–5 共情表达例句

お気持ちは十分理解いたしました。 それはさぞかしご不快だったでしょう。 ごもっともでございます。 おっしゃる通りです。 大変ご迷惑をおかけいたしました。 さようでございます。

特别注意：应尽量避免以下消极的应答（参见表 5–6）。

表 5–6 消极应对表达例

そちらの勘違いではありませんか？ おっしゃっている意味はよく分かりません。 そちらの責任ですので、こちらでは保障できません。 こちらのミスではないと思いますので、対応いたしかねまが… それは違います。 そう言われましても…

当然，现实中的索赔情况更加复杂，往往不是一通电话就能解决问题的，可能需要书面道歉、上门拜访、上司陪同登门造访等。日本企业中比较重大的事件，往往仅凭一个人无法解决，需要及时地向上司汇报、联系、商讨（報連相），上门赔礼道歉也通常需要上司陪同一起前往。

（三）拨打电话的基本礼仪——换位思考与事前准备

对方打来电话时你可能正在工作，同样，你拨打电话时对方也可能正工作繁忙，接听电话意味着中断手中的工作，付出宝贵的时间。因此，最重要的是如何在最简短的时间里以最精准的方式传递最重要的事情，其中还需判断通话能否清楚地传递事项信息。在日本社会，若需商讨比较复杂的问题或请求对方帮忙，那么直接会面交谈更显礼貌和诚意。拨打电话时应换位思考，决定是拨打“总机”（代表番号）还是“直拨”（直通番号），需要确认公司名、部门名和负责人名字，考虑选择最佳拨打时间段等。基本流程参见图 5–3。

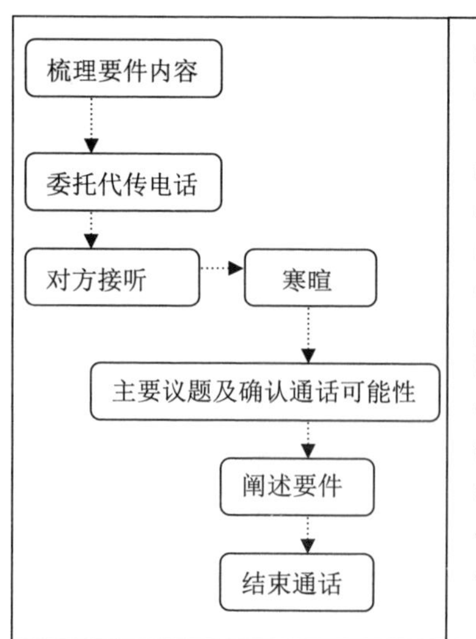

わたくし、△△社の○○と申します。いつもお世話になっております。

- 确认对方电话、公司名、所属部门、负责人、事项等内容，手头准备好所需资料，并做好相应的笔记，第一声自报家名

お忙しいところ恐れ入りますが、××課の□□様をお願いいたします。

- 为避免同名同姓，应点明对方所在部门名

□□様でいらっしゃいますか。いつもお世話になっております。

- 对方接听电话后，不马上进入主题，再次自报家名

さっそくですが、～～の件で3点ほど確認したいことがございます。ただいまお時間よろしいでしょうか。

- 说明主要事项，并兼顾对方接听处境和时间

まず一点目なのですが…

- 分点说明要件

それでは～～の件、どうぞよろしくお願いいたします。

- 原则上拨打电话的一方先挂断电话，但若对方是客户或上司，则应等对方挂断后再挂断电话

图 5–3 拨打电话的基本流程

日本公司通常在对方上班时间进行电话通话，应尽量避免在早会（朝礼）、会议时间、午休时间、18点之后拨打电话。

若需延长通话时间，不宜为了尽早结束通话而加快语速，而应该坦诚地告诉对方接下来可能需要的时长并询问对方是否方便。因紧急情况不得不拨打对方家庭电话时，应说明自己是因不可抗力原因才拨打电话，并询问对方方便与否；即使是本公司同事，往对方家里打电话时也勿忘添上一句：“辛苦了。我是某某。现在接听电话方便吗？”总之，在日本社会，大家拨打电话时需要考虑到对方此时此刻是否方便接听，虽然现实中日本白领也常常在下班时间接到公司或同事打来的工作电话，但毕竟休假期间拨打电话尤其是打家里电话并不是常规，有必要掌握得体礼貌的应对方式。具体表达例如表5–7：

表5–7 拨打电话的礼貌应对例

＜通话时间延长＞ × 快速将要件说完 ○ 少し長くなってしまうかもしれませんが、よろしいですか？ ◎ 3点ほどお聞きしたいことがございます。10分ほどお時間を頂きたいのですが、よろしいでしょうか？
＜打家庭电话＞ × もしもし？△△社の○○です。 ○ お休みのところ申し訳ございません。△△社の○○です。 ◎ せっかくのお休み中に申し訳ございません。△△社の○○です。至急××の件でご相談がありまして、お電話させていただきました。ただいまお時間よろしいですか？
＜打给本公司同事＞ × もしもし？○○です。 ○ お疲れ様です。○○です。 ◎ お疲れ様です。○○です。ただいまお時間よろしいですか？

注：部分例句参考尾形圭子（2006）

电话中途掉线的情况也时有发生，原则上拨打方应立即重拨，但是如果对方是客户或者是上司，则我方不论是拨打方还是接听方都应该立即重拨回去。发现打错电话就直接挂断电话的行为在日本社会是很失礼的，此时应该有礼貌地道歉并确认电话号码，避免下次再拨错电话。

（四）拨打销售电话的基本方式——第一步建立亲近感

拨打销售电话时若目的性过强，难免有自我本位之嫌，容易使对方产生紧张感。而且，自我本位的说话方式很难打动对方，甚至连得到对方倾听的可能性都有困难。日本社会人际交往比较重视面对面的交流，面对面交流有助于提升形象。因此，拨打电话的目的最好不是推销本身，若只以“获得会面机会”为目标，则容易实现得多。

如以“会面”为目标，那么拨打电话的目的就是建立信赖关系，并非仅靠一通电话就一定能够实现。首先，要让对方记住你的名字，比如可以突出自己的名字特点，或者借助名人的名字，等等。此外，如果能在谈话的过程中时不时地提到对方的名字，则有助于对方对你产生亲近感，打消对方对你的误解。

倘若遇到对方不在，无法接听电话的情况，通常可稍后再次致电或让接听人帮助联系或传话留言。再次拨打电话时若不巧又遇对方不在，我方也不宜要求对方回电，哪怕对方可能出于礼貌说“回头我们打给你吧”，因为在日本，电话拨打方要求接听方回拨电话是违反电话礼仪的。在日语语境中，得体的做法是仍然告诉对方“我们会再打电话的”。

当遇到不认识的人接听电话时，我们应该适当添加缓冲语句（クッション表現），而不是直接自报家名。进入正题前，最好告诉对方具体议题并询问对方是否方便接听。我们提出要求时，切记添加缓冲语句，尽量使用“□□して頂けますでしょうか？”“□□をお願いしてもよろしいでしょうか？”等委托表达（依頼表現）。

表 5–8　销售电话的拨打方式

＜对方不在的情况＞ ×　それではまた、□時ごろにお電話を掛け直させていただきます。（直接挂断电话） ○　緊急の用件なので、大変お手数ですが、〇〇様に連絡を取っていただくことは可能ですか。 ○　では、ご伝言をお願いしたいのですが、メモのご用意をお願いできますか。
＜对方是不认识的人＞ ×　わたくし、△△会社の〇〇です。 ○　初めまして。わたくし、△△会社の〇〇と申します。 ◎　おはようございます。お電話で失礼いたします。わたくし、△△会社の〇〇と申します。
＜提起要件的方式＞ ×　で、××の件ですが… ○　××についてお話させていただきたいのですが… ◎　さっそくですが、本日は××についてお話させていただきたく、お電話いたしました。今、お時間はよろしいでしょうか？

续表

＜重拨电话后对方仍不在的情况＞ × 折り返してほしいのですが… ◎ 先ほどお電話さし上げました△△社の〇〇と申します。こちらからのお願いの電話ですので、また後ほどお電話を差し上げます。大変恐縮ですが、電話があった旨お伝え願えますでしょうか。
＜传达要求＞ × □□をしてください。 × □□をお願いします。 〇 □□して頂けますでしょうか。 〇 □□をお願いしてもよろしいでしょうか？ ◎ お忙しいところ恐縮ですが、□□して頂いてもよろしいですか？ ◎ 申し訳ございませんが、□□をお願いしてもよろしいでしょうか？
＜电话中断重拨后的开场白＞ 〇 △△社の〇〇様でいらっしゃいますね。先ほどは電話が切れてしまいました。申し訳ございません。
＜打错电话＞ × …（不说话直接挂断） 〇 申し訳ございません。そちらは×××－××××ではございませんか？ 〇 大変失礼いたしました。お忙しいところ申し訳ございません。

注：部分例句参考尾形圭子（2006）

三、公务用手机的接听与拨打

现今，人们对用手机联系公务的现象早已司空见惯，但是手机与生俱来的私密性导致手机接打有特定的方法，若不加以注意可能一不小心就违反了电话规则。日本公司强调，工作上使用手机应比办公室座机更注意遵守电话规则，切忌公私不分。接听手机时最好设置来电显示以便确认对方身份，随时从私人状态切换至工作状态。任何事物都有利有弊，手机虽然具备随时随地直接联系的优点，同时也可能因没有换位思考、不考虑对方情况而陷入自我本位的境地。日本的社会文化强调尊重对方，多替对方考虑，因而手机使用的弊端也往往比较凸显。在日本公司，员工使用公务用手机一般有以下几条基本的礼仪要求：

手机使用的基本礼仪

- 与使用座机一样，接听公务电话时需自报家名

- 公务期间保持电话畅通无阻，勿忘充电
- 重要议题不使用手机，尤其关于价格、机密等重要事项
- 选择安静的地方拨打或接听电话

而具体接听和拨打手机的用例如下：

表 5-9　手机的接听与拨打用例

＜手机的拨打与接听＞ ×　もしもし？〇〇さんですか？(拨打方) ×　もしもし？だれですか？(接听方) ◎　いつもお世話になっております。わたくし、△△社の〇〇です。ただいまお時間よろしいでしょうか？(拨打方) ◎　いつもお世話になっております。××です。(接听方)
＜紧急情况＞ ×　もしもし、△△社の〇〇です。急ぎなのですけれども… ◎　いつもお世話になっております。△△社の〇〇です。お忙しいところ恐縮なのですが、～～の件で至急お伺いしたいことがございまして、お電話いたしました。ただいまよろしいでしょうか？
＜电话留言＞ ×　△△社の〇〇です。～～の件で、□□なんですけど… ◎　△△社の〇〇です、～～の件でお電話いたしました。またこちらからお電話さし上げますが、念のため電話番号を残させていただきます。電話番号は 090- ×××× - ××××でございます（重复电话号码)。では、またお電話いたします。失礼いたします。

第六章

公司同事间的口语交际

公司内部良好的人际交往不仅能推动工作顺利开展，而且也是愉快生活的重要组成部分。一个善于表达，有良好倾听习惯，掌握说话技巧的人，他的人际关系一定不差。

一、日常会话——话题选择的技巧

所谓“林子大了，什么鸟都有”，公司越大，公司内形形色色的人就越多。如果交谈时，能针对不同类型的人选择不同的话题，那将对你的人际关系颇有裨益。大家在工作场合并不需要讨论特别的话题，可以是天气，可以是新闻，也可以是兴趣爱好，等等。具体话题参见表 6–1。

表 6–1　日常对话话题用例

＜天气、季节、气候＞ 今日は雨の中… もうすぐお正月ですね… 最近、寒いですね。
＜新闻＞ 昨日、ニュースでこんなことをやっていましたね。 これから株価はどうなるのでしょうか？
＜共同的朋友＞ そういえば、○○さん…
＜兴趣爱好＞ ○○がご趣味と聞いておりますが…
＜休假＞ 連休はどちらへ行かれたのですか？

续表

<其他> 前回は○○な感じのネクタイをしていましたが、今回は△△ですね。いつも素敵ですが、どこでお買い求めになっているのですか？ お嬢さんはもう何年生ですか？ 最近ランキングは流行っていますが、○○さんもやっていらっしゃいますか？ ゴルフはシングルだそうですね

如上所示，从日常生活性的话题切入，容易营造轻松的交谈氛围。当然，接话与起头同样重要，一句“昨天放假天气真好啊”，如果只接一句“是的”就很难继续话题了，也让人觉得你不好说话。如果接话说：“是啊，你上哪儿去了吗？”这样一来一往，话题就活了，也会让人觉得你容易相处。比较两个新社员，一个工作能力平平但善于言辞，与任何人交谈自如，另一个工作能力强但只考虑自己，不善于与他人交谈，前者可能因为与周围同事的人际关系良好而得到同事的帮助，从而提升自己的能力，而后者可能在工作上无法与他人合作而导致人际关系紧张，继而在社会中失去立足之地。

虽然我们进行职场交谈时可以轻松地选择日常生活中的常见话题，但要切记工作上的闲谈都承担着润滑剂的作用，是为顺利展开工作服务的。因此，我们首先应尽量避免过于沉重、阴暗或不吉利的话题，此类话题不适合工作场合讨论。此外，不合时宜的话题或执着于自己擅长、感兴趣的话题都会使气氛变得尴尬而扫兴。传话、背地议论，不仅不体面，而且给人不诚实的印象，所谓“没有不透风的墙”，所有的风言风语最终只会毁坏自己的形象。

政治、宗教和金钱是日本社会三大禁忌话题，作为外国人应该充分意识到这一点。与中国人喜欢谈论政治、宗教和金钱话题不同，日本人认为这些话题都属于个人的思想、信仰、经济状况等私人领域，在公共场域的工作中绝对不能触碰。当然，对方的身体特征或女性年龄等话题也应该尽量避免。为了让自己与他人有共同话题，日本的工薪族每天都需要花费一定的时间阅读书籍或报刊来积累话题的素材，可见日本人阅读率高是有其社会需求的一面的。

二、提问——主旨明确的优质提问

所谓“问题”，指的是不需要掺杂个人意见和对方主观判断的询问。例如

“复印机如何使用？”“资料应该怎么填写？”等就属于不需要意见或判断，只寻求回答的“问题”。提出这样的问题要快速且明确，不能含含糊糊、慢慢腾腾，浪费对方的时间。优质的提问不仅礼貌、得体而且有明确的目的性，例如：“我想做 ××，怎么做才好呢？”当然，重复同一类问题也会令人厌烦。比如，上司刚教完你如何填写带薪休假的申请表，第二天你又向他请教出差申请表的写法，而日本公司的“带薪休假表”与“出差申请表”大同小异，你前后两天请教的实际上属于同一类问题。对这样不经大脑思考、一味寻求帮助的下属，日本上司往往表示无奈和不喜欢。而得到答案后毫无反应，这在日本公司也是十分不受欢迎的。提问获得解答，不能只回答“哦”“是”（はい），而应该明确表示“知道了”（わかりました），并对花费时间为你解答难题的前辈或上司表示感谢。

表 6–2 “提问”的注意事项及具体用例

＜提出问题之前的确认事项＞ ● 整理问题要点 ● 确认提问对象 ● 不提那些自行通过查找就能解决的问题 ● 别忘了问对方一句：“现在方便吗？”（ただいまよろしいですか？） ● 陈述时有自己的想法，可以说：“××，这样可以吗？”（××でよろしいですか？）
＜提问例＞ × どうやって使うのですか？ ○ □□をしたいのですが、どうしたらいいですか？
× □□について賛成ですか、反対ですか？ ○ □□について、どうお考えでしょうか？
× さっきの書類の作り方がわからないんですが？ ○ 先ほどの書類の件ですが、□□の部分はどのように作ればよろしいでしょうか？
× ○日、空いてますか？ ○ ○日に××をしようと思っています。ぜひご一緒したいのですが、ご都合はいかがですか？
× このソフトの使い方を教えてくれませんか？ ○ □□を作成しようと思うのですが、このソフトの使い方を教えて頂けないでしょうか？
× この会社ってどうやって行けばいいんですか？ ○ 道が入り込んでいて不安です。目的地までのわかりやすい道筋、もしくは目印などはご存じですか？

续表

× これは何ですか？ ○ すみません、ちょっと質問ですが、この○○というのはどういう意味か教えて頂けませんか？ ◎ すみません、勉強不足でお恥ずかしいのですが、○○について、調べてもよくわからなかったのでお尋ねしてもよろしいでしょうか？

注：参考唐沢明（2003，2004）制表

三、委托——重视彼此尊重的合作关系

即便是新社员，也可能遇到需要委托其他部门同事做事的时候。这时一定切记，处于委托立场的一方并不代表处于上位，尤其是工作两三年后更要注意自己的态度是否变得高高在上。一旦合作关系失衡，变得不平等，就会影响彼此的关系，即使事后极力挽回局面，也往往收效甚微。委托要点及常用句子如下：

- 交代截止时间

  委托的工作必须明确截止时间，日程进度安排尽可能充裕些
- 具体指示并随时确认进度

  不能下达指示后就认为自己高枕无忧了。对于自己意料不到的状况要及时修正
- 要点明确

  就事件的 What、How、When 做出具体指示
- 可提供参考意见

  如果知道好的方法可以分享，但要注意，很多时候对方比你更了解情况
- 表示感谢

  相互尊重是合作的前提，表示感谢是维系良好关系的重要技能

表 6–3 “委托”的常用例句

＜起头＞ お忙しいところ申し訳ございません。 恐れ入りますが…

续表

＜委托的具体表达＞ お願いしたいことがあるのですか？ お力を貸していただけますか？
＜结束语＞ ありがとうございます。 よろしくお願いいたします。
＜对其他部门的同事＞ ×　すみません。これ、お願いします。 ○　お忙しいところ申し訳ございません。営業課の〇〇です。□□をお願いしたいのですが、よろしいでしょうか？ ◎　お疲れ様です。営業課の〇〇です。お忙しいところ大変恐縮です。×日までに□□をお願いしたいのですが、よろしいでしょうか？

四、主张——从结论开始

熟悉工作后，需要阐述自己观点的时候会越来越多，任何人都希望自己的想法得到认可。这时，自己需考虑说话音量的大小、声调的抑扬顿挫、语序、论点、对方的性格及对方对自己的评价等因素，尽量避免自己的想法不成熟、脱离实际而导致对方付之一笑、不了了之。这里重点介绍如何论点清晰、有条理地阐述自己观点。阐述观点时需要结合对方性格适当调整说话方式，如果对方是理性派则应注重“承上启下的阐述风格”；如果对方是诗性派则可以考虑“引起对方兴趣的说话方式”（如，“这样是不是挺有意思的”）来确定谈话基调，从而展开阐述观点。

阐述自己的见解可以按“结论→理由→佐证→总结”的顺序展开，例如：

私はA案がいいと思います。その理由は〇〇だからです。A案にすることで□□という効果も期待できます。ですからA案を導入して頂きたいです。

提出个人见解时不宜使用“喜欢”“讨厌”等带有主观色彩浓重的语句，可按顺序逐一说明自己的理由，这样可以使对方更容易接受自己的观点。

＜提出个人见解时＞

× 私は△△の方が好きです。

○ 私は△△が効果的ではないかと思います。

◎ 結論から申し上げると、△△が効果的です。理由は2点あります。まず□□という現状があり、そして○○という前例があることです。この2点が結論に至った根拠です。

要让自己的观点被接受，除了要有客观有力的支持论据以外，还应全面考虑以下几个方面：

- 选择阐述观点的最佳时机
- 选择阐述观点的最佳场合
- 事先准备所需资料
- 强调该案符合双方利益
- 内容简短精悍
- 用数据具体说明
- 尊重对方，照顾对方的面子
- 适当时，做出让步
- 若被反驳，不应急于打断对方，应完整倾听对方意见

若自己的提议被否定，多少会有些不服气，但依然要沉住气。提议不被接受一定有不被接受的理由，应虚心听取上司的意见。上司可能会以“这不行”一句话就结束谈话，也可能以“说起来太长”“想法缺乏根基，不是我期待的”等理由加以否定。无论是哪一种情况，明智的做法就是思考原有提议考虑不周之处，加以修正，并提出代替方案。

＜被对方否定时＞

◎ ではこういうのはどうでしょうか?

◎ 私の考えが至らなくて申し訳ございません。今後の糧にしていきたいので、理由を伺えませんか?

五、谢礼——诚心诚意

时刻怀揣着感恩的心，不忘对自己助言助力的人表达谢意。日本职场提倡用肯定、积极的说法表示感谢。大家应注意区分道歉和感谢的表达。虽然“すみません”（不好意思）一句也有表示感谢的意思（不少日本人道谢时也会习惯性地说“すみません”），但是“すみません”还包含着“やって頂いて、恐縮です、申し訳ございません”（让您帮忙做这，真的很抱歉）等向人赔不是的意味。因此，表感谢时说“ありがとう”更为合适。此外，大家应根据对象不同，选择不同的表谢语言，除了可以说“ありがとうございます”以外，也可以说“感謝しています”或者“お礼申し上げます”。当然，比起语言表达和礼仪形式，传递的心意更为重要。表达谢意要趁早，不要害羞，感谢内容尽可能具体，如果能兼顾“具体情况 + 诚意 + 得体表达”三者，那么对方一定能感受到你的感激之情。

表 6–4 表达感谢之情的用例

＜情况 + 心情 + 表达感谢＞ ◎ あの資料を貸してくださったおかげで、資格試験に合格しました。本当にうれしいです。心から感謝しています。ありがとうございました。
＜工作上得到其他部门同事的帮助时＞ ◎ ありがとうございました。おかげでうまくいきました。○○さんの仕事のやり方はとても勉強になりました。今後の参考にさせてもらいます。
＜工作上得到同部门同事的帮助时＞ × さっきは手伝ってもらってごめんね。 ◎ さっきはどうもありがとう！本当に助かったよ。○○さんも何かあったら声をかけてね。
＜得到上司的表扬时＞ ◎ ありがとうございます。○○課長のご指導や皆さんのご協力で頑張ることができました。
＜有人帮忙顶替自己的工作时＞ ◎ お忙しいところありがとうございました。必ず○○さんにお返しをさせて頂きます。
＜请客户来公司时＞ × 部長、今日はどうもすみませんでした！ ◎ ○○部長、本日はわざわざ弊社までご足労頂き、誠にありがとうございました。

六、指导——强加于人不如指明方向

进入职场一两年后，所在公司可能会招收其他新职员，那么作为前辈，指导后辈自然就成了分内的工作。指导并不意味着手把手带着做，明智的做法是为后辈指出方向，让对方在不断的试错实践中寻找答案、积累经验。传授经验说易做难，对方虽然是你的后辈，但是他也已经是个“社会人”，在不了解其个性的前提下进行指导往往无望有好结果收场。

对职场新手而言，其工作就是与各种紧张做斗争。新手在紧张的情况下往往较难发挥实力，因此需注意指导用语，尽量使用缓解对方压力的言语鼓舞新手，穿插自己的失败经验往往效果极好。表 6–5 展示了新手工作指导要点、鼓励的言语表达、不恰当的指导方式等三方面内容。

表 6–5　工作指导要点及具体表达

＜新手工作指导要点＞
● 避免笼统抽象，尽可能具体说明 ● 结合对方的知识水平 ● 从头开始按顺序边确认边指导 ● 与新手同一个视角，表示感同身受，比如“最初我也觉得很难，做不了”“我理解的，开始也很犹豫” ● 指导的时候称呼名字能给予力量
＜鼓励的言语表达＞ ❍ □□してくれたらうれしいな！ ❍ ○○さんだったらできるよ！ ❍ 最初は誰だって不安なんだから気にすることないよ！ ❍ 失敗したってフォローするから大丈夫。 ❍ 仕事覚えるの早いね！優秀だなあ！ ❍ 私が新人だったころは○○さんみたいにはできなかったよ！ ❍ 不安だったりわからないことがあったりしたら、すぐに言ってね！
＜不可触碰的指导禁忌＞ ● 高压的说话方式 ● 质问的口吻 ● 一味地指手划脚

高压的说话方式只会让对方萎靡不振，难以记住工作要领。屡教不会未必是对方的过错，也可能是指导方法出了问题，这种情况一味地指责对方则是南辕北辙。因此，“确认”在工作中十分重要，每一步都要加以确认，最好的方法是让对方用自己的语言反馈他的理解。

七、表扬与赞美——有效的褒赞与谦虚的态度

适度的表扬有助于对方发挥自身能力，但过度的表扬反而使其骄傲自满，最后在工作中失手。指导后辈的工作中常常会用到表扬与批评，如何平衡二者将决定指导的效果。褒赞讲究时机，最好的时机便是对方高兴的时候。认为自己做得很好的时候被人表扬，他会从心底觉得他得到理解了，认为你是一个善解人意的人。相反，表扬不合时宜，效果则会大大减弱。褒赞最好的场合可以是在一个大型项目结束之时或酒会上，也可以是就工作内容发表意见时或近距离看到工作状态时。上司可以直接地对下属表达赞赏，指出具体事项，这样能促进对方更加努力。褒扬后辈和下属的用例参见表 6-6。

表 6-6 褒赞表达例（上对下）

＜鼓励对方继续加油＞

× まぁ、これくらい誰でもできるんだから、次はもっと頑張れよ！

× ○○君はもっとすごかったぞ。次は負けるなよ。

○ よくやったよ。すごいじゃないか。

◎ この仕事は単純に見えるけど、そう簡単にできることじゃないよ。頑張った結果が出たね。次も期待しているよ。

＜表扬内容＞

× ちょんとやってるね。

○ 電話対応、よくなったね！

◎ 電話対応が以前よりずっと丁寧になっていたし、はきはきした話し方もすごくいいね。見習いたいよ。

＜表扬结果＞

× ここをこうしたらもっと…いい結果になったと思うけど…でも、君にしては頑張った方だと思うよ。

○ 頑張った甲斐があったね。ご苦労様でした。

◎ お疲れ様、よく頑張ったね。特にこの資料が分かりやすくてよかったんだけど、これを全部自分でやり遂げたことにも価値があるよ。

◎ すごいな。課長も手放しでほめていたよ。

任何人都愿意听到赞美之词，上司也不例外。在与上司的交往中，适度的赞美作为人际交往的润滑剂能起到不小作用。当然，溜须拍马适得其反，赞美对方时要注意态度谦逊真诚，将自己的所想直接表达出来便可。如果对方是值得尊敬的前辈或自己向往的目标人物，那么可以将自己平时的观察、敬重和想要学习的地方说出，而不是只有一句：“ずごいね！”（真了不起！）

大家平时注意多加锻炼，熟悉表扬的说法，关键时候就会很自然地脱口而出。对上司、前辈的常用褒赞表达参见表 6–7。

表 6–7 褒赞表达例（下对上）

○ やっぱり○○さんはすごい。
○ ○○さんみたいになるのが目標です。
○ さすが○○さん！
○ ひとえに○○さんのおかげです。
○ これからもご指導よろしくお願いいたします。
○ ○○さんのアドバイスがあったからできました。
○ どうしたら○○さんみたいになれますか？
○ やっぱりかっこいいですね！
○ そのネクタイを選ぶセンスが素敵ですね。
○ 真摯に仕事に向き合う姿を尊敬しています。

对上司不宜使用“頑張っていらっしゃいますね”，应该说“○○さんがご指導くださったおかげで、このような結果を出すことができました！”或“○○さんはやっぱりすごいです。私ではまだまだあんな的確な対処はできません”。如果能具体说出对方令人佩服之处，会增强赞美的说服力和感染力。

八、批评的艺术——“诚意”与“爱”

在日语中，“怒”（怒る）和“责”（叱る）这两个单词均带有表示不满的含义：前者是情绪性表达，不仅不利于对方反省、改进问题，而且必然招致他人对自己的不良评价；后者是促进对方成长，不同于“提醒”（注意），是促使对方找到答案，今后不犯同样的错误，“叱る”是日本职场普遍认可的行为。批评行为不仅关乎他人对自己的评价，也关乎他人成长，掌握正确的批评方式尤为重要。批评最为重要的目的是“为了对方好”，因此批评时要有“诚意”和“爱”，你的话语才能传达到位。

向对方提出批评前应先确认以下六点：第一，不能感情用事。批评前可以先深呼吸，平稳情绪。第二，不能无节制地喋喋不休。批评者和被批评者此时心情都不好，应速战速决，讲完要旨后立刻结束。第三，要有自己的准则。批评时可能会被反驳，要记住自己定下的规矩和底线。第四，不在人前批评。批评要考虑对方的面子，不宜大庭广众之下让对方蒙羞。第五，不忘事后给予援助。批评后应该比之前更加关注对方，必要时给予帮助。第六，批评点要明确，不能跑题。有理有据，不感情用事，以不涉及个人隐私和侮辱人格为限。工作上的批评一般多针对“工作内容”“失误”“规章制度”等情况。相关的日语表达参见表 6–8。

表 6–8 工作批评的常用日语表达例

＜有关装束的批评＞

× ちゃらちゃらした格好なんか、ダメに決まっているでしょう

○ 〇〇くん、規則に従い、業務時間内はネクタイを着用しなさい

◎ その服装は、どう見ても仕事ができるように見えないから、そのまま取引先に行くとあなたが損をしますよ

→比起直接否定，告诉对方“仪容仪表是决定第一印象的重要标志，不得体的穿着是作为社会人的失格表现”的说法容易让对方接受。

＜有关工作内容的批评＞

× まだ、できないのか！お前は馬鹿か？

○ ちょっと時間がかかり過ぎているよ。効率のいいやり方を考えてからやってみなさい。

◎ 丁寧な仕事をするのはいいけれど、スピードを上げることも考えながら仕事をしたほうが、後でチェックに時間を使えるよ。

→比较有效的批评是先找出对方的可取之处后再指出问题点。

＜有关工作失误的批评＞

× このミスが、会社にどれだけの損害を与えたかわかっているんですか！

○ あなたはそのまま業務を続けなさい。私が謝りに行きます。

◎ 今回のミスは痛かったですね。たった一つのミスが、大きな損害を生むことがよく分ったでしょう？いい経験をした思って、二度と同じことを起こさないようにしなさい。今から一緒に謝りに行きましょう。

→如果对方犯了重大的失误，应直接告诉对方事情的严重性，让对方吸取此次教训。这种情况下，有时保持沉默、不对犯错的后辈加以斥责也是一种另辟蹊径的批评方式。尤其当后辈添了麻烦而你对此只字不提，反而会给对方造成一种“高压”，使他记忆深刻，以免再次犯错。

与表扬不同，批评之后很难立即从对方的表情、行为中得到反馈（日本人不轻易喜形于色）。因此，批评之后一定不忘给予“关心和帮助”（フォロー），适当的帮助和支持会让对方重整旗鼓，及时改正错误，从而达到批评的目的。不同的人对同样的批评会有不同的反应，主要是因为彼此之间的信赖关系不同。同样一句“这样不行啊”，可能在亲友听来是一句提醒自己反思言行、努力改正错误的忠告，而在不熟悉的人听来，可能就有些刺耳，使对方产生不满情绪。由此可见，若要提高批评效率，前提是建立互信关系。除了信任程度不同，每个人的性格也不同。作为上司和前辈，根据对象采取不同的批评策略是永恒的命题。在提出批评之后应照顾对方的情绪，适时出言安慰，以下列举了一些效果较好的安慰表达，参见表 6–9。

表 6–9　安慰的常用表达例

＜有效的安慰说法＞
○　昔は○○くんと同じ失敗をしたよ。 ○　○○くんは見込みがあると思うからこそ、あえて厳しいことを言わせてもらったんだよ。 ○　○○くんはこれをバネに成長できると信じているよ。 ○　将来有望だと思うからこそ、○○くんにはこんなことで失敗してもらいたくないんだよ。 ○　真剣に話を聞いてもらえてうれしかったよ。明日からもお互い頑張ろう。
＜批评之后的安慰＞ ○　大丈夫よ。 ○　終わったことはもう気にするなよ。
＜对方情绪低落时＞ ○　元気がないようだけど、大丈夫か？ ○　もっと良くなってほしいからこそ叱ったんだ。

前面我们谈了批评的艺术，现在来说说被批评的应对方式。没有人喜欢被批评，但是工作上难免会遭受批评，我们不可以选择逃避，抛下工作而去。首先，要抱着“批评是需要时间的，对方为了批评我可是耗费了自己时间和精力”的心态去虚心倾听被批评事项和理由。其次，冷静地思考和分析被批评的内容，了解“自己错在哪里”“如何才能做得更好”等等。相反，情绪性地过度失落或反省并不理性，是在浪费时间，无益于个人发展。当然，区分对方是“责”还是“怒”也很重要，前者是出于“爱”，很认真地说明应该修正的地方，而后者包含嫌恶之情，意在发泄情绪，如果对方“怒不可遏”，也尽量不要过度反应。作为职场新人，经验不足，较难判断上司是“责”还是“怒”。如果碰到这种情况，可以寻求周围人的帮助。

以下几种情况可能会遭到日本上司的斥责，需要留意：

- 被寄予厚望（如有发展潜力或晋升空间）却犯错
- 没有全力以赴而导致失败
- 不遵守商务礼仪
- 言行举止不规范
- 重复犯同样的错误
- 犯错却不见反省
- 缺乏工作热情

接受批评时的身体姿势、态度和回复方式都可能直接反映你的想法。接受批评该有的姿态是：面朝对方，谦虚地听完对方的话，承认自己的错误，不随意反驳，诚恳地赔礼道歉。犯错挨批理所当然，反驳或生气都不应该。另外要特别注意，“沉默”也是一种态度，一声不吭地站在那儿没有反应，可能会被认为你是在表示抗议。遭到批评时的正确回应参见表6–10。

表6–10 遭到批评后的正确回应

＜回复的方式＞
○ はい。
○ 申し訳ございません。
○ わかりました。
○ 二度とこのようなことがないよう気を付けます。
○ 今後気を付けます。

九、会议发言与企划展示——预习与模拟

对于企业新职员，参加会议前最重要的事情是“预习”，可参考会议摘要，总结和整理自己的想法。既然参加会议，不能一味地倾听上司或前辈的发言，要学会表达自己的观点。刚开始，新人可能会因为紧张而不能畅所欲言，但是参会的意义就在于思考自己的工作与议题之间的关系，要积极勇敢地提出问题，表达自己的想法。如果平时工作中善于思考，那么提出问题和见解应该不是难事。新职员最好的发言时机就是被指名发言或会场沉默的时候。会议中发言的注意事项如下所示：

- 完整听取对方发言之后再发表意见，切勿打断别人
- 不可以唐突地发表意见
- 发言应从结论开始，有理有据地阐述
- 即使被反驳也不带情绪
- 句尾要清晰
- 发言不跑题
- 需要时展示数据或资料

在会议中，即使你自信自己的观点是正确的，也不宜当众指出对方发言

中的错误，因为日本社会在人前指出错误就违反了社交礼仪，应加以注意。因此，适当的做法是在会后，只有两个人的时候提出较好。指出别人错误时应采用委婉、问询的语气，以免惹对方不快：

<指出他人错误时>

× ちょっといいでしょうか。それは間違いだと思うのですが…

○ ○○について自分は△△と思うのですが、いかがでしょうか?

在日本公司中特别是企划部、销售部、海外事业部等部门常有各种定期或不定期的交流发言。因此，掌握公共演讲的要点和技巧，成为发言高手是新职员面临的重要课题之一。事前需要做好仔细周密的准备，除了准备讲演内容，还需要预测可能出现的问题以及对应的回答。如果能对各种状况事先加以预演，实际发言时则更加从容，发表的可信度也会大大提高。熟悉发言内容，临场尽量不看原稿。一个简明、有意义的公共发言在内容上通常包括“结论、提案背景、理由及说明、事例（實例）、图表或音像资料”等要素。演讲时应注意如下几点：

- 从结论开始阐述
- 语速不缓不急、语音清晰洪亮
- 不使用抽象的语言，少用“~だと思います”“~にしたいです”表主观的表达
- 列举事例或数字进行具体说明
- 适当的手势
- 与听众交流

说到重要之处可加入缓冲语句，引起听众注意，例如：

<强调重点的表达>

× それで、××は□□で…（平平淡淡地）

○ ××、ということがポイントです

◎　そして、ここが最も重要なポイントになるのですが…
◎　本日もっともお伝えしたいことが、次の ×× です

发言过程中，如遇到反驳应谦虚地接受，面对提问，能当场回答的应立即回应，无法当场作答的问题则可以“この件については、検討して 3 日以内にみなさまにご返答します”等说法提供具体的应对方案。

十、上岗、换岗与辞职——印象深刻的自我介绍和得体圆满的离职

无论是上岗还是换岗，新职员都需要简单地自我介绍。一个成功的自我介绍能让新同事快速接纳你，对你有印象甚至好感。自我介绍中，“よろしくお願いします”是最常用的寒暄语，如果能适当添加一两句具体的介绍，例如公私参半地谈及自己的工作目标、在旧部门做过的事或在新部门的展望，等等，可能会使你的自我介绍与众不同。自我介绍不宜过长，一般控制在 30 秒左右，尽可能放慢语速、直视听众、热情饱满。若在自我介绍中增加以下几个元素（根据实际情况选择一至二个），或许可以使你的介绍富有个性：

- 名字的由来
- 将来的希望
- 接下来在部门中想做的工作
- 转岗或入社理由
- 之前的工作情况
- 座右铭
- 擅长领域
- 兴趣爱好
- 家乡

表 6–11　自我介绍的具体表达例

＜换部门＞
×　初めまして、○○です。 ○　初めまして。総務課からこちらへ異動してまいりました、○○と申します。よろしくお願いいたします。 ◎　初めまして。総務部から異動してまいりました○○と申します。前部署では、□□プロジェクトの際、こちらの部署にお世話になりました。ご一緒できることになり、とてもうれしいです！一生懸命頑張りますので、よろしくお願いいたします。
＜新人初到新部署岗位上＞ ×　こんにちは。○○です。よろしくお願いします。 ○　初めまして、○○と申します。よろしくお願いいたします。 ◎　初めまして。○○と申します。本日からこちらに配属になりました。入社以前から、常々こちらの部署で働きたいと思っておりました。まだまだ未熟ではございますが、一日も早く一人前になれるよう頑張ります！どうぞよろしくお願いいたします。
＜给人留下好印象的表达＞ ◎　未熟ではございますが… ◎　皆さんについていきます。 ◎　何分勉強不足ではございますが… ◎　ご指導・ご鞭撻のほど、よろしくお願いいたします。 ◎　一生懸命勉強させていただきます。 ◎　少しでも皆さんのお役に立てるよう、頑張ります。 ◎　ご一緒にお仕事ができて、うれしいです。

在日本公司，转职或辞职是一个人职业生涯中十分重要的事情，尤其在并不提倡跳槽的日本社会，辞职可谓重大行为，需逐一向职场相关人员报告。辞职报告的基本顺序是：直属上司→继任者→客户→曾经给予过帮助的人。

首先，一般需要提前3个月左右向直属上司报备，准备充分的理由说明。其次，辞职之后会有人接替你的工作，因此做好交接工作是很重要的。为了顺利地交接工作，你可以为同部门同事或继任者列一份清单。再次，向客户打声招呼，除了告诉他们你跳槽之后的事情，更重要的是传达自己今后依然会与他们保持联系的愿望。最后，还要记得向帮助过你的人表示感谢，不要留有芥蒂和不良印象。如果你辞职后还可以与原公司的同事和客户保持良好的联系，那么你的辞职就是成功的，也会在今后的职业生涯中发挥作用。

以下行为是违反辞职礼仪文化的，需注意：

- 一旦决定辞职，态度立即360度转变
- 越过上司先向客户或同事汇报辞职事宜
- 没有与帮助过你的人打招呼就辞职
- 说前公司、前部门、前上司的坏话
- 大发牢骚
- 炫耀将跳槽去的公司

表6-12 辞职汇报的具体表达例

＜向上司汇报＞ × 辞めます。 ○ 実は、退職したいと思っております。 ◎ ○○課長にご相談があります。□□の都合で×月×日付で退職をさせて頂けませんでしょうか？
＜感谢与致歉＞ × すみません。 ○ 申し訳ございません。これまでありがとうございました。 ◎ 勝手を申し上げまして誠に申し訳ございません。これまで大変お世話になり、ありがとうございました。
＜告诉同事＞ × 会社、辞めることにしました。 ○ わたくし、□□の都合により×日付けで退職させて頂くことになりました。 ◎ みなさまにご報告があります。わたくし、○○の都合により、誠に勝手ではございますが、×日で退職させて頂くことになりました。
＜辞职当日的打招呼＞ × 今日でやめますんで… ○ これまでありがとうございました。 ◎ 温かいご指導を頂いたにもかかわらず、本日をもちまして退職する勝手を深くお詫びします。みなさまにはこれまで大変お世話になり、感謝の念にたえません。

第七章

公司客户间的口语交际
（社外口语交际）

一、预约客户——快速确认对方方便的时间

即使是通讯技术如此发达的现在，职场工作者也并没有因为电话、邮件、视频聊天的便捷而减少现实中会面的次数。事实上，线上的互动反过来促进了线下的交互，而线下的交互最终促成了人际交往的良性循环和成功合作。尤其在日本社会，日本人重视面对面的交流，重视同一时空下培养起来的信赖关系。企业访问或约会面谈的铁则就是需要事先预约，没有预约的突然造访不仅失礼，而且常常白费工夫。通常情况下，职场工作者应提前通过电话与对方进行预约。

电话预约是为之后双方的会面商谈做准备，越是人气高的公司越有众多的访客。因此，抢占先机，尽早确定见面时间就成了电话预约的重要内容。为了提高电话预约的效率，我方可以提供多个后补日期供对方选择（恐れ入りますが、今月中でご都合のよい日を 3 日程度、挙げて頂けますか？）；若我方回答说“我们什么时候都可以”，也最好提供一个时间计划供对方选择（ありがとうございます。お言葉に甘えまして、×月×日はいかがでしょうか？）；如果我方不太方便，可提议其他日期（申し訳ございません。その日は予定が入っております。その代わりに、□月□日のご都合はいかがでしょうか？）；最后，挂电话前需向对方再次确认：会面目的、时间、地点、交通、紧急联系方式、同行人数及职位等。

电话预约时还会遇到具体时间段确认、预约时间变更等情况，我们将不同场景下电话预约的日语口头表达做了一个整理，参见表 7-1。

表 7–1　电话预约具体情境下的表达例

＜确定具体时间＞ ○　○○の件でお話させていただきたいのですが、来週から再来週の間で 1 時間ほどお時間をいただけますでしょうか？ ○　できれば早めにお会いしたいのですが… ○　ご都合のよい日時を 2, 3 教えていただけますでしょうか？
＜更改约会时间＞ ×　○日の打ち合わせ、もうちょっと遅くしてもらえませんか？ ○　申し訳ございません。急な予定が入ってしまいました。○日の打ち合わせを 1 時間遅くしていただきたいのですが、ご都合はいかがですか？ ◎　勝手を申し上げまして、恐縮です。急な予定が入ってしまいました。○日の打ち合わせを 1 時間遅くしていただきたいのですが、ご都合はいかがですか？
＜约会时间迟到＞ ×　すみません、遅れます。 ◎　大変申しわけございません。到着が 15 分ほど遅れてしまいそうです。お待たせして申し訳ございませんが、お待ちいただけますでしょうか？

二、拜访客户——以诚相待，使用敬语，得体应对

日本社会整体时间观念强，会面即意味占用他人的宝贵时间，因而，当他人奉献宝贵的时间时要报以感激之情。如何体现诚意呢？拜访客户时应严格把控时间，用简洁明了的语言阐明访问要领并在约定的时间内完成访问内容，期间不仅要传达自己的意图，也要倾听对方的意见。此外，拜访时可能会遇到许多自己不认识的人，这些人可能与自己的工作暂无直接联系，但也不排除未来建立关系的可能。因此，在客户公司里的一言一行都至关重要，体现在口语交际中即正确使用敬语和待遇表达。拜访客户时的具体口语表达参见表 7–2。

表 7–2　拜访客户时的表达

＜没有前台或接待处的情况＞ ○　お忙しいところ恐れ入りますが…
＜在前台＞ ×　営業部の○○さんはいますか？ ○　いつもお世話になっております△△会社の○○です。営業部の××様をお願いできますでしょうか？ ◎　本日 14 時からお約束を頂いております△△会社の○○です。営業部の××様をお願いできますでしょうか？

续表

＜请求代传＞
◎　○○社の△△と申しますが、本日3日から営業部の□□様と面談のお約束を頂いております。恐れ入りますが、お取次ぎをお願いいたします。（有事先预约时）
◎　○○社の△△と申します。本日、□□の件でご担当の方に少しでもお目にかかればと思っております。恐れ入りますが、お取次ぎをお願いできますでしょうか。要件の概要…（无事先预约时）

＜向指引陪同的人说＞
×　どうも、どうも。
○　恐れ入ります。
○　ありがとうございます。よろしくお願いいたします。

＜见到会面的人＞
×　あ、こんにちはー。
○　いつもお世話になっております。
◎　本日はお忙し中、お時間を頂戴いたしまして、ありがとうございます。

三、介绍——初次见面的寒暄

要想第一次会面就获得对方很高的评价是比较困难的，但是正如前文所说，职场中的第一印象可能会在很长一段时间内对你的工作产生影响。信任关系是靠点滴建立起来的，初次会面不卑不亢、不失礼，尤其在年长者面前不凸显个性，就足矣。

初次见面相互认识的过程往往伴随着名片交换的行为，有关交换名片的礼仪文化将在第三部分的“商务社交礼仪”中进行详细介绍。本节着重从口语交际的方面谈一谈社外初次见面时如何自我介绍和介绍他人。自我介绍的表达中应包括公司名、部门名和姓名等完整信息，不宜只报“姓”而忽略“名”。接受他人名片时应该当场重复对方姓名的读法，遇到不会读的情况，应当场请教。向客户介绍本公司同行和非本公司人员时，应遵循亲疏关系，选择内外有别的“待遇表达”。初次见面时的具体口语表达参见表7–3。

表7–3　初次见面时的介绍

＜自我介绍与交换名片＞
×　池田です。
○　初めまして。わたくしは□□社の池田武と申します。よろしくお願いいたします。
○　頂戴いたします。山内あゆみ様ですね。どうぞよろしくお願いいたします。
○　頂戴いたします。大変珍しいお名前ですね。なんとお読みするのですか。

续表

＜向客户介绍本公司的人＞ ○ ご紹介いたします。こちら弊社の、営業部長の山崎です。
＜向客户介绍其他公司的人＞ ○ こちらが、このプロジェクトでお世話になっております、□□社の松本部長でいらっしゃいます。
＜经他人介绍后，自己的回应＞ × あ、はい、小林です。 ○ 初めまして。ご紹介にあずかりました小林でございます。
＜对方先递交名片的情况＞ ○ 申し遅れました。わたくし○○会社の～ ○ 失礼致しました。わたくし○○会社の～
＜所带名片不足的情况＞ × すみません、名刺切らしちゃってます。 ○ 申し訳ございません。本日は名刺を切らしてしまいました。後日、お送りさせていただきます。私、□□社財務部の望月奈々子と申します。

四、客户公司里的谈话规则——宜说与不宜说

作为合作伙伴，工作中的信息交流对拓展业务范围和未来发展大有裨益。从这个意义上讲，我们平时应与合作伙伴多加沟通，切磋和商讨彼此的业务知识和认知。但需要注意的是，不经意的闲谈可能会泄露危及公司存亡的重大商业机密。我们平时对自己保有信息的机密程度要做到心中有数。此外，闲谈不要被怀疑是臧否人物的行径。“公私分明、内外有别”是一个合格社会人必备的重要素质。会谈时的禁忌话题主要如表 7–4 所列，而如何得体地应答有关禁忌话题的提问，具体可参考表 7–5 的表达例。

表 7–4 会谈中的禁忌话题

● 企业秘密 ● 本公司、对方公司、其他公司的坏话 ● 未公开的信息 ● 关于本公司战略部署的事项 ● 个人信息 ● 未发布的新产品的相关信息 ● 谣言、传闻 ● 不满、牢骚 ● 工作中的信息

表 7–5　应对禁忌话题的得体表达

＜被问及公司业绩时＞ ○　おかげさまでまずまず堅調です。 ○　社員一同頑張っています。 ○　御社のために頑張って働いています。
＜被问及新商品时＞ ○　いろいろアイディアを練っています。 ○　御社はいかがですか？
＜其他＞ ×　そんなこと言えるわけないじゃないですか？ ○　その情報は会社で管理しているので分かりかねます。申し訳ございません。 ○　ちょっとそれは私から申し上げかねます。申し訳ございません。（微笑） ○　私では分かりかねますので、上司に相談させてください。（被对方追问不止时） ○　申し分けございませんが、お伝えできません。（采取干脆的态度）

一般在客户公司的谈话流程为：杂谈→要件→回答提问→结束谈话。面谈先从天气、季节、时事新闻等开始，缓和尴尬、紧张的气氛；在平和的氛围中切入主题，按照“结论、理由、补充说明”的顺序展开谈话内容；回答对方提出的问题，必要时可展示准备的材料；管理好时间，确认必要事项后结束话题，最后不忘送上谢礼。

五、客户公司里的企划发表——预演决定成败

比起公司内部的企划演说，到客户公司里做提案和演讲更需要事先精心准备。不同企业之间可能存在诸多落差，双方的立场、持有专业知识的体量、追求的目标都不尽相同，因此，我们准备时，需要将已知和未知的内容都列点整理出来；事先大声地朗读成稿的部分，当日脱稿发言；预测可能的提问并准备好回答。发言时，首先要营造一个平和的氛围；其次，发音准确清晰，内容层次分明；最后，表情镇定，根据现场的反应适当调整节奏。优质的演讲应该是：简洁明了，容易理解；有说服力；不拖延时间，在规定的时间内总结完毕。如果演讲中能客观地指出本公司计划中的不足或缺陷，并就如何解决这些问题作简要介绍，等等，都将会给企划演说增色，远比一味强调计划的优势来得更有说服力。而遇到无法当场回答的问题，我们应要坦诚地回应，并在第一时间内将事后调查的结果告知对方，这样做必定能让对方感受

到你的诚意和热情。

社外企划演说一般有一定的时间限制，因此，内容都比较简短，单刀直入地切入主题比较适合。此外，句子尽量简短，冗长的表达让人抓不住要点，令人费解。具体表达可参考表 7–6。

表 7–6 社外演讲时的常用语

＜引入时的寒暄＞ × 本日はお忙しいなか、お集まり頂きましてありがとうございます。先ほどご紹介頂きました△△会社の〇〇でございます。ちょっと緊張していますが、一生懸命説明させていただきます。 ◎ 本日は、貴重なお時間を頂き、ありがとうございます。では、早速□□の説明をさせて頂きます。
＜进入主题＞ × この商品には〇〇という特徴と△△という利点、□□という従来の商品にはないよさがあり… ◎ この商品の特徴は３つあります。一つ目は〇〇、二つ目は△△、三つ目は××です。

人们在说话时常常会无意识地做出动作和表情，一些手势或姿势（gesture）有助于传递信息、渲染气氛，但另一些动作或姿势则会消减演说的效果，给观众留下不良的印象。表 7–7 列举了演讲中效果较好和不宜的行为。

表 7–7 演讲中效果较好和不宜的行为

合宜的行为或姿势	不良的行为或姿势
姿势端正	抓耳挠腮、摸头、捂嘴等
看着观众	双臂交叉
音量适中，最后一排听众也能够听清楚	手插在口袋里
语音语调抑扬顿挫	两手交叉置前或后
使用教具，指着白板或显示屏	不停挥动手指
说到重点可向前迈一步	一动不动

我们在演讲中常常需要强调重点，或确认听众的反应，记住表 7–6 中的常用表达将有利于发表的顺畅进行。

表 7–8　演讲常用句

目的	例子
强调	まさに〜、なんと〜、もちろん〜
众所周知的事情	すでに〜でご承知頂いていると思いますが… 皆様ご存じかと思いますが…
确认	今までのところで分かりにくいところはございませんか？ 次の説明に入らせていただきます。

六、洽谈——良好的开头、不卑不亢的听说态度、阶段性的确认、最后的总结

本节将谈论日本商务场域中的口语交际及礼仪文化。一般情况下，贸易业务经过“请求建立业务关系—资信调查—询价”等环节后便进入“洽谈和协议”，这就意味着业务进入了一个极为关键的阶段。洽谈或谈判的开启模式，基本上按照“寒暄—闲聊—正题”的流程展开。热情、明朗的寒暄开启了洽谈的第一步，接着通过闲聊进行热身，最后顺利过渡到洽谈主题。良好的开头是拟定洽谈基调的关键，而闲聊（雑談）是试探对方状态或暖场的一种惯用手段。一个成熟的洽谈不会因为时间紧迫而省略“热身”的闲聊。理由很简单，如果在正式洽谈之前能够消减对方的紧张情绪或先入为主的成见，一定能为顺畅的洽谈保驾护航。具备洽谈技巧的商务人士善于从轻松的话题自然过渡到正式洽谈主题，无论是有关季节的话题还是无关紧要的时事话题都能信手拈来，并与工作话题建立关联。适合热身的闲聊一般包括天气、新闻、健康、兴趣、旅行、出生地、现住地等方面的话题，可以用“キドニタテカケシ衣食住”[①]来概括，具体表达例如表 7–9 所示。关于话题的选择及禁忌可参考第六章第一节“日常会话——话题选择的技巧”内容。

① “キドニタテカケシ”分别表示“キ＝季節・気候”“ド＝道楽”“ニ＝ニュース”“タ＝旅”“テ＝テレビ番組”“ケ＝健康”“シ＝仕事”，“衣食住”就是字面上所指的时尚服装、饮食、居住等话题。与这些话题相关的内容，可参考本书附录“预备知识篇——日本各都道府县的特色”“预备知识篇——日本各年代的主要事件”。

表 7–9　适合闲聊的话题

话题	例子
天气	○晴れた日が続いて気持ちがよいですね。 ○今年も桜が色づき始めましたね。
最近的新闻	○今朝のニュースで○○が流行していると聞きました。
健康	○花粉症がひどくて… ○風邪をこじらせない方法をご存じですか？
爱好	○最近スポーツを始めたそうですね。 ○何か、おすすめの映画はありますか？
旅游	○この季節は○○地方がきれいですよ。
出身地或毕业校	名産物・観光地・場所
现居住环境	住んでいる場所・地域

表 7–10 列举了几种情境中有关闲谈的表达，我们可进一步理解闲谈的重要性。

表 7–10　不同情境中的闲聊

＜与对方是初次见面的情况＞ ×　田中です。よろしくお願いします。 ○　初めまして、△△会社の田中和也と申します。よろしくお願いいたします。今日は寒いですね。 ◎　初めまして。△△会社の田中和也と申します。初めてこちらにお伺いしましたが、とてもきれいなビルですね。
＜与对方已经交谈过多次的情况＞ ×　じゃ、本題なのですが… ○　先日もお話いたしました内容についてですが… ◎　先日はありがとうございました。この間おっしゃっていたお嬢さんの結婚式はいかがでしたか？
＜交谈可能需要延长的情况＞ ×　それで…□□が… ○　長くなってしまって申し訳ございません。 ◎　少し長くなるかもしれませんが、お時間よろしいでしょうか？

商务洽谈过程中的谈话方式与一般的谈话既有共通点也有差异处。与亲朋好友之间的私人谈话不同，商务洽谈是公司对公司的工作谈话，这难免令经验不足的新手倍感紧张。但是，洽谈高手不是在一夜之间成就的，只有身经百炼后才可能逐渐拥有自信，这一点对方也很清楚。因此，新手在洽谈时

不必太介意自己经验不足，没必要卑躬屈膝，而应该把注意力集中放在如何诚恳、正确地传递内容以获得对方的信任上。

为了获得对方信任，我们需要掌握对话技巧。逻辑清晰的对话往往具备以下特点：一开始就明确主题（问题），阐述结论（解决方案），并将推导的过程（若干可能的方案选择）分优缺两部分进行对比说明。倘若在限定时间内能够将需要阐明的问题逐一传达到位并听取对方的意见，就意味着向洽谈成功迈进了一大步。洽谈时应该具备的态度是：既不卑躬屈膝，也不妄自尊大，态度有诚意，必要事项观点鲜明，认真倾听对方意见，该坚持的坚持，需让步的让步。如遇无法做出让步的情况，也不可一口拒绝，而应该在表示理解的同时说明我们已经做出让步的地方或追加服务的项目。如：

× いや、これ以上安くするのは無理ですね。

○ 料金につきましては、これが当社でできる最大の努力でございます。

◎ 料金につきましては、これが当社でできる最大の努力ではございますが、それ以外に、□□といったサポートもさせて頂きたいと思っています。

若对方的要求超出你的能力范围时，应向上级或同事确认后再予以回复，不能想当然地做决定或直接回绝，如：

× ちょっとわかんないですね。

○ 私ではお答えしかねますので、いったん持ち帰らせてください。

◎ なるほど、□□の点についてですね。私からの即答は致しかねますので、一度確認させて頂いてもよろしいですか。

与商务洽谈对手的关系大致可分为对等关系、对方上位（对方为客户等）、对方下位（对方为承包商等）等三种关系。但是，洽谈充其量是推进工作顺利进展的方策，洽谈内容本身并不存在地位上的上下与高低之分。因此，传达工作上的指示或要求时，我们要尽可能清晰、明确，不必有所顾忌，更不必卑躬屈膝或妄自尊大。如果对方无法按时提交合格的产品，我们完全可以坦然地指出问题所在，引用对方曾经做出的承诺，确认对方无法履行的理由。所有这些应对措施都是为了更加高效地完成工作。当然，我们要充分意识到对方的工作对我们极其重要，对方承担的是我方无法完成的工作，对此我们应报以敬意，在言语措辞上需要保持诚恳谦恭和彬彬有礼的态度。表 7-11 归纳了商务洽谈中不受欢迎的态度。

表 7-11 商务洽谈中不受欢迎的态度

● 要求含糊不清
● 自大，视别人的辛劳为理所应当
● 言行自相矛盾
● 语气冷淡、不客气
● 自以为是、任性
● 缺乏责任感
● 咄咄逼人
● 易怒易爆，感情用事

表 7-12 商务洽谈各具体情境下的常见表达例

＜共同作业时＞ × これは～にやってくださいよ。 ○ これは～したらどうでしょう。 ◎ これは～したらもっと良くなるのでいいのではないかと思うのですが、どうお考えですか。
＜交付给对方时＞ × これ、□日までにやってください。 ○ では、よろしくお願いいたします。 ◎ では、お任せしますのでよろしくお願いいたします。何かございましたら、遠慮なくご連絡ください。私も定期的にご連絡差し上げます。
＜希望对方按照我方的想法行事时＞ × 言った通りにしてください。 ○ △△していただけませんでしょうか？ ◎ □□の部分はこのようにして頂いてもよろしいですか？
＜被拒绝时＞ × じゃあ、いいです！ ◎ 今回は残念な結果になってしまいましたが、今後ともよろしくお願いいたします。

我们在第四章中讨论了如何做一个会说话、善倾听的人，强调了“倾听”的重要性。同样，在商务洽谈中，业务员除了阐述观点、提出要求之外，还需要学会听取对方的意见。一个对任何话题都表示感兴趣，对每一个话题都

持同理态度的倾听者必然受到说话人的欢迎。因为说话人都希望自己的谈话有趣且吸引人，期待引起对方的共鸣。洽谈中，双方不可能一味地强加自己的观点，也不可能完全听凭对方的安排，需要彼此交换意见，从互惠互利的角度出发，尽可能提出更多的见解，并将合理意见反馈到更优质的产品创作中。交换意见时，我们需要注意表 7–13 所示的要点。

表 7–13　交换意见的注意事项

- 明确哪个部分是“不能让步的部分”
- 以积极、肯定的态度去倾听对方的意见
- 不要只顾强调自己的想法
- 尽可能地寻找融合多方意见的方法
- 不感情用事
- 不一味否定

口语交际中，我们应注意态度谦和，不可轻视对方提出的想法。商谈中应灵活应对各样突发情况，确保会谈顺利进行：若遇跑题，可敦促对方回到本议题上；若对方提出预期之外的意见时，可强调另择时机讨论……具体日语表达可参考表 7–14。

表 7–14　针对对方意见的反应及得体表达

＜倾听对方意见＞
×　へー；そうっすか；はいはい ○　なるほど。 ◎　そうですね。ごもっともです。 ◎　おっしゃる通りです。
＜敦促对方回到议题上＞ ◎　とてもいい意見ですね。ただテーマが膨らみすぎているので、まず□□をまとめましょう。 ◎　議事録には次の決定事項が××とありますので、そちらに移らせて頂きます。
＜出现预料之外的提议＞ ◎　本日中に決定したい議題は○○と××ですので、その件に関しましては後日また機会を設けて検討いたしたく存じます。 ◎　それは面白いですね。担当者に伝えてもよろしいでしょうか？

人的注意力一般以 1 个小时为限，洽谈时应提高效率，集中精力交换双方意见，尽量避免超长时间的对话。洽谈超时可以视为事前准备不充分。双方达成共识后，洽谈进入尾声。确认双方共识是商务洽谈的重要环节，没有确认洽谈结果的谈判可以说是毫无意义的。确认工作通常由出访一方担任。

出访方总结洽谈内容，协议的内容、决定事项、今后的课题、下次日程等都需要与对方逐一确认。例如：

それでは、本日の決定事項は○○で、今後の課題は△△ということでよろしいでしょうか。では、次回は×日の×時にお伺いいたします。よろしくお願いいたします。

总结洽谈内容时，要抓住要点，从结论谈起，避免长篇大论。为了避免遗漏要点，我们通常建议一小段谈话后加以小结，分阶段性的确认习惯有助于提出最终总论。在洽谈无果或分歧较大的情况下，我们有必要明确另择他日协商及具体事宜。相关情境的应对策略及表达可参考表 7–15。

表 7–15 总结洽谈内容时的常见策略及表达

＜提出结论＞ ◎ メリットとデメリットを明確にしましょう。 ◎ ○○の意見と××の意見をすり合わせると、こうなりますね。
＜确认对方想法＞ ◎ ここまでの××については、□□という結論に達したという見解でよろしいですか？ ◎ 今の意見は、□□ということでしょうか？
＜自己无法做出决定时＞ ◎ 上司と相談のうえ、○月×日までに結論をお伝えしたいと思います。 ◎ このケースは私の裁量を超えております。社としての許可を得てからのお返事でよろしいでしょう。
＜胶着状态＞ ◎ この件については一度持ち帰り、お互いに考え直してみませんか。再提案させてください。
＜下次会面的约定＞ × 次回は○月△日にお伺いします。 ○ 次回は○月△日くらいにお伺いするということでいかがですか？ ◎ 次回の訪問は、一週間後ぐらいでいかがでしょうか。…では、○月△日の 13 時にお伺いさせていただきます。
＜下次会面前需要完成的事项确认＞ × では、あれ、やっておきますので… ◎ では、次回こちらにお伺いするときに、先ほどの△△の見積もりと××の見本をお作りしてお持ちいたします。 ◎ もう一つ、□□の件は、帰社後、調べてすぐにお返事いたします。

七、离席时的寒暄与洽谈后的后续跟踪

日本社会活动讲究一定的形式与礼仪，商务洽谈也不例外，要求商务人员遵守规矩和注重洽谈过程中的礼仪。具体商务礼仪可参看第三部分“商务社交礼仪”的相关内容。本节主要从言语交际角度讨论离席、结束访问时的口头交流和会谈后的书面沟通。

如果需要中途离席接听重要电话或提前结束会谈，更需注意得体地提出，具体的表达可以参考表 7–16。

表 7–16　结束访问会谈时常见表达及具体情境下的得体表达

＜结束话题的表达＞ ○こんな時間まで申し訳ございません。この後のご予定は大丈夫ですか？ ○気づけばもう□時ですね。 ○ついついたくさんお話してしまいました。 ○では、次回もよろしくお願いいたします。 ○本日はありがとうございました。 ○では、次回までに××をやっておきます。 ○では、次回の打ち合わせの日程はいかがされますか？
＜拒绝邀请＞ ×　今日はちょっと無理なんです… ○　せっかくなのですが、外せない用がありまして、本日は失礼させて頂きます。 ◎　あいにくですが、本日は都合がつかずに失礼いたします。次回はぜひ、ご一緒させて頂きたいです。
＜想尽快结束话题＞ ×　じゃ、そういうことで… ○　では、今回は○○という結論でよろしいですね。 ◎　今回は○○で話がまとまったということでよろしいですね。このことはまとめて後日、メールでお送りいたします。本日はありがとうございました。
＜暂时离席时＞ ×　ちょっと待っててください。 ○　申し訳ございませんが、少しの間中座させて頂いてもよろしいでしょうか？ ◎　申し訳ございません。どうしても電話をしなければならないので、少しの間中座させて頂きます。
＜临近结束时间＞ ×　そろそろまとめてもよいでしょうか？ ◎　申し訳ございません。○時から別の打ち合わせが入っていますので、そろそろおいとまさせて頂きたいのですが、よろしいでしょうか。

离席时的告别寒暄表达在时态上宜用过去时，为了提高整体印象，还应

对当日会面成果表示感激。会谈结束以后，如果向洽谈对方承诺了一些当场无法得出结论或回答不了的问题待“回社后研究”，则应及时反馈研究结果。调查研究需要一段时间的情况下，我们应主动通过电话或书信、邮件告知对方相关情况并明确回复的具体时限，避免答复之前默不作声，与对方没有任何沟通。

会面后的电话或书面联系在双方商务往来中起着承上启下的作用，洽谈后的回访电话发挥着或礼节性往来、或确认洽谈结果、或为下一次洽谈做准备的作用。相关表达参见表 7–17 和图 7–1。

表 7–17 结束洽谈的告别寒暄及后续电话联系

＜告别寒暄＞
× さようなら。 ◎ お忙しいところをありがとうございました。今後ともよろしくお願いいたします。失礼します。 ◎ そろそろ失礼させていただきます。長々とお邪魔しまして申し訳ございませんでした。 ◎ お忙しいところお邪魔して失礼いたしました。では明日、またご連絡させていただきます。 ◎ おかげさまで、今日は大変よい結果となりました。ありがとうございました。
＜后续电话＞ ◎ 先ほどそちらにお伺いしました△△社の〇〇です。本日はお忙しいなか、お時間を頂きありがとうございました。社に戻りまして課長に報告しましたところ、大変喜びまして、また改めてごあいさつに伺いたいとのことでございました。 ◎ ところで先ほど、確認してご連絡すると申し上げました□□の件ですが、担当部署に問い合わせましたところ、すぐにはわかりかねるということでした。〇月△日の月曜に回答が出ますので、そのときまた改めてご連絡させて頂くということでよろしいでしょうか？

＜邮件例＞
〇〇さま
本日は貴重な機会を与えて頂き、誠にありがとうございました。
この度の商談で、ますます貴社とお取引させて頂きたいという意思を強く抱きました。機会を与えて頂けるのなら、ぜひ△月△日にさらに詳しい商談をさせて頂きたいと存じております。
よいお返事をお待ち申しております。
何卒よろしくお願い申し上げます。
×月×日 小林信二 拝

＜信件例＞
〇〇さま
本日は貴重なお時間を割いて頂き、誠にありがとうございました。前回、前々回と説明させて頂いた商品の最終案は、いかがでしたでしょうか。弊社のプロジェクトチームは、貴社との取引を強く望んでおります。ぜひとも、契約を結んで頂ければと存じております。それでは、△日×時にご連絡させて頂きます。良いお返事をお待ち申しております。
×月×日 小林信二 拝

图 7–1 商务洽谈后的书面联系

值得一提的是，一次会谈就达成预期目标自然最好，但有可能到了结束时也无法达成合意。即使无法实现预期目标，也需要得体地结束会谈，为后续会面创造可能性。中国式交往或许会利用接下来的饭局继续会谈内容，但是要注意，日本人不认为酒桌上的谈话算数。有时，若他们无法接受对方提出的条件，就根本不会出席饭局，会以各种理由推诿拒绝邀请。

八、社外指示

如果你需要在公司外发出指示，这项工作任务的关键是指明重要事项，列出先后顺序，同时对细节不做过度指示，给对方留有自由发挥的余地，要点如下：

- 首先介绍整体内容，勾勒项目全貌
- 明确对方需要分担的职责
- 用 5W3H 的思维传递信息
- 提出任务完成的先后顺序
- 具体情况交由对方具体处理

若你的工作任务是向别人发出指示，而指示的内容涉及专业性领域，或者对方是年长者，这些情况都会增加你发出指示的难度和压力。但是正如前文所说，这一切都是为了工作，工作内容本身无高低、上下之分。如果你能纵观全局，明确时间期限和品质要求等“必须事项”，对工作参与者表示敬意并委以部分权限，那么指示工作也并非像想象中的那般棘手。相关表述参见表 7–18。

表 7–18　指示要点及具体表达

＜指令的传达顺序＞ ①○の件についてなのですが… →②そのなかで、××の部分をこのようにやって頂きたいのですが… →③お忙しいところ恐縮ですが、お願いできませんか？
＜请求较为复杂的事＞ ×　とにかくやってください。 ○　ちょっと難しいかもしれませんが、よろしくお願いいたします。 ◎　少し複雑ですが、あなたのお力がどうしても必要です。取り急ぎ○日までに、ここまで進めて頂けませんか。何かあればすぐ対応いたします。遠慮なくご相談ください。

续表

＜要求对方重新做一遍＞

× これ、急ぎでやり直してください。

○ 大変恐縮ですが、こちらをこのように直していただけませんか？

◎ 私の説明不足で進行が遅れ、誠に申し訳ございませんでした。このようにすると最速で直せるのではないかと思いますが、いかがでしょうか？

九、办公室以外场所的会面礼仪

很多时候，与客户的会谈、谈判并不设在公司的接待室或会议室。会谈的场所可能是酒店餐厅，也可能是客户家中。前者需要注意谈话内容的保密性，而后者是私人空间，需要注意有别于公开场合中行为举止的得体性。

在公司以外的场所会谈时，一般建议选择酒店、茶室等宽敞的地方、交通便利的地方、方便寻找且不宜误解的地方、安静的地方。见面地点应事前通知对方，交换电话号码，告知对方自己的特征，提前10分钟进店，选择入口处的位置以方便对方寻找为宜。若是与客户初次见面，不宜大声招呼对方公司的名称。介绍自己时，需要报上全名并对对方的出席表示感谢。社外谈话内容涉及金钱或项目时应尽量避免出声，可以采用笔谈方式进行交流。会谈场所的费用一般由邀请方承担。相关口语表达参见7–19。

表7–19 社外会面的口语交际表达例

＜社外会谈的情况＞

× どーも。△△社の野辺さんじゃないですか？

◎ 失礼ですが、野辺様でいらっしゃいますか。△△社の佐藤百合子です。本日はご足労頂き、ありがとうございます。

× △△の金額の件ですが、やっぱり500万円でやってほしいんですが…

◎ 先日お話ししました件ですが、…（将金额写在纸上）この金額でお願いできればと存じます。

＜拜访个人住宅的情况＞

× どうもどうも。△△社の小林です。思ったより早めに着けました。（ご主人は）いますか？

◎ ごめんください。△△社の小林信也と申します。ご主人様はおいでででしょうか？

日本的保险业、银行等金融行业以及汽车代理商常常需要登门拜访，会谈的地点往往就是客户的家，因此，业务员需要特别留意：袜子有无破洞、鞋垫是否干净，是否避开了吃饭时间，不能踩在榻榻米的边缘部位和门槛上，不能踩在坐垫上，不能在屋内四处环视，不宜借用卫生间等。

十、如何打圆场

无论是在公司内部还是社外场合，难免会被问到一些比较难以回答或尴尬的问题。例如婚否、有无男（女）朋友、年龄、住所等个人隐私问题，或年收入、公司业绩、公司内部情况等都是不便在社外公开场合谈论的问题。有关涉密的应对方式，我们在本章第四节的“客户公司里的谈话规则——宜说与不宜说”中已有具体阐述，此处不再赘言。

诚然，提出以上不适宜问题的人自身应该反省作为社会人的“失格”，但若被问方流露出愤怒、不快也并非符合合格社会人良好的应对方式，尤其在对方是客户的情况下，与其不悦，不如学会如何巧妙、幽默地回应。常见的方法有：转换话题、将话题模糊化、幽默地回答、报以沉默或暧昧的笑容（参见表 7–20）；也可以通过“表演”试图中断话题，例如：看手表做出惊慌的样子、打开公文包作“寻找东西”状、将本子或资料轻轻放置桌上作“结束问题”状等。通常情况下，这些表演对敏感的日本人是有效的，但也要注意斟酌处理，避免表现得过度露骨。

表 7–20　打圆场的日语表达

＜幽默的方式＞ ◎　これでも結構ナイーブなんですよ。その質問にはお答えしかねます。ご想像にお任せします。
＜转换话题的方式＞ ◎　さっきおしゃっていた××の件ですが、そういえば△△の話ですけれど、ところで…
＜模糊问题的方式＞ ◎　さあ、どうでしょう？ ◎　いろいろですよね。 ◎　どう思われますか？

第八章

几种棘手问题的口语交际

在工作中不可能总是一帆风顺，我们可能因工作失误需要赔礼道歉，也可能因被他人误解需要解释说明，还可能需要拒绝他人的请求。与此相对，我们可能需要请求对方的帮助，需要敦促对方按时交货或汇款，有时甚至不得不指出对方的错误，等等。即使在同一文化背景下，这些问题的沟通交流尚且困难，在跨文化语境下处理起来更是难上加难。接下来，我们一同来了解日本职场中，日本社会对以下几种棘手问题的基本态度和处世准则。

一、失误——“挽救”比“后悔”靠谱

对经验不足的职场新人而言，工作失误几乎是不可避免的，即使是优秀、成功的商务人士，他们在年轻的时候也经历过各种失败。换言之，正是有了眼前的失败，才可能成就未来。因而，对于刚踏入社会、刚走进工作岗位的职场新人，他们必须充分意识到“失败必将发生”。他们只有认识到这一点，才可能坦然地面对失败，也才有可能通过弥补来挽救失误，化危机为时机。比起失误，失误后如何思考、如何说话、如何采取行动更是对年轻人的商务交际能力的考验。

日本公司一般较少对新职员委以重任，因此，新职员在工作上的失误往往出现在一些日常性的工作上，例如：听错对方名字或说话内容；工作要旨理解错误或传达错误；因紧张而语无伦次；失误后仅凭一己之力试图挽回，结果导致更大的失误等。日本企业在培训新入职员工时，会提醒他们一旦出现失误应及时道歉，第一时间向上司汇报情况并当场应答，同时表达诚意，维持良好关系。表 8–1 为不同情境下针对所犯过失的常见回应。

表 8-1　失误后的口语表达例

＜惹怒对方时＞ ×　初めてなもので… ×　忙しくて… ×　バタバタしていたもので… ◎　①申し訳ございませんでした。 →　②すぐに△△させていただきます。 →　③今後はこのようなミスを起こさないよう気を付け、次回に生かしたいと思います。
＜发现自己失误时＞ ×　私は△△だと思っていたのですが… ◎　こんな間違いをしました。申し訳ございませんでした。

总而言之，失误发生后没必要过度消沉，应积极反省失败的原因，思考不发生失败的对策。

二、道歉——化“危机”为“时机”

犯错后的第一时间补救尤为重要，补救从道歉开始。这个时候的道歉方式可能会得到对方的谅解，也可能火上浇油，造成关系进一步破坏和更大的损失。愤怒是一种情感，对待愤怒而采取平和的态度也是一种情感，都会给人留下印象。如果诚恳地道歉并得到谅解，反过来会给对方留下深刻的印象，这对双方今后的关系会是正面的影响。如果能在初入职场的时候就掌握有效的道歉方式，可能化“危机”为“时机”。

给人留下好印象的道歉方式 = 及时道歉 + 有诚意 + 合适的语言表达。彬彬有礼的日式道歉是：第一时间道歉，看着对方的眼睛，头部带动上半身向前倾斜；注意语音语调，饱含诚恳；不宜轻率地说“すみません”，而应该选择比较郑重的“申し訳ございません”。语言的表达伴随着双方关系的变化，赔礼道歉时必须使用正确的敬语且态度诚恳（参考表 8-2）。

表 8-2　道歉的得体表达

＜惯用句＞ ○　大変失礼いたしました。 ○　申し訳ございません。 ○　早速調べまして、すぐにご返事いたします。 ○　誠に不行き届きで、申し訳ございません。 ○　私どもの手違いで、ご迷惑をおかけいたしました。 ○　ひとえに私どもの責任でございます。

续表

○　おっしゃることはよくわかります。 ○　今後は十分注意いたします。 ○　ご親切に注意してくださいまして、まことにありがとうございます。 ○　今後とも、お気づきの点がございましたらご指摘頂きますよう、お願いします。
＜针对自己的失误＞ ×　すみません。 ◎　大変申し訳ございません。今後は△△に気を配るようにし、今後、気を付けます。
＜针对同事或后辈的失误＞ ×　私の責任ではありません。 ○　誠に申し訳ございませんでした。 ◎　このたびの○○の件、ご迷惑をおかけして申し訳ございませんでした。
＜对方指出自己的失误时＞ ×　どうもすみませんでした。 ◎　ご親切に注意して頂き、誠にありがとうございます。今後とも、お気づきのことがあればご指摘ください。
＜无缘无故被斥责时＞ ×　そんなことしてないです。 ×　違うと思います。 ○　申し訳ございません。 ◎　申し訳ございません。○○のお話はごもっともですが、しかし…
＜对方的怒火无法平息时＞ ×　すみません、本当にすみませんでした。 ○　ご迷惑をおかけして申し訳ございませんでした。 ◎　（翌日）昨日は大変申し訳ございませんでした。○○の件、反省し再度お詫びに伺いました。

若因自己的失误可能造成对方较大损失时（如延迟付款、产品不合格等），应及时向上司汇报情况，征求处理方法，而不是隐瞒事实，试图自己一个人去挽回局面。出现较大失误时，仅凭口头道歉是解决不了问题的。日本企业的习惯是当面赔礼道歉。如果对方不愿见面或直接对话失败，还需要写道歉信。因此，道歉程度以“电话—见面—写信”等形式逐渐升级。面对面的道歉，尽可能请上司陪同前往，由上司出面致辞道歉。带礼品前去道歉时，应注意先道歉，后送礼，不可颠倒了先后顺序。

表 8–3　针对较大失误赔礼道歉的对策及表达

＜道歉的顺序＞ ①向上司汇报及致歉 ○　〇〇社の渡した見積もりの数字を△△社のものと間違えました。申し訳ございません。 ②向对方（客户）致歉和提供解决方案 ○　〇〇の件ですが、ご迷惑をおかけして申し訳ございませんでした。つきましては… ③探明失误原委以防再犯 ○　今回のミスは〇〇が原因でした。これからは、このような失敗を犯さないように△△に注意します。
＜支付延迟＞ ×　申し訳ございませんでした。振り込んでおきましたので… ◎　ご迷惑をおかけしました。確認いたしましたところ、経理担当者の手違いと判明いたしました。取り急ぎ、5 月 10 日付けでお振込みさせて頂きました。今後はこのような不手際がないよう、注意いたします。ご了承ください。
＜收到不合格商品＞ ×　失礼いたしました。一週間くらいでお取替えできると思うのですが… ◎　大変申し訳ございませんでした。調査したところ、4 月 17 日に納品したもののうち、4 つの欠陥が見つかりました。4 月 28 日までに正常品とお取替えいたします。なにとぞご容赦ください。

三、辩解——先倾听对方阐述，再说明自己的情况

“辩解”一词很容易被误会等同于“找借口”“托词”“逃避责任”等消极行为，其实得体地为自己申辩可以得到对方的理解，消除对方的误会，加深彼此之间的关系。当然，辩解不是听到对方误解自己，就急忙打断对方争辩起来。比较理想的做法是，先认真倾听对方的说法，了解对方误解之处，然后再说明自己的情况，不夸大其词，也不义愤填膺。如果通过电话无法说明情况，最好当面简洁明了地解释；无法见面时可以选择写信或打报告的形式，表达诚意；登门拜访无果时可留下自己的名片，并在名片上留言。

商务场域或职场都比较忌讳说“我不会”。“因为不会而导致失误”的消极想法会失去对方的信赖；而仅仅以“因为……所以我不会”为理由就期待获得对方谅解的想法也过于简单。商务场域或职场重视的是“因此，该怎么办呢？”等解决问题的态度和方法，修补失误时的态度应该是“积极的”。具体表达参见表 8–4。

表 8–4 积极修补失误的对策及表达

＜挽救失误——对内＞
× 会議が延びたせいでできませんでした。 ○ 申し訳ございません。会議が長引いたので、まだ終わっておりません。 ◎ 申し訳ございません。会議が延長し先ほどの書類は完成しておりませんが、これから早急に取りかかり 15 時までに作成いたします。今後このようなことのないよう、気を付けます。申し訳ございませんでした。
＜修缮关系——对外＞ ◎ 大変申し訳ございません。□□の事情により、このような結果になってしまいました。次回はご期待に添えるようにさらに努力いたしますので、今後ともどうかよろしくお願いいたします。申し訳ございませんでした。
＜解释说明自己的行为和意图＞ × △△したほうがよくないですかね？ ○ 私は△△したほうがよいのではないかと考え、こういたしました。 ◎ 私はこの件は△△したほうが早く処理できるのではないかと考え、こういたしました。
＜对方误解发怒时＞ ◎ 申し訳ございませんでした。もしかすると私の誤解かもしれませんが…

四、反驳——先说“YES”

即使自己的主张得不到别人的认可，也不要急于说服对方，因为驳倒对方未必会有好结果。一个成熟的商务人士应该学会在理解对方主张的基础上阐述自己的见解。情绪激动地辩驳只会浪费时间，我们应该以“探索更有意义的意见”为目的去倾听对方的想法，确保自己的发言能促进利益最大化。常用的例句参见表 8–5。

表 8–5 反驳的得体表达

＜常见惯用句＞
○なるほど。ごもっともですが… ○未熟者の私が言うのもおこがましいですが… ○○○と考えましたが、いかがでしょう ○○○さんのおっしゃることはよくわかります。ただ… ○あくまでも私の見解ですが… ○私の意見としましては…
＜反对对方意见时＞ × 自分はそうは思いません。 ○ なるほど。私は△△と考えておりますが、いかがでしょう。 ◎ ○○課長のおっしゃることはごもっともです。ただ、この場合は□□という方法もありますが、いかがでしょう。

续表

＜自己的想法被误解时＞ ×　そういう意味じゃないです。 ○　恐縮ですが、先ほどの△△というのは「□□したらどうか」という意味で申し上げました。 ◎　先ほど△△と申し上げましたのは、「□□したらどうか」という意味でした。言葉足らずで申し訳ございません。訂正させてください。

五、拒绝——避免说“不行”

职场上，我们应该尽量避免拒绝对方的请求。请求内容大致可以分为两大类：一是工作上的请求；二是业务之外的邀请。我们先谈第一种情况。为了避免拒绝他人在工作事务上的请求，我们首先要意识到自己的能力不足，通过自我提升使自己有能力承接他人的工作请求。当然，人无完人，是人都有能力不及之处，这时应该阐述理由，提出代替方案，尽可能地将“拒绝”的负面影响控制在最小范围。关键点是如何让对方不觉得你在拒绝他，避免说“不行”（できない）。

拒绝工作请求 3 步骤：①道歉→②汇报现状→③提出代理方案：

①恐縮ですが…/ 申し訳ございません

→②この仕事を、15 時までに仕上げなくてはいけないのです。

→③もう少しお時間を頂けますか？ / もう 1 人増やして頂けます

其他表达婉言拒绝的口语表达参见表 8-6。

表 8-6　如何婉言拒绝工作请求

＜工作请求超出自己能力范围时＞ ×　力不足で、私にはできません。 ○　申し訳ございません。1 時間で仕上げるのは困難です… ◎　大変申し訳ございません。やらせて頂きたいのですが、今の私の力では 2 時間ほどかかってしまいそうです。どうすべきでしょうか？
＜需要处理的工作太多腾不出手时＞ ×　ちょっと今は無理ですね。 ○　申し訳ございません。今、△△でちょっと時間を作るのが難しいのですが… ◎　大変申し訳ございません。やらせて頂きたいのですが、今はこの仕事が手一杯で難しい状況です。これが 17 時に終了しますが、その後で間に合いますか？

续表

＜另有要事无法加班时＞ × 今日は用があるんで無理です。 ○ 申し訳ございません、これからどうしても外せない用がありまして、定刻に退社したいのですが… ◎ 大変申し訳ございません。今日はどうしても外せない予定がございまして、定刻に退社したいと思っております。明日の朝早く仕上げて間に合いますか？

除了业务请求以外，我们常常还会受邀参加各种工作以外的活动。工作以外的活动中有些是工作的延续，不得不参加；有些是同事之间的聚会，虽然可参加可不参加，但许多时候聚会也是同事之间互相沟通的主要途径，有助于自己工作的开展；当然，还有许多活动是不一定要参加的。这时如何才能拒绝对方又不影响彼此关系就尤为重要了。拒绝时，我们一定注意要有礼貌，向对方说明情况，如果能将歉意表达到位，将情况说明清楚，便不必太纠结是否会令对方不快了，毕竟拒绝非义务性的邀请或请求不必有心理负担。人与人的交往贵在沟通，相关表达参见表 8–7。

表 8–7 如何婉言拒绝工作之余的活动邀请

＜常用惯用句＞ ○本当に残念なのですが… ○ずっと前から決まっていた予定ですので… ○参加したいのは山々ですが… ○本日は失礼させて頂きます。 ○来週でしたら行けるのですが… ○その日は何とも言いかねます。
＜拒绝私人性邀请——对内＞ × ちょっと無理ですねー。 ◎ お声をかけて頂きありがとうございます！ただ非常に残念ですが、その日は親友の結婚式でして…
＜拒绝私人性邀请——对外＞ × いやー、ちょっと行けないですね。 ○ 申し上げにくいですが、その日は用事があり、欠席させて頂きたく存じます。 ◎ お誘いうれしく存じます。参加したいのは山々ですが先約が…。来月はまだ大きな予定が入っていないので、ぜひまた声をおかけください！
＜拒绝酒会＞ × 今日はテンションが上がらないので… ◎ 申し訳ございません。参加したいのは山々ですが、寒気が止まらなくて…。本格的に体調を崩さないよう、今日は失礼したいと思います。

续表

× あー、今日はちょっとそういう気分じゃないんで… ○ 申し訳ございません。どうしても外せない用事がありますので、せっかくですが本日は遠慮させていただきます。 ◎ お誘いありがとうございます。残念ですが本日は外せない用事があります。ご一緒したかったです。来週でしたら行かれるのですが…
<拒绝馈赠> × 使う予定のないものを頂いても、ちょっと… ○ お気持ちだけ受け取らせてください。 ◎ ありがとうございます。でも私はお気遣いいただくほどのことはしていません。今回はお気持ちだけ受け取らせてください。 ◎ ありがとうございます。社の規定で頂戴できないことになっておりまして…。お気を悪くなさらないでください。

六、委托——说明理由，表示诚意

分工合作是现代企业开展工作的主要方式，无论是企业之间还是企业内部人员之间都需要与他人合作，因而如何让所有参与同一项目的人员都愉快地接受任务，是提高工作效能的重要能力之一。我们用“马斯洛的需求理论”来说明职场中人的基本需求和成长需求：一般公司职员同样有“过活”“领薪·上班”“重视公司伙伴及被重视”3个基本需求（生理、安全、社会），同时也有“提升能力、被公司认可”“发挥最大能量及为社会做贡献”2个成长需求（尊严、自我实现）。motivation即动机、诱因、积极性，是人行为的原动力。有无原动力，直接关系到能力的发挥或目标的实现，最后决定成果的有无与大小。

在对方时间紧迫、工作量大，而工作任务较为困难、费时费力的情况下，我们委托他人时要特别注意表达方式和措辞；希望对方提供合作与帮助时，需要向对方展示自己为此所做的努力和抱有的热忱，同时要清楚说明选择对方而非别人来分担此事的理由。我们可以通过“我想与您一起共事”“这件事只有您能帮上忙”“无论如何都希望得到您的支持”等表达来体现自己的诚意，调动对方的积极性和责任感。调动对方积极性的常用表达如表8-8所示。

表 8–8 委托他人时的有效表达

＜常见惯用句＞ ○ ○○さんだから頼めるんだけど… ○ ○○さんは仕事が早いから… ○ いつも感謝しています。 ○ △△していただけるとうれしいのですが… ○ ○○さんは手際がよくて感心しています。 ○ これは○○さんにしかできないですよ。 ○ ご相談したいのですが…
＜有事委托同事 / 后辈时＞ × これやっといてくれない？ ○ □□をやってもらってもいい？ ◎ 忙しいところ大変申し訳ない。△△の期限が××時までなんだ。なんとか時間を都合してもらえないか？
＜请求他人顶替自己的工作＞ × これ、かわりにやっておいて。 ○ 申し訳ないが、代わりに□□の対応をしてもらえないか？ ◎ 忙しいところ恐縮だが、□□の件、今××で手一杯になってしまったので、できれば代わりに対応願えないだろうか？
＜希望得到上司 / 前辈的帮助时＞ × これ、手伝ってもらえないですかね？ ○ すみません、□□の作成にお力を貸して頂けませんか？ ◎ お忙しいところすみません。恐縮ですが、□□の作成でアドバイスを頂きたいのですが、お力をお借りできませんか？
＜对外的工作委托＞ × これを期日までにお願いします。 ○ お忙しいところ恐縮ですが、こちらを○日までにお願いできませんでしょうか？ ◎ お忙しいところ恐縮です。実はお願いしている××をペンデングしてでもお願いしたいことがあります。こちらを○日までに仕上げて頂けるとありがたいです。

七、催促——重视平时确认

“催促”在这里包括两个内容：一是工作进展上的敦促，二是款项回收上的敦促。无论是哪一种，都是职场上较为棘手的问题。敦促对方完成工作时，如果只是问一句“做好了吗？”在日本社会是行不通的，不仅不会有效果，而且还让人觉得你过于“自我本位”。因此，工作上的催促并不是在截止日期到来之际才询问工作进度，而是应该在工作进行中通过多次听取“中间汇报”（即过程性汇报）来达到敦促的目的。“中间汇报”是一个日语词，不仅仅指我们常说的“中期汇报”，还包括了中期汇报在内、从始至终的中间时段的所有工作汇报，因此，它不是一次性的问询，而是数次、频繁地通过沟通来了解工作进展情况的方法。每次听取中间工作汇报时，我们要不忘对对方承担的工作表示感谢，其间应及时对比工作的时间期限与进度情况，听取对方反馈的棘手问题，并采取积极的援助方式（如发送资料或分担部分任务，等等），以期加快工作进度。具体的表达方式参见表 8–9。

表 8–9　敦促工作进度的得体表达

＜听取中间汇报＞ ×　この間の件、どうなってますか？ ×　じゃ、進めてください。 ○　先日の□□の件の進捗状況を確認したいのですが、よろしいですか？ ○　わかりました。では、続きをよろしくお願いいたします。 ◎　お忙しいところ恐縮です。先日の□□の件の進捗状況を確認させて頂きたいのですが… ◎　ここまで進めてくださったんですね、ありがとうございます。では続きに関しましては、△日までにお願いできますが…
＜接近期限时＞ ×　何、考えてるんですか！とにかく早くしてください！ ○　○日までとお伝えしたと思いますが…。予定通りに頂けますでしょうか？ ◎　○日が締め切りです。近づいておりますが、進み具合はいかがでしょうか。差し迫っておりますが…
＜超过期限时＞ ×　○日までの件、まだもらってないんですけど… ○　××の件のですが、○日までにとお伝えしておきながらご連絡が遅くなってすみません。頂戴してもよろしいですか？ ◎　締め切りは○月○日でしたが…。なるべく早急に頂かなくては困るのですが、あと何日で頂けますか？

对许多人而言，敦促货款等资金回收更是难以启齿的事情。但是，商业必然与金钱挂钩，收取作为出售产品或提供服务的对价，并不是一件难为情的事情，我们应该大胆地提出。日本社会对于拖欠货款等行为都有较为严苛的制度惩罚和道德批评，因此较少发生此类现象。但是，少不等于无，甚至有些拖欠行为还有其社会历史渊源。在很长一段历史时期内，日本社会在常客中通行“赊账”，这种现象在现在的餐饮等行业中还依然存在。但是，现代公司制度对这种建立在“熟人社会”基础上的行为已愈趋抵触。尽管现代日本企业提倡大胆敦促货款拖欠行为，但也强调敦促态度要谦和，避免情绪化，

不能表现出“理所当然”的姿态，电话联系或会面前应将日期、金额用邮件等书面形式告知对方。敦促回款的相关口头表达参见表 8–10。

表 8–10 款项回收的敦促表达

＜支付期限已过时＞
× きちんと払ってください。
○ では、いつなら払えますか。日時を確定させて頂きたいと思います。
◎ 申し訳ございませんか、期日をお伝えした以上、こちらとしてもなぜお支払いいただけないのか理由を伺わないわけにはいきません。
◎ …わかりました。では、いつならお支払い可能なのか教えて頂けますか？
◎ ○日ですね？確かに記録いたしました。よろしくお願いいたします。

＜延期后仍未支付时＞
× ○日に払うといいましたよね。
◎ ○日に確認しましたが、まだ振り込まれていないよう用でしたので、ご連絡いたしました。ご説明して頂けますでしょうか？

＜定价遭到压价时＞
× すでに□□円と伝えてあるので、払ってください。
○ そうですか、失礼いたしました。では、この件については上司と相談し、もう一度ご連絡いたします。
◎ さようでございますか。申し訳ございませんが持ち帰らせて頂きます。

＜缴集会费＞
× 会費の□□円、今ください。
○ △△の会費が□□円なのですが、頂戴してもよろしいですか？
◎ お忙しいところ申し訳ございません。先日よりお伝えしている△△の会費、□□円を頂いてもよろしいですか？

八、不满——客观提出问题

这里的“不满”不是指不顾对方立场和情况，以发泄自己不快情绪为目的的行为，而是希望对方的商品质量或服务更进一步提高，对“失误”说“NO”的态度。工作中，我们难免会遇到对方的产品与我方要求不符、订单内容有出入、被爽约、对方态度不好等令人不满的情况。此时，如何处理自己的不满情绪与表达不满直接关系到双方的关系。善意而得体地传递“不满”，不但不会令对方不快，反而能让对方感受到诚意，有助于今后关系的互动与深入，反之则不然。因此，表达自己不满意的铁则是，冷静，再冷静！

你因对方的失误恼火不已时，可以采取以下措施来平复自己的情绪：

- 回想自己犯错时的情景
- 将令你不满的要点写在纸上
- 厘清事实关系
- 深呼吸
- 切记一切只是为了工作
- 确定自己没有判断错误

表 8–11 列举了如何在不同情况下客观得体地表达不满。

表 8–11　善意得体地传递“不满”

＜与订购的商品有出入时＞ ×　これじゃないです。 ◎　こちらの勘違いかもしれませんが、△△を頼んだのですが、□□が届いています。注文を確認して頂けますか。
＜与订单内容有出入时＞ ×　こちらのお願いと違うじゃないですか！ ○　このような内容でお願いいたします。 ◎　私の言い方が悪かったのかもしれませんが、□□の内容でお願いします。
＜约定时间对方未到时＞ ×　なぜ約束を守ってくれなかったんですか？ ○　○時というお約束を頂いていた○○です。まだご到着していないようなので、お電話いたしました。何時ごろになるでしょうか？ ◎　△△のお約束を頂いて□□です。まだご到着されていなかったので、こちらのスケジュールの取違いかもしれないと思い、ご確認のお電話をいたしました。 ◎　もし、お忙しいようでしたら、また日を改めることも可能ですがいかがですか？
＜对方态度不好时＞ ×　態度悪いですよ！ ◎　もしかして、今日はお体の調子がすぐれないのではないですか？
＜对方未达到目标水准时＞ ×　これじゃレベルが低すぎます。 ○　□□はもう少し掘り下げて頂いたほうがいいと思いました。 ◎　△△の件の□□について○○という考察も含め、ご再考願えますか？

九、请假——考虑整体利益

任何人都会遇到除公休假以外，不得不请假的时候（如突然生病、红白喜事等）。请假本身没有问题，但是对于公司，尤其是工作联系紧密、分工细微的日本公司而言，休假意味着失去宝贵的团队战斗力，让上司或同事承担不良的后果（日本公司的工作往往是“一个萝卜一个坑”，每个人都需要完成自己分内的事情，自己休假就意味着需要别人来帮忙填“坑”），从而可能给上司、同事留下不良印象。因此在日本公司，职员一般不会轻易请假。

要降低请假给自己带来的负面影响，最好做法就是平时认真工作、积累大家的信任、尽量避免工作失误。平日勤勤恳恳、工作认真的人请假自然不会有太大的问题，相反就可想而知了。因此，平日里注意言行规范、遵守社规不仅有利于工作的顺利推进，也为了应对请假“万一”之便。

请假时需要清楚地说明理由。在日本社会，请假有一个不言自明的潜规则——公司工作繁忙期除了不得不请的假，原则上是不请假。如果不巧非得于工作繁忙期休假的话，你不仅需要向上司汇报，而且最好事先告诉同事或前辈，让他们做好准备，以便工作顺利交接。休假结束后，对分担、接替自己工作的同事表示感谢也是非常重要的礼仪。有关请假的具体表达参见表8-12。

表 8-12 与请假相关的得体表达

＜带薪休假＞ × ○月×日、有給取りますので… ◎ ○月×日に有給休暇を一日頂きたいのですが、よろしいでしょうか？責任を持って引継ぎいたします。
＜急病＞ × 熱が出たので休みます。 ◎ 誠に恐縮ですが、体調が思わしくなく、昨日病院に行ってきました。どうやら風邪をこじらせてしまったようで、お休みを頂けないでしょうか。ありがとうございます、では、市○○の件につきまして、△△さんにお願いしたいので、電話を替わって頂けますか？
＜紧急要事＞ × 今日は休みます。 ◎ ご迷惑をかけるようで心苦しいのですが、親戚に不幸がありましたので、お休みを頂けませんでしょうか。△日には出勤します。□□の件につきましては、○○さんにお願いできますでしょうか？
＜休假后的弥补措施＞ ◎ 昨日は休暇を頂き、ありがとうございました。 ◎ □□の件の処理ですが、ありがとうございました。 ◎ ご迷惑をおかけしてしまい恐縮です。

十、不失礼地“说”与巧妙地“问”

在职场交际中，如果对方说错了或发言存在问题，应该如何提醒对方、指出问题所在，才能避免使对方难堪、让自己失礼？直截了当地指出“你错了”（間違っていますよ）肯定是不可取的。以下几种说法都触碰到了日本人不可承受的红线，要特别注意：

× 間違っています！

→ 这是一句全面否定对方的话，可能导致谈话中断。

× そんなことも知らないのですか

→ 这是一句俯视、轻视对方的表达，不仅不适用于工作场合，甚至在基本的人际交往场合都是“NG”。

× はぁ。そうですか。

× そういうことにしておきます。

→ 这些也都是轻视对方的表达，不宜使用。

作为部下或公司外部人员，应该避免高压式的反应，伤害对方感情。此时可以采取换位思考的策略，体会如果是自己被露骨地指出问题时的感受，转而选择谦虚谨慎的说法，如“课长，不好意思……”（課長、恐縮ですが…）、“可能我的想法不对……”（私の思い違いかもしれないですが）等。类似的表达可参见表 8–13。

表 8–13 指出对方错误的礼貌说法

＜指出上司的错误＞ ×　これ間違いますよ。 ○　△△課長、これは□□ではないでしょうか？ ◎　△△課長、私の勘違いでしたら申し訳ございません。この□□の部分ですが、〇〇ではないでしょうか。ご確認いただけますか？
＜指出外部人员的错误＞ ×　書類間違ってるんですけど… ○　申し訳ございません、本来送っていただく予定の書類は□□なのですが… ◎　申し訳ございません、本来頂く予定の書類は□□なのですが、△△をお送りくださったようです。今一度、確認して頂けますか？

续表

＜指出对方矛盾之处＞ × それって矛盾してますよね。 ○ はい。先日は△△が先とのことでしたが、よろしいですか？ ◎ はい。△△を先に、ということですね。先日は□□の方を優先するとお聞きしたいていたと思うのですが、××が優先でよろしいですか？
＜对方的意见文不对题时＞ × そういうことが聞きたいんじゃないんですけど… ○ なるほど。では□□についてはどうでしょう。 ◎ なるほど。××ということですね。では、□□についてはどのようにお考えですか？
＜希望处于上位的人修正错误时＞ × もう一度やってください。 ○ 何度もお願いして恐縮ですが、この部分を□□のようにして頂きたいので、再度書いて頂いてもよろしいでしょうか？ ◎ 実は、上司から□□という意見が出ておりまして…
＜希望对方降价＞ × 安くしてくださいよ。 ○ もう少し値段を下げて頂けませんか？ ◎ これだと、当社で決めているラインを□□円ほど超えておりますので、もう少し下げて頂けませんか？

我们都曾有过因记不得对方的姓名、年龄，或对方说过的话而不得不再次询问的尴尬经历。如果忘记对方的姓名或再三咨询对方说过的事情，会让对方觉得自己不被重视。而这些小失误累积起来就可能让彼此建立起来的信任关系毁于一旦。但是，掩饰或说谎也不是上策，只可能令对方不悦，影响自己的形象。要避免此类事情的发生，最好的办法就是在平时养成做笔记的好习惯。

当然，还有一些小技巧也可以起到救场的作用。譬如，忘记对方名字时，如果在场的人比较多，可以询问同一公司的人，或者有意让对方自己说出姓名：

◎ お名前は何ておっしゃるんですか?
（田中ですと答えられたら）
いえ、下のお名前です

从另一方面来说，一旦意识到对方忘了你的姓名，你应该在对方提问之前自报家名，比较得体的说法是“我是某某公司的某某”。

再如，询问对方年龄的情况。在现代社会，询问对方年龄，特别是女性年龄，是比较忌讳的事情。无法避免时，我们可以选择询问对方出生的年份、生肖，或者通过聊一些别的事情自然地获取信息。

◎　私は○○年生まれなのですが…

◎　私は丑年なのですが、○○さんの干支は何ですか?

◎　□□は高校時代に流行りましたよね。私はあのころ高校2年生くらいでした。○○さんは何をされていましたか?

又如，询问有关住所、婚姻等私人问题时，可以先从自己的情况聊起。当然，如果对方不明说，也就不必再追问了。

◎　私は最近、都内に引っ越し、30分も通勤時間が減って楽になりました。○○さんは、どちらにお住まいですか?

◎　私は今年から、一人暮らしを初めて食事作りが大変です。○○さんはお一人でお住まいですか?

在第二部分第四章至第八章，我们列举了职场中种种常见的口语交际场景，可以看出日本职场交际特点与日本社会“重秩序，守礼仪”的文化特点一脉相承。日本人之间的交往注重“以和为贵”，大家极尽所能地规避显性或隐性的冲突和矛盾。但是，现实中的职场交际并非如此一片祥和，既有难以相处的人，也有充满敌意的时候，时常并无恶意却遭人误解，等等。毕竟价值观、想法、年龄不同的人只因“工作”这一共同目的聚集在一起，由此形成了职场。因此，我们不必为每件事、每句话都过度地反应，所有情绪化的行为都是职场人士的“失格”。

职场交际的重点是：尊重他人的同时反对一切暴力和性骚扰。反应强弱存在个体差异。为了防止自己因反应过度或误解对方，我们可以及时咨询值得信赖的前辈或上司，请求帮助。相关表达可参见表8–14。

表 8–14 捍卫权益的得体表达

＜遭遇性骚扰时＞ ◎ そういう話は嫌なのでやめてください。 ◎ 今の言葉を上司に報告させて頂いてもいいですか？
＜遭遇谣言中伤时＞ ◎ 心外です。 ◎ あの噂は本当ではありません。
＜遭遇欺凌或不公对待时＞ ◎ そのような嫌がらせは業務に差し支えるので、上司に報告させて頂きます。 ◎ （直接对本人说）何か私に至らない点がありますでしょうか？

尽管第二部分中的各个章节设置了各种场景具体讨论职场上的口语交际，但是现实中的情况远比书中列举的情境复杂得多。许多策略和表达可以组合起来使用，也可以酌情进行删减、修改，切不可生搬硬套。

第九章

书面沟通——商务文书

职场中的重要信息不仅依赖口头交际，在很多时候还需要通过书面形式进行传达和沟通。商务书信有别于一般文书，有一定的书写规范，商务文书的书写能力是职场必备能力。

随着社交媒体的普及和办公室的无纸化的推进，人们越来越习惯用手机短信、微聊等社交软件等新型电子社交平台进行信息交换和沟通交流。这也使得越来越多年轻人对纸质文书的书写缺乏信心。事实上，商务文书在职场事务执行的过程中依然发挥着重要的作用，一份不规范的社外文书不仅会影响工作顺畅进行，也令人质疑公司的软实力。因此，作为一名合格的“社会人”，必须了解商务文书的书写要点，掌握商务文书的正确书写方法。

一、商务文书的种类和书写规范

商务文书从交际对象出发，大致可以分为社内文书和社外文书两大类，而社外文书从内容和功能上又可分为商业文书和社交文书，参见图 9-1。

社内文书（公司内部文书）面向公司内部员工，如报告书、会议记要等；社外文书则面向客户或合作者，可分为商务文书和社交文书两大类。商务文书包括报价单、合同、咨询函等，社交文书承担社交功能，如与客户或合作者保持良好人际关系的祝贺信、感谢性等信函。

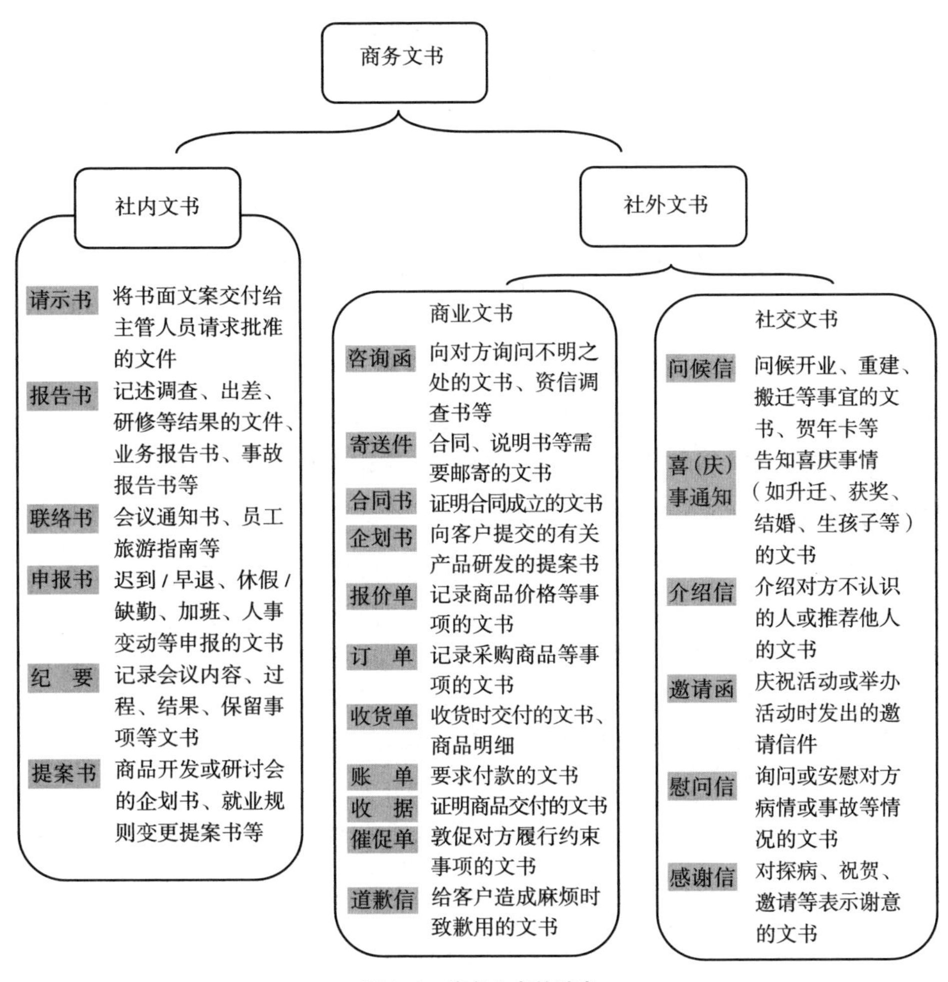

图 9–1 商务文书的种类

注:参考山崎政志(2007)制图

商务文书的目的大致有三:一,作为日后核实、确认的证据;二,避免口头传递中出现纰漏;三,一次性向多对象传递信息。因此,商务文书在书写规范上具有三个特点。第一,内容上不应有缺漏。内容有误另说,首先内容要完整,保证文书内容涵盖对方所需的全部信息。第二,表达上简洁明了,避免抽象的语言或引起误解的表达。第三,格式规范。原则上说,商务文书规格统一为 A4 尺寸。社外文书中需要添加开头语、结束语、季节问候语等内容,而社内文书则可以省略,做到文书内外有别。公司如果有统一格式则应遵守本公司的书写规范。表 9–1 是通常情况下商务文书的基本书写要求。

表 9–1 商务文书的基本要求

①横向书写 ②用 5W2H 的思维梳理内容 ③简洁明了 ④先结论，后原因、经过、意见 ⑤使用数据、图表等 ⑥使用常用汉字和现代假名

注：参考山崎政志（2007）制表

（一）社内文书的书写规范

社内文书是同一企业内部人员之间传递信息的书面资料，有一定的格式和规范，语言应简洁明了。如图 9–2 社内文书示例所示，在规定的位置书写①～⑩的内容。

① 営 05-1234
② 平成29年8月22日

③営業担当者各位

④ 営業部長 渡辺博文

⑤営業担当者会議開催について

⑥ 本年度下半期定例の営業担当者会議を、下記のとおり開催いたしますので、ご出席のほどよろしくお願いいたします。

⑦記

日時 9月4日（月）14：00～18：00
場所 本社営業部 第2会議室
出席者 ○○営業部長、○○企画部長、報告部長
議題 1. 8月の成績について
2. 年末新製品の販売スケジュールについて
3. 掲載紙、内容についての報告

⑧ 添付書類 各課8月の販売状況の報告書 1枚

⑨以上

⑩担当者 広報部 小林
内線 4669

①整理号码 为了便于整理和保管，用连续的数字或符号做记号，写在发信年月日的上方。简单的文书或礼仪性的书信一般不需要。

②发信年月日 不可省略，正确填写。

③收信人 部门为收信单位的情况，后加“各位”“御中”。

④发信人 可以是某个部门经理，也可以是某项工作的具体负责人。可能与⑩同一人，同一人则发信人

处需全称，⑩处可省略名字，单用姓即可。
⑤文件名 字体选择偏大的字号，位于中央位置，能一眼看懂内容为佳。
⑥主 文 对具体要件的概括，先写结论。内容简单的文书只需主文，无需⑦。
⑦后 记 对主文内容的具体说明，往往是内容的重中之重，可用列纲要的方式书写。
⑧追 记 如需补充说明或需附件资料，可填写资料名称和数量。
⑨结束语 用“以上”结束文章。
⑩负责人 可附加分机号码等联系方式。

图 9-2 社内文书示例

注：参考宁德辉（1988）和山崎政志（2007）制图

（二）社外文书的书写规范

社外文书在书写格式上基本与社内文书相同，但更为重视措辞的礼貌程度和正确性。具体参考图 9-3“社外文书示例”。

①営業部発第1921号
② 平成○年9月1日

③株式会社青山事務機
営 業 部 長
青 山 一 郎 様

社印
④新宿区新宿1-1-1
株式会社 東京商会
3201-34××
取締役社長 遠藤利信 ㊞

⑤「東京OAフェア」開催のご案内

⑥㋐拝啓 時下ますますご清栄のこととお喜び申し上げます。

さて、おかげをもちまして、本年度も恒例「東京ファア」を下記の通り開催する運びとなりました。今回は、「実践的OA」をテーマに、最新のOA機器を一堂にそろえました。

つきましては、ご多用とはぞんじますが、ご高覧いただきたく、ご案内申し上げます。

㋑敬具

⑦記

1. 日 時 平成○年10月20日（水）
10：00～17：00
2. 会 場 東京会館ホテル 7階 国際会議場
地下鉄「大手線」駅下車 2分
3. 問い合わせ 電話 03（1234）45××

⑧<添付物>
○○○○カタログ一式

⑨以上

⑩小社宣伝部広報課 岡田 ㊞

①整理号码 为了便于整理和保管，用连续的数字或符号做记号，写在发信年月日的上方。简单的文书

或礼仪性的书信一般不需要。

②发信年月日　注意不是制作日期，而是发信日期。

③发信人　书信的责任者，一般应选择与收信人对应职务的人员，按地址、公司名、联系方式、职务、姓名的顺序填写，个人印章盖在人名后，公司印章应盖在发信人一栏的中央。

④收信人　收信单位为公司的情况下，后加“各位”“御中”；若是个人，公司名后面无需加“御中”，但个人后需有职务名或“様”。

⑤文件名　选择偏大的字号，位于中央位置，能一眼看懂内容为佳。

⑥主　文　进入主文之前需要有前文（前文 = 开头词“㋐拝啓” + 季节问候语“初春の候～” + 祝愿问候语“貴社ますますご盛栄のこととお喜び申し上げます” + 感谢问候语“平素は格別の引き立てを賜り厚く御礼申し上げます”）。另起一行，用“さて”进入主文。结束主文用“～お願い申し上げます”结句。最后，填写与开头词对应的结束词“㋑敬具”。

⑦后　记　主文比较复杂的情况下，用列纲要的方式记录要点。

⑧追　记　如需补充说明或需附件资料，可填写资料名称和数量。

⑨结束语　用“以上”结束文章。

⑩联系人　联系人的姓名及联系方式并加盖个人印章。

图 9–3　社外文书示例

注：参考宁德辉（1988）和山崎政志（2007）制图

社外文书中要注意选用适当的敬语，有关敬语的阐述可参考教材相关章节，此处不再赘述。除了敬语表达，相较于社内文书书写规范，我们需要额外积累和掌握社外文书中常用的各类寒暄表达。日语商务文书中的问候表达包括开头语、结束语、季节问候语、祝愿问候语、感谢问候语、道歉・委托・请求问候语等，见表 9–2 和表 9–3。

表 9–2　商务文书常用问候表达 Ⅰ

＜开头语和结语＞

使用场景	开头语	结语
一般情况	拝啓	敬具・敬白
特别有礼貌的情况	謹啓	謹言・謹白
紧急的情况	急啓・前略	敬具・草々
回复	拝復	敬具・拝具

＜四季问候惯用语＞

1 月	新春の候・厳冬の候・小寒の候・大寒の候 + あけましておめでとうございます
2 月	立春の候・余寒の候・春寒の候 + 寒さ厳しきおり

续表

3月	向春の候・早春の候・春分の候 + 日増しに暖かくなりますが
4月	春風の候・仲春の候・春暖の候・桜花の候 + よい季節になりますが
5月	立春の候・惜春の候・新緑の候・若葉の候 + 青葉かおるころになりましたが
6月	深緑の候・初夏の候・向夏の候・小夏の候 + うっとうしい季節になりましたが
7月	盛夏の候・仲夏の候・酷暑の候・大暑の候 + 急に暑くが厳しくなってまいりましたが
8月	立秋の候・残暑の候・晩夏の候・初秋の候 + 暑さの厳しい折から
9月	新秋の候・初秋の候・爽秋の候・秋涼の候 + さわやかな季節となり
10月	菊花の候・紅葉の候・秋冷の候 + しのぎやすい季節を迎え / スポーツの秋を迎え
11月	晩秋の候・深秋の候・落葉の候・向寒の候 + 秋季いよいよ深まり
12月	初冬の候・師走の候・寒冷の候・歳晩の候 + 歳末ご多忙の折から / 暮れもおしせまってきましたが

注：参考宁德辉（1988）制表

表 9–3　商务文书常用问候表达Ⅱ

＜问安寒暄语例＞ 新春の候、貴社ますますご発展のこととお慶び申し上げます。 深緑の候、貴社いよいよご清栄のよし何よりと存じ上げます。 晩秋の候、貴殿にはますますご健勝のこととお慶び申し上げます。
＜感谢问候语例＞ 平素は格別のご配慮を賜り、厚くお礼申しあげます。 日ごろ一方ならぬご厚情にあずから、まことにありがとうございます。 長年、格別のご支援をいただきましてありがとうございます。 多年並々ならぬお引き立てをいただき、深く感謝申し上げます。
＜道歉问候语例＞ いつもお手数をおかけし、まことに申し訳ございません。 至急、取り調べの上、改めてご返事申し上げます。 ご無理を申しあげ、まことに申し訳ございません。

续表

＜委托问候语例＞ ご多忙中恐れ入りますが、何とぞよろしくお願いいたします。 ぜひ、ご承諾いただきたく、お願い申しあげます。 近日参上のうえ、詳しくご説明申し上げます。
＜催促问候语例＞ お約束の期日も過ぎましたが、まだ到着いたしません。 至急お調べのうえ、ご一報ください（ませ）。
＜回复的问候语例＞ 〇月〇日（貴〇〇号）のお手紙、拝見いたしました。 先日お申し越しの件、承知いたしました。 このたびは、ご注文をいただき、まことにありがとうございました。
＜进入要件之前的问候语例＞ 〇月〇日（貴〇〇号）にご返事申し上げます。 かねてお尋ねの〇〇〇の件につきましてお答えいたします。
＜正文的结束语例＞ 今後とも、よろしくお願いいたします。 至急、お返事願います。 とりあえず、ご案内申し上げます。
＜结尾部分的问候语例＞ まずはお知らせまで。 御礼かたがたご報告申し上げます。 まずはとりあえず御礼まで。 今後ともよろしくお願い申し上げます。

注：参考 https://biz-note.jp/outside-document 制表（获取日期：2018 年 3 月 16 日）

二、商务电子邮件的书写规范

比起纸质信件，电子邮件可以不受时空限制，实现瞬间收发、确认信件，效率和便利性上的优势促使电子邮件成为商务领域中最主要的联系方式之一（参见表 9–4）。

表 9–4　电子邮件的优势

● 瞬间、快速到达对方处 ● 节约成本 ● 可同时发送给复数对象 ● 可添加文书、照片、图片等 ● 有记录轨迹可查，可作为凭证 ● 回信时便于引用对方来信 ● 可以不考虑对方是否在线，随时发送邮件

但是，电子邮件来往“看不见”也“听不见”，这有可能导致各种误解，反而影响商务交流。因此，我们有必要重新认识电子邮件的特点和注意事项（参见表9–5），扬长避短，让电子邮件更好地服务于我们的工作。

表9–5 电子邮件的使用注意事项

- 发送前重新逐一检查：地址、错字漏字、内容、敬语使用等
- 事情紧急时不使用电子邮件联络
- 联络重要、复杂的事情时，邮件发出后还需电话确认
- 文件名要一目了然
- 需调整邮件格式、字体，符合对方阅读习惯
- 转发、群发要注意隐私，注意收信人、抄送（CC）、暗抄送（BCC）的区分使用
- 回信要及时

从企业角度出发，电子邮件也分为对内邮件和对外邮件，内外关系的差别主要体现在语言表达上内外有别，比如：同样是“会议时间的更改通知”（会議の日時変更のお知らせ），“お知らせ”比“ご連絡”更为亲和。又如：问候语上，对外邮件的前文通常用“いつもお世話になっております”，而内部邮件的前文则用“お疲れ様”，后文也无需“よろしくお願い申し上げます”等问候语作结。

电子邮件内容结构上一般由前文、主文、末文三个部分构成。前文中包括了“开头语”（拝啓）+“季节问候语”（樹々の若葉が目に染みるようなこの頃御一同様ますますご壮健の由お慶び申し上げます）+“久疏问候语”（長らくご無沙汰しておりますが、皆様お変わりありませんか）。主文另起一行，借用“早速でございますが…”切入主题，语言表达上注意正确、简洁、有礼。末文一般在“まずは右まで”“くれぐれもよろしくお願い申し上げます”“まずは要件のみにて失礼いたします”后加上“结语”（例如“敬具”）、“署名”、“地址”。图9–4和图9–5分别为对内邮件和对外邮件的示例。

件名
会議の日時変更のお知らせ
本文
営業部　各位

お疲れ様です。

10月25日（水）午後14:30から予定していました会議ですが
部長が出張のため10月26日（木）に変更となりました。
開始時間には変更はありません。

スケジュール調整お願いいたします。
都合の悪い方は、前日までに
佐藤までご連絡お願いします。

○○株式会社　営業部
佐藤　勝男
TEL：○○○-×××-△△○
FAX：○○○-△△×-×××
E-mail:○○○@yhoo.cn

图 9–4　社内电子邮件例文

件名
■○○の納品日の件■
本文
△△株式会社
総務部長　○○様

いつもお世話になっております。

10 月 26 日にご注文いただきました○○の納品につきまして
下記の通りご連絡申し上げます。

■ 納品日　11 月 11 日（木）午前中

■ 納品先　××株式会社　△△支店
ご住所　東京都○○区○○町 1-3-5
ご担当者　□□□□様

今後ともどうぞよろしくお願い申し上げます。

○○株式会社　営業部
佐藤　志茂
TEL：○○○-×××-△△○
FAX：○○○-△△×-×××
E-mail：○○○@yhoo.cn

图 9–5　社外电子邮件例文

三、纸质书信、明信片的书写规范

虽然电子邮件在日本社会已然成为主流，但并不意味着纸质信件的意义就此消失了。相反，从“稀缺”意义上讲，纸质信件或亲笔信件更显诚意和郑重。纸质信件的内容在结构上也一般由前文、主文、末文三个部分构成。纸质书信规范参见表 9-6，示例参见图 9-7。

表 9-6 纸质信件的书写规范及注意事项

- 收信人的名字不出现在行尾
- 发信人的名字和公司名不出现在行头
- 专有词（地名、商品名、数字）不分两行写
- 有 2 位以上收信人时，按职务、年龄的上下关系先后书写，并分别在姓名后加上“様”
- 信封表面上，对方地址不要太偏右，公司名或职务名的字号偏小，姓名位于中央，字号偏大；信封背面写发信人的地址、公司名、部门名字号偏小，名字字号偏大；“御中”“様”“殿”的字号等同或大于姓名
- “△△課長様”→“営業課長　△△様”
- 提问式书信，回信用的明信片或邮票附在信封中
- 祝贺信应及时发出
- 不宜用透明胶或订书钉封口，而应该用胶水粘合
- 私密或机要文书应在封口处粘贴“親展”“密扱い”字样，社交书信在封口处用“封”“〆”字样，喜事用“壽”“賀”等字样

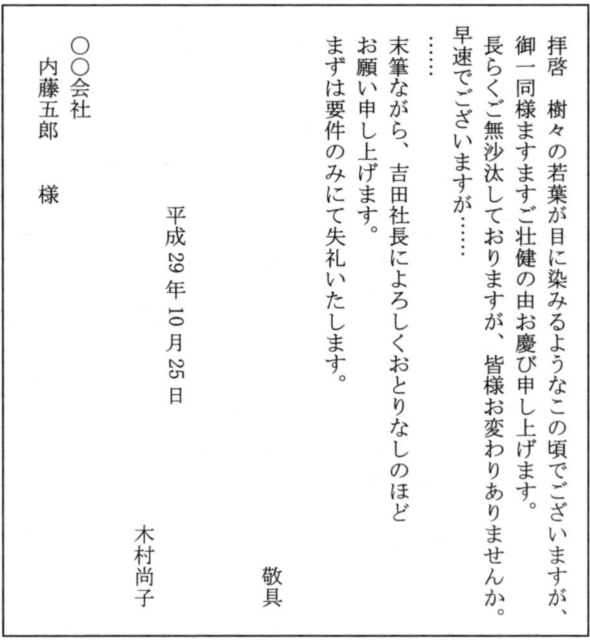
拝啓　樹々の若葉が目に染みるようなこの頃でございますが、
御一同様ますますご壮健の由お慶び申し上げます。
長らくご無沙汰しておりますが、皆様お変わりありませんか。
早速でございますが……
……
末筆ながら、吉田社長によろしくおとりなしのほど
お願い申し上げます。
まずは要件のみにて失礼いたします。
敬具
平成29年10月25日
木村尚子
〇〇会社
内藤五郎　様

图 9-6 商务信函例

寄信时用的信封也应遵守一定的书写规范，信封书写不规范的人在日本较难让人相信其能力和诚意，不能称为合格的社会人。纸质文书基本上用 A4 纸书写或打印。寄送重要文书时，要选择使用 A4 以上尺寸的信封，将文书不留折痕地装入干净的文件夹寄出。邮寄一般文书时，多数将信件折后装入信封，为了便于收信人阅读，一般选择图 9–7 的折法和图 9–8 的装入方法。

信封有各种尺寸，样式上有横写和竖写两类，日式的传统书信采用竖写样式，在日外企则更多会选择横式样式。

近年，电子贺年卡在日本网络上悄然兴起，并有被更广泛接受的趋势，但这仍然难以撼动传统纸质明信片作为重要社交文书的主导地位。在日本社会，人们习惯于使用明信片发出各种活动的通知和送去节日的问候。相比较散发着浓浓情意的私人订制或自绘图案的私人用明信片，工作上使用的明信片显得庄重许多，在书写格式上有一定的规范。具体书写规范和注意事项参见表 9–7 和图 9–9。

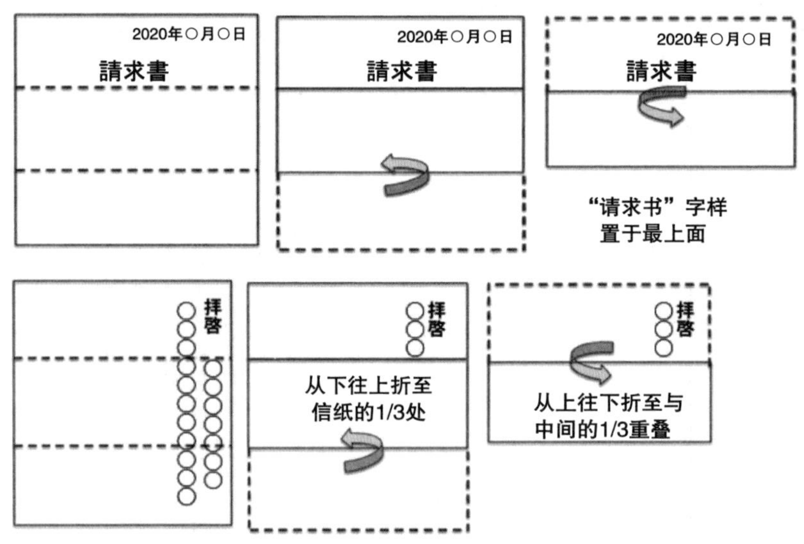

图 9–7　文书的折叠方法

注：引用 https://www.letter110.net/orikata/2017–11–26 制图

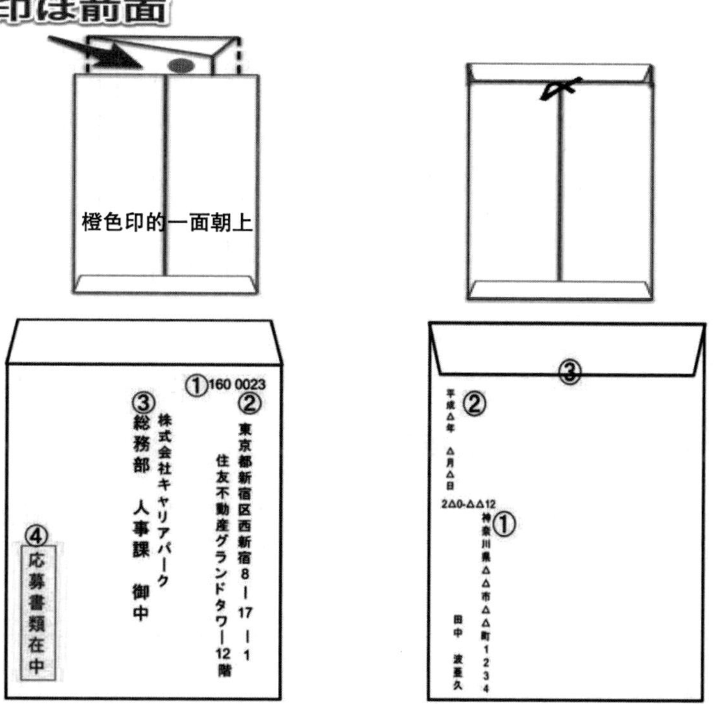

封面：①邮编②地址及公司名全称
③收信人写在中间位置，字号偏大④内容提示

背面：①地址②寄信日期③“封”“〆”

图 9–8 文书装入信封的方法

注：引用 https://www.letter110.net/orikata/2017–11–26 制图

表 9–7 明信片的书写规范及注意事项

■正面： (1) 地址与邮编的最右端靠齐，如果需要两行，则第二行的字号略小于第一行 (2) 收信人姓名位于中央位置，不宜使用“(株)”“(财)”等略称 (3) 发信人的地址、姓名位于邮票下方的空白处 (4) 字号大小的顺序为：收信人名 > 收信人地址 > 发信人地址、姓名 ■背面： (1) 主要书写联系内容。一行 16 字，7 ～ 10 行以内的内容 (2) 上下左右适当留有余白 (3) 用 5W2H 的思路书写，简洁明了 (4) 开头语和结尾词多选择“前略・草々” ■私制规格： (1) 长：14 ～ 15cm；宽：18 ～ 21.4cm (2) 重：4 ～ 12g (3) 内容一般写在表面的下半部分或横长情况下的左半部分

注：参考 https://tap–biz.jp/lifestyle/letter/1026765 制表

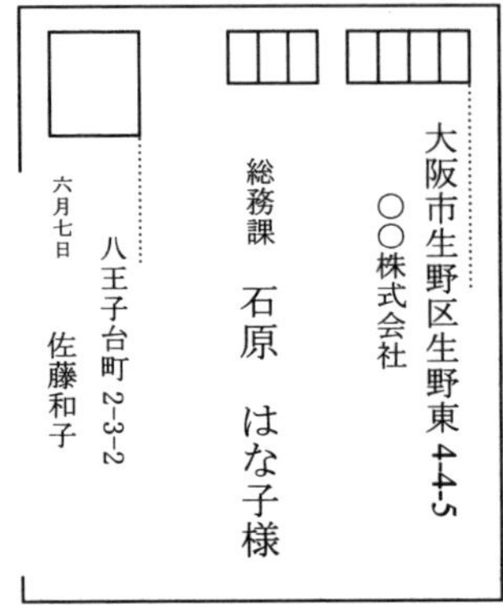

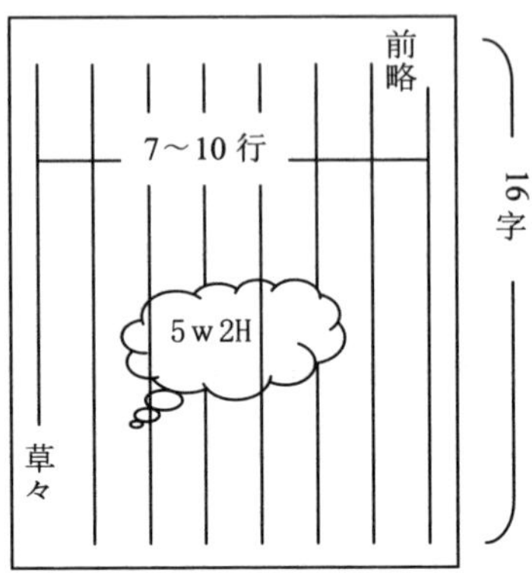

图 9-9　明信片的写法(左:正面　右:背面)

四、文书的收发、整理、保管

秘书、经理助理等职员通常需要负责各类文书的收发和整理工作。有关文书收发的方法参见表 9-8。

表 9-8　收发文书的要领

<收取文书时> ● 标注"親展"或"机密"的文书应原封不动地交到收信人手中 ● 一般性文书开封后,将信封和文书上下放置,用回形针固定 ● 收到广告、宣传类信件时,除有参考价值的资料外,其余均废弃处理 ● 将多封文书交给上司时,应将重要的文件放置上方
<社内文书的发送> ● 电子邮件直接发送到各个邮箱 ● 机密处理的文书要装进信封封好口,并在封口处加盖刻有"親展"字样的印章或手写 ● 交付重要文件时一般要做好记录
<社外文书的发送> ●"亲展""机密""挂号""快递"等需特殊收取的文件,要在信封表面的左侧加盖印章 ● 回复通知用的明信片时,应删除对我方的敬称,将"行"改为"様""御中" ● 邮票要贴得方方正正

为了提高查找效率,我们需要对文书做正确的整理和保管。文件的整理首先是从区分"有用的"和"无用的"开始,这个步骤虽然看上去简单,实际判断起来却十分困难。无用的文件用粉碎机处理,有用的文件保留,保留下来的文件应妥善归档,以便随时查阅。记录有关业务信息的文书,特别是重要的社外文书和内部资料原则上都该保留。各个公司都有自己的保管方法,通常日本公司采用五十音顺序、地区地域、编号等分类法。

五、笔记的记录方式

第二章第八节的“收集信息”中，我们谈到信息收集能力是职场上诸多能力中尤为重要的一种。记笔记的良好习惯可以帮助我们收集到所需的信息，为储备工作知识、客户联系、会议等做准备。记笔记还可以防止遗漏细节问题，能够将储备的信息运用到实际工作中。但是，有些人记录笔记的方式不正确，过后再翻时看不懂之前所记内容，那么笔记就毫无意义了。还有些人将所见所闻统统记录下来，花费了大量时间，查阅时却因笔记过于详细而抓不住要点，毫无必要。因此，我们需要掌握一些记笔记的基本技巧，比如：记笔记时必须记录日期，便于回忆内容；要有意识地以“什么怎么了”“怎么做什么事”为中心进行记录；一些难以形容的形状、大小或谈话流程等可用插图、流程图等图解记录；使用关键词；用图标、划线做记号，等等。笔记的示例参见图 9-10。

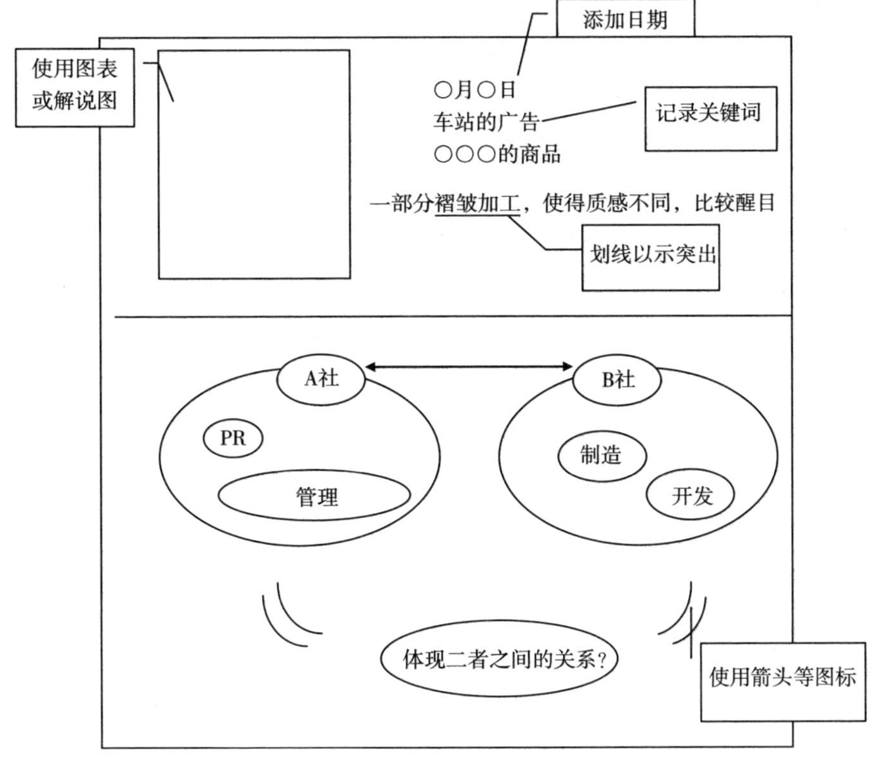

图 9-10 记笔记的基本要点

掌握了记笔记的基本技巧后，我们还需要在实践中积累经验。会议记录就是锻炼记笔记的有效途径之一，会议记录是日本企业新职员诸多工作中最常见的一项常规工作。会议记录做得好的职员能给人以“具备思考能力”的印象，相反，不会做会议记录的人则可能被认为“没有倾听能力”或“理解能力差”。会议要点记录不全或不明，不仅妨碍阅读者理解，也会给工作带来不便。

会议记录是所有参会人员的共有资料，因此，会议记录的文字表达必须适合所有人阅读，而且需要对谈话要点进行归纳整理。会议记录需要客观反映会议情况，好的会议记录能够很清晰地看到会议的进展过程和具体内容。新人在入职阶段所积累的会议记录经验对今后主持会议工作极有帮助。会议记录基本包括以下内容（示例可参考图 9–11）：

（1）议题和日期。会议题目能展现会议目的。

（2）发言人及发言要点。

（3）出席者。可能的话用图示表现现场座位顺序等细节信息，这个部分需要在会议结束后调查、确认后补足。

（4）分配任务。明确记录“谁、截止时间、事项”，等等。

（5）结论。确认议题是否解决，等等。

（6）将记录薄的三分之一页面留空，用以记录会议记录过程中听不清、听不懂的术语和内容，以及相关的疑问。

新入职员可能会对业界会议中出现的术语感到束手无策，此时比较合适的做法就是会议结束后请教上司、前辈，或自己调查进行确认。

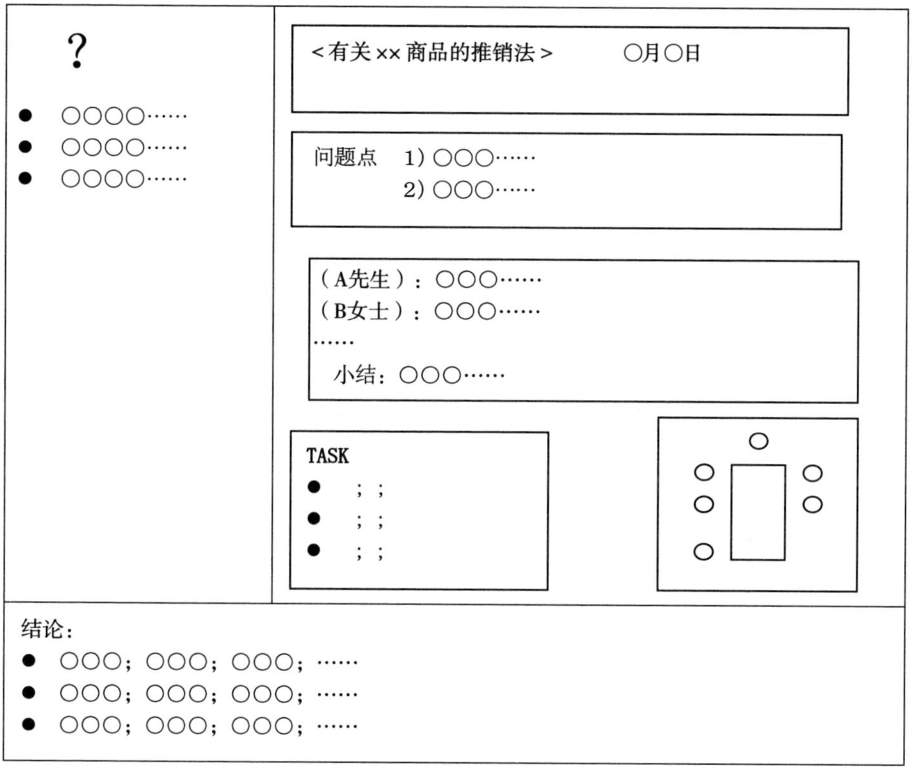

?

- ○○○○……
- ○○○○……
- ○○○○……

<有关××商品的推销法> ○月○日

问题点 1）○○○……
2）○○○……

（A先生）：○○○……
（B女士）：○○○……
……
小结：○○○……

TASK
- ；；
- ；；
- ；；

结论：
- ○○○；○○○；○○○；……
- ○○○；○○○；○○○；……
- ○○○；○○○；○○○；……

图 9-11 会议记录的写法

第三部分

商务社交礼仪

第十章

职场内的规则与礼仪

本章主要是对日本社会的商务礼仪做一个梳理，将散落在第二部分中或明或暗的职场规范、社交礼仪做一个要点梳理，以便大家对日本商务礼仪文化有一个整体观。重点从日常工作场域（本公司和他公司）和社交场域两方面展开介绍。“仪容仪表”“言语表达”是商务礼仪的重要内容之一，对此我们在第二部分中也做了详细的介绍和归纳，再现了日本商务场域中种种场景，并通过各种场景中日本人的具体沟通习惯和策略，加深了解日本社会商务场域的礼仪文化。

一、职场内规则

此处“职场”是狭义上所指的每个人日常工作的地方，即自己的公司。每一个步入职场的人都期盼着自己的职场生活充实而愉快，这不仅是新职员的愿望，也是职场所有成员的愿望。而实现这一愿望，不仅需要决策层和管理层制定出既能提高效率又令人满意的工作方策，更需要全体职员拥有相互尊重和理解他人的心智，营造良好企业人际关系的能力。我们将全体职员为实现美好职场生活愿望而做的思想准备称为职场的规则。因此，职场规则的出发点就是尊重每个人在某个特定工作环境中美好生活的愿望，拥有互助互爱的心。当然，职场规则不同于日常生活礼仪和社会规范，它有一定的场域范畴，是为了促进工作顺利开展的特定目标而设置的。

职场规则中，有的以规章制度的形式加以明文规定，但更多的是一个场域中长期积累的工作规矩和习惯，这些规矩和习惯有时并不明显，即所谓的“潜规则”。我们可以从工作时间和非工作时间的两个维度考察日本职场的潜规则。

（一）上班前

1. 整顿好自己的装束和检查随身携带的物品

日本企业的职场人士在离家出门前通常会整顿好装束并检查随身携带的物品。在第四章第二节“职业服装”中，我们指明日本商职人员的着装具有整洁、功能、和谐的特点，并列举了男女职员仪容仪表的自我检查项目表。

2. 关注交通信息

坐地铁或电车上班的日本上班族会精准地计算好从住所到公司所需时长，对电车时刻表和交通回路也了然于心。他们会关注晨间时段电视、广播对交通路况或天气情况的实时报道，做好出门的准备。

3. 公共场所遵守社会公共礼仪

比如，乘坐电车或公交时：听音乐、看视频时戴耳机，并控制音量以免影响他人；折叠好淋湿的雨伞，不碰到他人；行李多的情况下尽量不坐在靠近楼梯口的座位或乘坐人多拥挤的列车；在车站内，行走在道路狭窄或上下台阶时，尽量不戴耳机，注意周围情况；排队、买票时给有急事的人让路或让号等。

4. 及时联系

因身体不适需要请假或迟到时，应第一时间打电话联系自己的上司。若在通勤过程中不便接打电话，也要先通过短信、电子邮件等形式联系上司，之后再拨打电话联系确认。必要的时候可联系同事，请求其代理工作。

（二）工作时

1. 严守时间

原则上不迟到、不早退、不缺勤，如遇不可抗力不得以无法准时到岗应立即汇报上司，得到准许；严格区分休息时间和工作时间①，不得在工作时间内擅自离席，离席时需要得到上司的准许，告知周围人去向，并在离席前整理好办公桌上的资料；休假要在不影响工作的前提下，提前数日以书面形式提出申请，休假结束后需向上司和同事打招呼；严守会议时间、会面时间、交货日期等各种约定时间，在不得已违约的情况下要提前联系告知。时间对

① 公司员工无论是午休还是上班中间的短暂休息都必须在规定的时间内，不能过了休息时间还未归位。日本公司对不能区分工作时间和休息时间的态度和行为零容忍。虽然没有明文规定，但是日本上班族懂得上下班必须“不守时”——早到晚退 15 分钟。那些早早做好下班准备打发时间或踩着点上班的人都会被认为没有时间观念、不懂规矩、偷懒耍滑头，遭到冷眼对待。

公司而言就是价值，因此每个入职人员都需要清楚自己每小时的工作换算成金钱的价值。

2. 必须打招呼和应答回复

我们在第四章第三节第一点“打招呼（“挨拶（あいさつ）”）——沟通的第一步”中讨论了打招呼和寒暄的重要性。日本社会认为打招呼、应答、回复是人际交往的基础，而一个不会打招呼的成年人是一个“失格”的社会人，因此，日本的父母从小注重培养孩子养成积极打招呼和应答的习惯。进出办公室、迟到早退等场合都必须打声招呼；相反，不打招呼就悄悄离席，默默地坐到座位上，或招呼声很小，迟到不道歉，不回复他人等行为都是失范的，不符合职场规则要求。

3. 工作中“報連相（ホウレンソウ）”的基本原则

“汇报、联系、商讨”不仅是业务开展的基本状态，也是保证工作顺畅、人际关系良好的关键。相关表达和注意事项可参考第五章第一节“重视‘報連（ホウレン）相（ソウ）’原则”。

4. 保守公司机密

在电车等公共场所谈及本公司事务时要注意谈话内容，印有公司名字的信封更需要格外注意。与陌生人交谈时勿涉及公司的机密问题，在公司客户面前避免必要之外的谈话。

5. 公私分明

职场与居家的穿着打扮、言语表达、举止行为存在很大差别，要做到公私有别。即使是公司内一些不起眼的消耗品（如纸张、信封、铅笔等）也要注意不要带回家中，破坏了职场规矩。利用公司电话接打私人电话在日本企业中是禁忌。首先，办公室的电话仅可用于工作联系，其次，接打私人电话就意味着占用了公司的时间。此外，向私交好的同事泄露公司人事变动等工作秘密或问些不该问的问题也都违反了职场规矩。

6. 不做不利于人际关系建设的事情

不应在背地里说坏话、传话，也不宜与上司等过于亲近。在上司面前说同事或前辈的坏话是极其愚蠢的事情。必须指出同事的问题时也要选择合适的公开场合，如工作会议或座谈会上正面但委婉地指出。新社员自然会多得到些上司和前辈的关照，但不能因此“熟”不知礼。日本社会依然讲究上下有序，作为后辈要尽后辈的礼仪。虽然日本社会，外出吃饭或娱乐惯例是由前辈请客，但作为后辈也要注意把握分寸，不能在金钱上给对方造成负担。

7. 不给他人添麻烦

“谨慎行事，不给他人添麻烦”是日本社会一以贯之的生活准绳。这在工作上体现为：工作场所不大声说话、离席走动，扰乱工作气氛；不在工作场合谈论私事，占用自己和他人的工作时间；不在办公桌上摆放与工作无关的物件，离开位置时要收好椅子，等等。

（三）下班前

1. 思考第二天的工作安排

下班前确认当日工作任务的完成情况，为明天的工作做好交接。

2. 整理物品

电脑关机，将文件、资料及文具放回指定位置；收拾处理中午休息时喝剩下的水、提神用的口香糖；将废弃的资料、消耗品分别放置在各自的回收垃圾箱，检查身边的垃圾桶是否溢出垃圾等；尽所能参与办公室的卫生、环保活动。

3. 主动提出帮助

完成自己的工作之后，对还在工作的同事和上司咨询一句“是否需要帮忙”。临近下班时间，能得到同事的帮忙是一件令人愉快的事。互帮互助的意识有助于建立良好的人际关系。相反，只顾把自己的工作做好，一下班就走人的人，长此以往不受同事欢迎，不利于人际关系的良性循环。

4. 加班需按规定行事

于私于公，加班加点都不是上策，但在实际工作中总会碰到临时的紧急事务或不加班就无法按时交货的情况。日本企业通常有加班规定，需要提前向上司打报告，依照规定和要求加班。不抱怨，也不无故延长工作时间获得加班费。

5. 打招呼

离开公司时不忘说一声“辛苦了”。具体表达参见第四章第三节第一点“打招呼（挨拶（あいさつ））——沟通的第一步”。

（四）休息时

1. 工作时间中的休息

中午休息或中间休息虽然属于个人时间，但因为是上班时间内的休息，仍需特别注意一言一行的规范。例如，身穿制服和佩戴社章进出饮食店或便利店时要注意自己的形象，因为自己的形象往往与公司的形象密切联系在一起。期间，接打私人电话也要注意周围环境和谈话内容。

2. 工作优先

紧急的情况下，应优先工作，缩短休息时间或延迟休息时间。

3. 尽量身心放松

休息的时间，可以选择做自己喜欢的事情，或看书，或听音乐，或喝咖啡、睡觉、散步、聊天等，充分地利用好休息时间，让自己放松。

（五）休假时

1. 提前申请

在第八章“几种棘手问题的口语交际”中，我们知道提出休假是一件处理不好轻则让自己尴尬，重则影响个人形象的事情。由于各个公司和部门对休假申请都有相关的规定，因此，连续三日以上的旅行、红白喜事，应根据所在部门、公司的具体规定提早提出申请。

2. 调整工作

做好工作交接，安排好休假前必须完成的工作和需要同事帮助完成的工作。

3. 打招呼

休假前后都需要跟工作上有往来的人，包括公司同事、客户、合作方等打声招呼。即使大家都很忙，也不可免去这一环节，这也由此可见“打招呼”在日本社会人际交往中的重要性。

总之，日本企业强调职场的秩序，规定职场基本纪律，端正工作的基本态度。相关要点参见表 10–1。

表 10-1　日本企业的职场规则与基本工作态度

＜职场规则＞ ①出勤、午休、开会时间要严守； ②办理休假、请假、早退走程序； ③公私分明，公物不私用； ④公司例会、集体活动要参加； ⑤值班等公司决定的任务必须承担，不能给他人增添负担； ⑥时刻不忘打招呼
＜工作态度＞ ①要有集体意识，不擅自做判断，判断务必请示上司； ②每项工作任务要自始至终，任务完成时不忘汇报结果； ③工作中不夹杂个人感情，判断需冷静，意见要阐明； ④共事能协调，避免自我本位； ⑤对待工作要积极，尽早掌握业务知识和技能； ⑥完成分内工作之余，积累指导后辈

二、接待客人的礼仪

接待和访问是现代企业开展业务中常见的人际交往活动，前者注重主场礼仪的热情和得体，后者讲究客场礼仪中“客随主便”的谦恭和得体。

（一）接待客人的重要性及基本要领

接待工作是一项关乎形象的工程，不可小觑。公司来访者很多时候是通过接待者的言行了解一家公司。因此，接待客人时要有“我代表公司”的意识，即使是新进职员遇见公司来访者也要积极主动地应对。如果因为接待工作不佳而损害了来访者对公司的评价，公司内部人员可能会对接待者失去信任。接待工作虽小却关系重大，越是大企业越重视接待工作，甚至配有专门的人员从事此项工作。没有专职接待人员的公司，人人都要做好时刻接受接待工作的准备。

日本公司的接待工作一般具有一定的程式化，有规定的流程和做法。日本国内的接待工作一般不需要掌握特别的技术，只需遵照这些流程和规定行动就行了。但跨国企业就不同了，接待工作人员往往需要有较高的涉外沟通能力，其中包括外语能力等技能。除此之外，接待工作的目的是让客人高兴而来，满意而归，“用心”是关键。同样的流程和言行，用心与否会产生差别很大的效果。只有对接待工作的基本常识有所了解，对基本流程和言行要领了然于胸，才可能兼顾“用心”。

日本社会接待客人的基本要领是“正确、迅速、热情、得体、公平、诚恳”。接待客人的方式从来没有最好，只有更好，虽然有一定的“形式”，但是却处处需要根据时间、地点、场合、对象等因素的不同做不同的调整。接下来，我们按照接待的顺序谈谈日本社会从打招呼到送客人的接待要点和口语表达。

（二）见面打招呼

如果手上有工作，应立即暂停手中的工作，起身打招呼“你好，欢迎”（いらっしゃいませ）。如果提前知道对方来访，则可以说“恭候多时了”（お待ちしておりました）。如果你不是承担主要接待职责的人，也要报以一礼以示欢迎。脸上的表情最能体现主人的热情，面带微笑、声音洪亮是最好的表达。

（三）确认和沟通

接下来，首要任务是了解公司来访者的目的，迅速让受访者和来访者接洽上，注意确认来访者的公司名和姓名、受访者姓名和约定时间三点信息。一般情况下，来访者会主动提供以上三点信息，如果没有，接待者可以有礼貌地询问了解。若来访者既无预约，也无法提供受访者姓名，则可以询问对方来访目的和具体内容，以便采取对应措施。注意一点，在确认有无预约之前就单刀直入地询问来访目的和内容是有失日本社交礼仪的。如果预约客人和非预约客人同时出现，应该优先接待预约客人，将预约客人先领到会客室。

确认来访客人的三点信息后，接待者可让来访者稍等片刻，并迅速转告受访者，带领客人去接待室。如果来访客人已事先预约好而受访者却恰巧不在，接待者不仅需要得体地道歉，而且应及时联系受访者或受访者的上司，请求其指示。如果对方没有预约又遇上受访者不在，可告知来访客人并请对方留言，或者采取替代方案，如请同一科室的其他人代理受访等。

如果来访者明显是强行推销人员或募捐人员，接待者或前台服务人员可以不必问其来访目的。

原则上，日本公司的访问或个人拜访都需要提前预约。当然也有一些特殊情况，因访问时间短暂通常不需要预约，如年初年末造访、新进职员会面、转换工作的拜会等礼节性拜访。

上述各类场景下接待确认和沟通时常用的日语表达参见表 10–2。

表 10-2　接待常用表达

<对方是已预约的客人>
○　△△社の□□様でいらっしゃいますね。お待ちしておりました。応接室にご案内いたします。(普通客人) ○　□□様、いつもお世話になっております。応接室にご案内いたします。(熟客) ○　お約束しておきながら申し訳ございません。△△は本日、××でございます。(负责人不在的情况) ○　大変申し訳ございませんが、少々お待ちいただけませんでしょうか？(负责人 30 分钟之内回来的情况) ○　大変申し訳ございませんが、××で 30 分以内には戻れないと連絡がありました。いかがでしょうか？(负责人 30 分钟之内无法回来的情况) ○　同じ課のものでしたらおりますが、いかがいたしましょうか？ ○　よろしければご伝言を承りますが、いかがでしょうか？
<对方是无预约的客人> ○　恐れ入りますが、会社名（お名前）を教えて頂けますでしょうか？ ○　失礼ですが、お約束を頂いておりますでしょうか？ ○　恐れ入りますが、ご用件をお聞かせいただけますでしょうか？ ×　すみませんが、どちら様ですか？ ×　どのようなご用件でしょうか？ ○　申し訳ございません。△△はただいま会議中でお目にかかれません。代わりの者でよろしいでしょうか？ ○　申し訳ございません。立ちこんでおりましてお会いいたしかねます。いかがいたしましょう？
<指定人来访时> ○　○○社の△△様が 2 時のお約束でいらしています。 ○　○時にお約束の△△社の××様がお見えになりましたので、応接室にご案内いたしました。 ○　失礼いたします。ただいま、△△の○○様が□□のご用件でお見えですが、いかがいたしましょう。
<上司正在开会或会客时> 上司与客人在会客室的情况下，应先敲门，关上门行礼后，走近上司身边，争取面向客人解释说“打扰你们谈话一下，可以吗？”（お話し中失礼いたします） ↓ 传递便条，等待指示。便条上的指示语言简洁，采用选择项的方式。例如，会面请示可用“yes”或“no”供上司选择 ↓ “はい、かしこまりました。”（面对上司） “お話し中、大変失礼いたしました。”（面对客人） ↓ 门口打招呼说“失礼いたしました”并行礼退出
<礼节性拜访> ○　ご丁寧にありがとうございます。担当に取り次ぎますので少々お待ちください。 ○　△△はあいにく外出しております。代わりに××でよろしいでしょうか？

注：参考唐沢明（2003，2004）

（二）会客室的带领陪同

陌生环境容易使来访客人感到紧张和局促，安排接待者从门口到会客室一路上的指引和陪同，目的就是最大程度上为来访者减少这种局促不安的情绪，尽可能地让来访客人心情愉悦地进入接下来的工作会谈中。因此，这个过程的陪同接待也不可忽视。我们将陪同过程切割成几个步骤完成，左边对应的是日语的表达，右边是事项内容（参见图 10-1）：

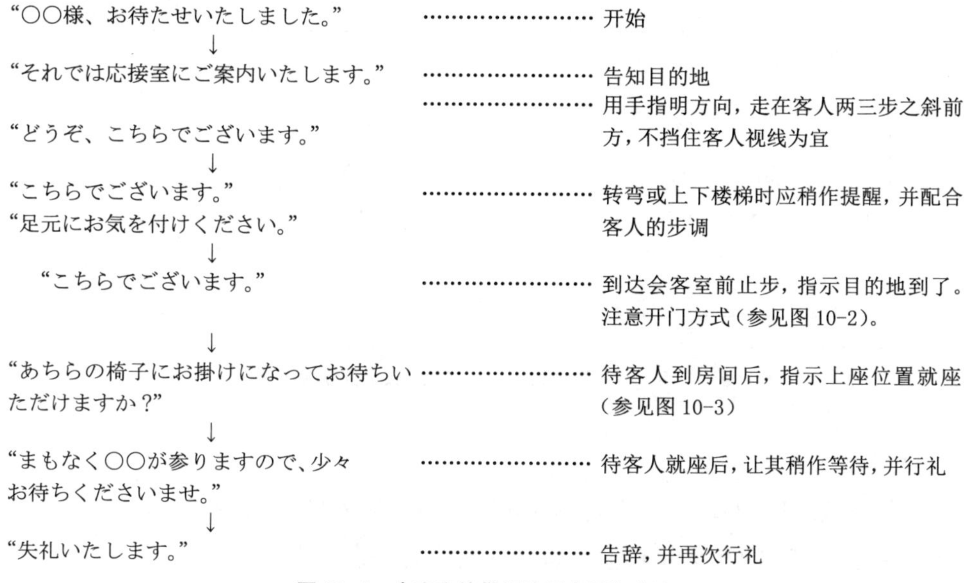

图 10-1　会客室的带领陪同步骤与表达

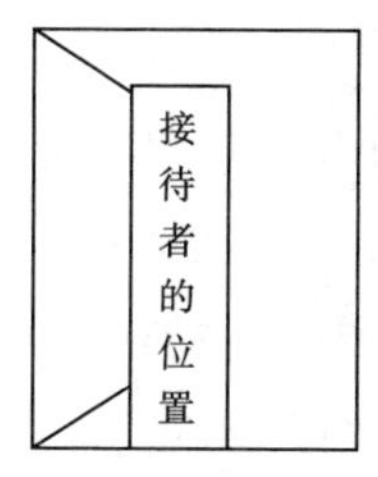

＜向内推门＞
引导时，先说“不好意思”，（お先に失礼します）再推门而入，然后按住门对客人说：“请进！”

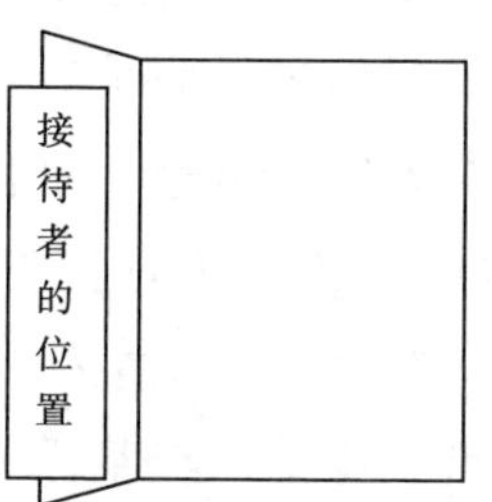

＜向外拉门＞
引导时，拉开门并按住门，对客人说：“请进！”

图 10-2　开门的方式

注：参考青塚纯子（1999）制图

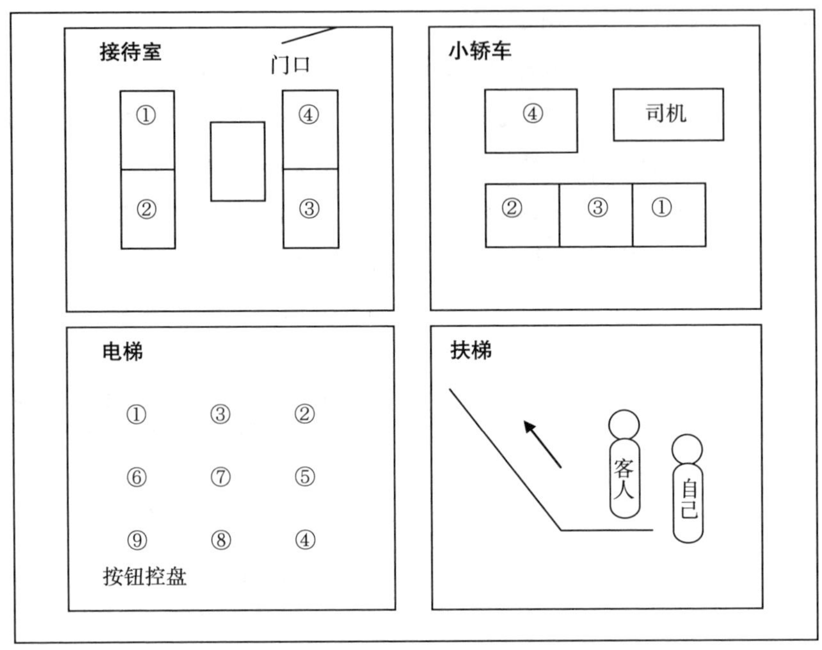

图 10-3 不同场景的座位（数字序表示位置大小序）

（二）上茶点

上茶递水作为基本待客礼节的重要一环，从来都是接待人员接受训练的重要内容。递茶倒水听起来很容易，其实仍有许多讲究之处。

首先，准备阶段。洗手、整装，确认茶杯、茶托是否有裂痕和瑕疵，同时根据人数准备好足够的茶杯和水量。泡茶的开水一般以 60 ～ 70 度为宜，冬天可先倒些开水暖暖杯子等。冲泡两杯以上的茶水，要注意浓淡均匀，茶水量控制在茶杯的 7 分左右为宜。茶杯（带有茶托）直接放在托盘中，同时预备一个折叠成小块的方巾，方便擦拭。日本茶需要准备的用具有：日式茶杯、茶托、毛巾、托盘。咖啡、红茶需要准备的用具有：咖啡杯、杯碟、小勺、奶、砂糖、茶托。日式茶杯上的花纹朝向客人正面，而茶托的木纹则成横着的纹路。西式茶杯（咖啡或红茶）则应使杯把朝左，茶勺把朝右横着摆放在前面。红茶或咖啡用的白糖、牛奶放在茶杯后面或盛在专门容器中。

其次，端茶上场。敲门进入会客室时要行礼致意，说“失礼了”（失礼いたします）。进入会客室后，将托盘放在茶几或就近的桌子上。然后，两手托着茶托从客人的斜后侧呈上茶水，并适当地寒暄，如“どうぞ”“いらっしゃいませ”。结束上茶后，两手拿着托盘原地点头行礼并寒暄“失礼いたしました”。最后，在门口处再一次点头行礼后走出会客室。

注意会谈前与会谈中的上茶方式略有不同。会谈前的上茶应先从上座开始，上茶时应略作说明，如“这是日本茶”（日本茶でございます）。会谈期间上茶则应以尽量不影响会谈为前提，压低音量说一句“失礼了”（失礼いたします）即可。同时，观察桌上的情况，不要将茶水放置在摆满资料的桌子上，尽可能地选择靠近桌子的空当处放置茶水。上茶水时，小声附上一句“茶水搁这儿了”（こちらに失礼いたします）。如果人多、地方狭窄，不得已从客人面前上茶递水时，要补充一句“不好意思，从您前面过了”（こちらから / 前から 失礼いたします）。此外，上茶点的情况，一般先上点心后上茶。点心和茶水分别放置在客人的左、右两侧。

最后，收拾和准备下次接待用的茶具等。送客后，别忘了收拾桌椅、茶具和整理会客室，及时补充茶叶、咖啡等消耗品，重新确认杯子、碟子是否有残缺，及时更换和补充，为下一次的接待做好准备。接待室若有指示牌，则应调整为“空室”指示牌。

（二）送客人

从送客的地点看大致有三种送客方式：第一，送到电梯口；第二，送到大门口；第三，送上车。前面两种比较常见。三种送客方式的具体操作方法参见表 10–3。

表 10–3　送客礼仪

＜电梯口＞ ● 提醒可否遗漏物品（“お忘れ物はございませんでしょうか？”） ● 先行两三步，将电梯门打开 ● 客人进入电梯后，说告辞的话，并鞠躬直至电梯门关闭（“本日はご足労意を頂き、ありがとうございました。”）
＜大门口＞ ● 如果是重要的客人或远道而来的客人，一般送到大门口 ● 注意要等客人消失在视野中为宜，若客人刚离开四五步后回头，发现已不见送客人，这将是招待工作的大败笔
＜送上车＞ ● 如果是特别重要的贵宾，要送至上车 ● 车发动时，行礼直至车消失在视野中

三、企业访问的礼仪

上一节我们站在接待方的角度介绍了日本企业接待客人的具体流程和相关礼仪，本节我们将转换角色，作为访问方来了解一下访客的注意事项和礼仪文化。前往客户公司进行业务介绍、项目宣讲或举行商务会谈，一方面占用对方时间，应心存感激之情，另一方面应遵守企业访问礼仪，让来之不易的会面实现利益最大化。

（一）拜访预约和事前准备

商场如赛场，如果将“不能输在起跑线上”的说法应用在商场上，商场上的“起跑线”就是“准备工作”，公司访问前的准备工作基本决定了会谈的成败与否。欲在赛跑中胜出竞争对手、抢占商机，就必须事先研究且拟定缜密的工作计划。工作计划的开始阶段便包含了预约客户、安排时间等内容。预约可以节省因对方无法接待、拜访不成而造成的时间浪费；同时，提前告知对方拜访时间和访问目的也便于接待方提前准备，有利于会谈的顺利进行。

预约的第一要务是快速确认客户的时间，越早获得预约越有可能提升竞争的优选顺序。当然，预约时需要得体、有礼貌，提出诉求的同时以对方的计划优先。预约阶段给对方留下的印象将很大程度上影响之后双方工作的开展。预约可通过电子邮件等书面形式，或电话预约，抑或电邮电话同时使用。即使电子邮件联系后，也必须打电话进行确认，电话预约成功后同样需要再次通过电子邮件进行确认。若未能在电话上与对方取得联系，一般应提前一周邮件联系，并持续电话联系直至电话打通为止。预约面谈时必须确定对方的态度和意向，即使在预约成功后，也要提前两三日再次确认。具体相关的电话、电子邮件等沟通礼仪的要领和日语表达可参见教材第二部分对应的内容。

为了更好地促成面谈，更快地约定会面时间，同时给对方留下好印象，我们应注意以下几个方面（参见表 10–4）：

表 10–4　预约的注意事项

● 提前一周预约 ● 清晰地告知对方自己所属的公司、部门及姓名、访问目的、希望日期、所需时间、人数、随行人员的职务、联系方式等 ● 提供两三个候补时间 ● 避开早上刚开始工作或下午快结束工作的时间、午休、周一上午、月末、期末、连休的第二日等 ● 尊重对方日程安排，调整会面时间 ● 电话和邮件相结合的方式，进行预约和预约结果确认

预约时一些常见表达可参考表 10–5。

表 10–5　关于预约的常见表达

<优先考虑对方合适的时间> ○○の件でお話させていただきたいのですが、来週から再来週の間で 1 時間ほどお時間を頂けますでしょうか？ ご都合のよい日時を 2，3 教えて頂けますでしょうか？
<复唱确认时间、人数、地点> A：午後 2 時に… B：午後 2 時、14 時ですね。 A：14 時に… B：14 時に、午後 2 時ですね。 A：課長の○○も同行します。 B：○○課長、お一人様ご同行ですね。 ○○支店でよろしいでしょうか？
<想提前会面时> できれば早めにお会いしたいのですが…

预约的下一步便是做好访问准备。比如，收集和整理访问单位的相关信息，提前准备好名片或资料。知己知彼方能百战不殆，有关面谈公司的规模、营业范围、主营产品等基本信息可通过公司主页检索获取。表 10–6 为访问前准备时需要注意的要点。

表 10–6　访问准备要点

● 准备相关资料：公司的介绍手册、笔记本、名片 ● 访问企业信息：在官网上确认公司发展史、社长名、主营项目和产品、访问公司的详细地址、联系电话、交通工具、路上所需时间等 ● 联系受访企业：即使已经事先预约，也要在访问日前两三天打电话确认会面的具体时间、面谈之日需要决定的事宜、面谈前我方需要准备完毕的事项、面谈前需要对方准备完毕的事项等。不得不取消企业访问时，需提前联系对方并赔礼道歉，争取其他会谈时间。会谈当日或前一日取消企业访问的行为极有可能损害公司形象，应尽量避免

除了访问公司的基本情况以外，一些诸如以往公司访问的经历、礼品的准备、负责人的性格喜好等特殊信息，则需要咨询上司或前辈。“公司主页上是这么写着的，不知还有什么需要注意的地方？”（ホームページでこういったことはわかったのですが、ほかに注意することはありませんか？）和“这次我要去○○公司，这是一家什么样的公司？”（今度○○社行くのですが、どんな会社ですか？）两种都是咨询上司了解情况时的提问方式，但咨询效果

却大相径庭。前者能获得上司的赞赏并得到有效的建议，而后者的咨询方式就可能得不到有效的回应。有关优质的提问方式详见教材第六章第二节“提问——主旨明确的优质提问”的相关内容。

（二）访问中

会谈期间应用简洁明了的语言说明要件内容，避免一味地表达自己想法而忘了预留出倾听对方意见的时间，同时应在预定的时间内完成访问任务。访问时不忘为对方在百忙之中安排此次会见表达自己的感激之情。我们在访问的公司可能会遇到许多不认识的人，虽然目前没有直接的关系，但是不排除未来的某一天会成为工作上的合作伙伴，因此，造访过程中要时刻注意保持言行举止的得体。

公司访问是进一步让对方了解自己的有效途径，客户可能会关注以下几个方面：

- 基本社交礼仪规范与否？
- 是否流畅地打招呼、寒暄？
- 衣着服装是否得体？
- 访问内容是否准备充分？
- 声音是否清晰洪亮？
- 鞋包、文具等是否成熟稳重？

（三）交换名片和自我介绍

日本的商务人士在初次见面或调换部门岗位时都需要交换名片。交换名片通常有一定的流程和规范（参见表10–7），交换名片往往同时进行自我介绍和介绍他人。有关自我介绍的口语交际我们在第七章第三节“介绍——初次见面的寒暄”中有所阐述，建议可与本小点一起对照阅读。

表10–7　交换名片的基本礼仪

＜事前准备＞ ● 名片夹里放置20张左右，不可用钱包或交通卡代替名片夹 ● 不宜用有皱折、破旧的名片 ● 名片夹根据职业、公司风格略有差异，但基本上选用黑色 ● 名片夹一般男性放在上衣的里层口袋，女性放在包里

续表

续表
＜交换注意事项＞ ● 访问方或下位者先递交名片 ● 端正姿势，目光直视对方，中间不隔着桌子或人 ● 对方人数多于一人时，先递给上位者，以此类推 ● 不要遮挡住姓名、公司名 ● 不可折叠名片 ● 不可坐着接受名片 ● 不可从屁股后面的口袋里取出名片 ● 不可用手指夹着名片递给对方 ● 不可马上收好名片
＜同时交换名片的顺序＞ ①将名片放在名片夹上，双手持名片，做简单的自我介绍 ↓ ②左手持名片夹，一边说“拜托了”（どうぞよろしくお願いいたします）一边用右手呈递名片 ↓ ③右手将自己的名片放在对方的名片夹上，说“受领了”（頂戴いたします）的同时伸出左手接受对方的名片 ↓ ④双手捧持对方的名片，认真确认姓名的读法 ↓ ⑤人数多于一人的情况下，将接受的名片小心翼翼地放在名片夹下方后才开始下一轮的自我介绍和交换名片 ↓ ⑥就座后，将名片放在桌子上，人数为复数时将名片依次按座位摆放好 ↓
＜名片的管理＞ ● 名片一囤就多，要及时整理收到的名片，养成一周整理一次的习惯 ● 名片的背面记录会面的日期、要件和人物特征 ● 或装入名片文件夹中，或进行电子管理 ● 交换的名片不宜一直放在名片夹中 ● 及时补充自己的名片 ● 不要的名片用碎片机处理 ● 离职或换岗时将名片归还给原岗位的人事部门

（四）送礼

见面送礼、拜访送礼是基本礼仪，一般是在自我介绍、交换名片之后进行。比较固定的说法有，“一点心意，请您收下”（お気持ちばかりですが、どうぞ皆さんでお召し上がりください），还可以加上一句轻松的礼品介绍，类似“附近有一家还不错的点心”（近くに美味しい評判のお菓子がありましたので)。在过去很长一段时间里，日本人也习惯说“不值得一提的东西，请您收下”(つまらないものですが…)，由于可能造成“不值一提还送人”等消极印象，所以现在日本人大多避开使用这种说法。

从纸袋中取出礼品呈递给客人是比较正式的做法，一般情况下将整个纸袋递给对方也很常见。此时，礼貌的做法是用右手提着装有礼品的纸袋，左手托着纸袋底部的方式，很郑重地交到对方手中。

(五)结束会谈

日本社会的商务洽谈同样也讲究一定的形式与礼仪，强调有始有终，遵守规矩。明智的离席方式也是职场人士的必备常识。常见的离席方式有：委婉地拒绝邀请，话题转入洽谈内容的总结，找时机说明离席理由，喝完茶水盖上茶盖，看手表等。这些相对比较棘手场合的口语表达可以参看第七章第七节“离席的寒暄与洽谈后的后续跟踪”的相关内容。离席完整流程大致如下：递上来的茶杯有茶盖的，应盖上茶盖→坐在椅子上的应该站起来，将两手放置双腿两外侧(男)或交叉置前(女)→确认有无遗漏物品→向对方说“今天真是太感谢了！”后才可离席→遇对方送客应再次谢礼，并向对方及对方公司成员行礼告别→大衣或帽子应出了公司之后再穿上→回公司后立即打电话或写邮件表达之前未尽的感激之情。

如遇不得不中途离席、回家的情况，需与对方打招呼告别，不得突然消失不见，不告而别的行为违反了交际常识。如果洽谈或会议需要延迟而自己又需要赶赴下一场约会，最好的办法是向对方说明情况，也可事前告知己方的日程安排。离开时不忘感谢对方为此做出的安排，同时对中途离开表示抱歉。诚恳的感谢和道歉不会令对方不愉快。

在日本，洽谈或一同工作之后写感谢信的做法备受推崇，被认为是一个职场人士积攒人脉、获取信任、留下好印象的重要方法之一。如果对方是年长者或身居要职者，建议写信或明信片。感谢函注重时效，越快寄出，效果越好，内容简洁即可。

综合以上几个小点，现将前往其他企业访问期间和之后应注意的要点总结如下(如表10-8)：

表 10-8　公司访问应遵守的基本礼仪

①	拜访前一天，拨打电话再次确认
②	提前 10 分钟左右到达（前往卫生间整理衣着装束）
③	提前 5 分钟左右到前台登记
④	进入公司大厦前褪下大衣，背着的公务包应改为手拎，收好雨伞，手机改为静音模式
⑤	在前台告知接待人员本公司名、本人姓名、约见客户的姓名和部门等
⑥	在会客室等待（可遵从迎宾人员上座就席，未被邀请上座者选择下座就席，公务包放置脚边地上，准备好名片，身子不要倚靠在椅子上或盯着手机看）
⑦	上茶水时，说“谢谢”（ありがとうございます。いただきます）后饮茶；面谈前不宜吸烟
⑧	受访者一进屋，便起身打招呼；第一次见面时，访问者应先递交名片；交换名片时不宜隔着桌子
⑨	进入主题前，可短暂闲聊，注意避开敏感话题
⑩	原则上不在拜访的公司吸烟，除受邀且对方也是吸烟者
⑪	结束会谈后，起身行礼，确认有无遗忘物品，告辞时的闲聊不宜过长
⑫	原则上出了公司大楼才穿上外套，如果对方主动说“请在这儿更衣吧”（どうぞこちらで）时，不出大楼穿上外套也是没问题的，这时应该补上一句寒暄，“不好意思，失礼了”（では、失礼いたします）
⑬	跟前台人员打招呼，如有入馆证等需要归还
⑭	被邀请参加饭局时，如果要接受邀请必须汇报上司
⑮	访问结束回到公司后，应向相关人员进行口头或书面汇报、整理会议记录；访问结束后直接回家者则必须联系上司，事先已经报备的也要在回家前再次联系
⑯	写邮件致谢受访公司和受访者
⑰	保留事项等应尽早在公司讨论、决定并联系对方

第十一章

职场外的社交礼仪

职场之外的社交活动，顾名思义，就是不在严格意义上的固定工作场所（通常指办公室或工厂）展开的所有社交活动。这些社交活动构成了作为社会人的种种社会人际关系网，其中一些活动可能与工作密切相关，一些活动可能与工作无关，而一些活动可能介于公私二者之间。

一、5点之后的聚会

日本的公司下班时间一般是下午的5点，“アフター5・オフィス外の付き合い”（5点之后的交往或办公室之外的交往）意指日本上班族结束一天工作后受邀参加的同事之间的小聚会。工作之余的小聚会可能是一起去小酒馆喝杯酒，也可能是一起吃顿便饭，又或者一起去卡拉OK唱唱歌，时间可长可短。

下班之后的小聚会是日本社会的常态，通常发出邀请的是上司或前辈。对新职员而言，5点过后的交往并非义务，但却不好推辞，上下关系可能是许多年轻人不好推辞的主要原因。尽管如此，在重视人情文化的日本社会，这个部分的交往意义却不容忽视。虽然近年来出现了不少反对受邀参加聚会的声音，认为下班后的聚会就是“工作的延长”，但据调查显示，大多数日本工薪阶层认为工作之余的聚会能够弥补平日工作中交流不足的缺憾，与上司、前辈吃饭、喝酒不仅能够增进彼此的直接了解，而且也是收获上司成功经验和收集各种宝贵信息的重要渠道。从这个角度看，工作之余的聚会确实是职场的延伸，需要把握一定的“度”，不可像朋友之间的聚会那般随意，不可喝得酩酊大醉，无法赴约时也应婉言谢绝，尽可能避免连续拒绝邀请。新职员理解上司或前辈特意腾挪时间聚会的意图，尽可能巧妙地引出话题，让聚会成为锻炼自己、收获经验的绝好机会。我们总结了工作之余的聚会的利与弊，参见表 11–1。

表 11–1　聚会的利弊

利	害
听取他人的人生经验	可能听到一些牢骚、埋怨等负面信息
学习成熟人士之间的交际方式	虽然不是工作时间却要保持良好的精神状态
加深彼此的紧密关系	减少自己的自由时间
展示工作技能以外的长处	存在酒后失言的风险
接触到非日常性话题	不能按时回家
扩展人脉	

聚会气氛的好坏往往取决于话题的选择，话题有公有私，有人不喜欢酒桌上谈工作，新职员要根据具体语境选择适当的话题（参见表 11–2）。虽然借着酒兴大家可以不必像工作时那般拘谨和严肃，但是开怀畅饮并不意味着随心所欲，特别是有客户在场的情况更需注意玩笑不可过度，不宜背地里嚼舌头。这些都是商务交际的禁忌。

表 11–2　聚会话题的选择

合适的话题	不合适的话题
家庭	说坏话、诽谤
孩童时代	埋怨、牢骚
学生时代	捕风捉影的事情
未来计划	与贬损对方相关的话题
与褒赞对方相关的话题	
咨询、商量问题	
兴趣爱好	

然而，现实中难免遇到对工作发牢骚或说闲言碎语的人，此时，我们不宜暧昧地搭话附和，让人误解你也表示赞同，但也不宜正面反驳，伤害彼此感情；比较理想的做法是做一名不夹杂自己意见的听众或者巧妙地转换话题：

＜遇到对方抱怨工作时＞

× そうですね。

× 確かに、あの人はそういうところがだめですね。

× そんなことないですよ。

× ○○さんはいい人ですよ。

○ そんなこともあるんですね…。それはそうと、この間…

日本人爱喝酒，随饮居多，一般不习惯“感情深，一口闷”的敬酒方式。如果参加聚会的都是会喝酒的人，那么对不会喝酒的人而言就很尴尬。此时若看到有人基本没动酒杯，可以询问：“何かほかの飲み物を注文しましょうか？”（需要什么饮料或茶水吗？）而不会喝酒的日本人遇到别人敬酒时，一般也不直接拒绝说“自分、酒は苦手なんで…”（我不会喝酒）、“もう飲めません”（我已经不能再喝了），而会抿一口意思一下，或者说“ありがとうございます。十分頂きました。○○さん、次はいかがなさいますか”（谢谢。我喝不少了。刚才说到哪儿了？）来转换话题、控制局面。日本人工作后的聚会通常选择普通餐厅或居酒屋，如果不够尽兴的话，还会到自己常去的酒吧或居酒屋继续“二次会”。

二、接待宴会

（一）主场礼仪

不同于一般的酒席或娱乐活动，“接待”（款待）是公司的一种投资行为，需要考虑“高于成本的回报”。接待的目的大致可以分为：（1）获取非公开信息；（2）作为推进今后商务顺利进展的先行投资；（3）对已结束的商务活动的表谢。无论接待主旨是何，接待的主角都是对方。因此，无法博得对方认可或好感的接待都称不上成功的接待，而要做到这一点首先需要做好大量事前准备工作。对于没有经验的新职员，得体的接待并非易事，需要日常细心地观察和日积月累地学习上司、前辈的说话技巧或暖场方法。

一场成功的接待一定是精心准备的结果。接待法则中的首要一点是，尽可能了解对方，收集对方的相关信息。例如，事先调查对方的出生地、毕业学校、个人好恶等，当然，这些信息偏隐私，获取信息最好的方法是不经意间从上司、前辈或对方同事处了解。第二点，应尽量避免与工作直接相关的话题。在日本社会，当事人接受招待便意味着当事人基本是站在积极推进工作发展的立场上，此时目的性不宜太强，以工作话题为主的接待反而令人扫兴。有效的做法是，在轻松愉快的谈话气氛中稍加一两句对工作问题的确认即可。第三点，选择合适的宴会场所。我们可优先选择以下几类餐厅：(1)包间或单间；(2)有人气或话题的餐厅；(3)比对方常去的餐厅“稍稍高级”些；(4)迎合对方嗜好的餐厅。选定候补餐厅时，最好提前踩点进行确认。

作为接待方的基本礼仪参见表 11–3：

表 11–3　接待方的会话礼仪

合宜的行为	不合宜的行为
主角是对方；我方主要作为倾听者	不分主次、不分上下、不分里外
正确使用敬语	一直讨论工作话题
在场的人中若有首次会面的情况，要做好他们之间的“桥梁”	对对方公司或本公司评头论足，说不良影响的话
营造和谐、轻松的气氛	无意间泄露当事人之间的话题或接待一事本身
尽可能暖场，促使气氛高涨	强行敬酒
	谈论涉及公司内部、机密信息

接待工作的后续跟踪是对接待成果的最好确认，因此，日本公司对此极为重视。通常，日本公司的接待方在结束接待工作的当日，会邮送一封相关的“感谢信”（礼状，参见图 11–1），具体内容可参考“谢函例”。

拝啓
酷寒の候、ますますご清祥の由お慶び申し上げます。
本日はご多忙な中、私どものためにお時間を頂戴し、誠にありがとうございました。
〇〇様の博識ぶりには圧倒させられ、時がたつのも忘れるほど楽しいときでした。
何とぞ今後とも倍旧のご支援を賜りますようお願い申し上げます。
敬具
二〇一八年二月九日　株式会社〇〇　山本　悟

图 11-1　感谢信（工作接待后）

（二）客场礼仪

作为接受款待的一方要深知接待方的期待。"业务"自始至终都是联结和加深彼此关系的关键所在，收到邀请要避免立即应承，尤其是年轻业务员要及时汇报上司，征求上司的意见。如果不能满足对方的要求或不能达成对方所期待的结果，那么原则上是不应该接受邀请的。因为"接受邀请 = 同意对方要求"是日本社会诸多不成文的潜规则之一。

一旦对方提出邀请，作为被邀请方需要遵守一定的礼仪：

（1）最低限度的礼仪是应尽早给予回复。一般接受邀请的次日必须通过电话或电子邮件表达谢意，特别的场合还需要邮寄明信片（礼状）表示感谢。

（2）严禁随随便便发言。尽管受邀的是个人，但是受邀者要有充分的意识——自己是代表公司受邀，对方为此付出的花费不是针对自己个人，而是公司整体。因此，没有决定权的商务会谈不可随便应答，也不可随意谈论公司内部的秘密，要保持一定的节制。

（3）面对过度招待要得体地回绝。在日本社会接受或赠送高额的礼品都是不得当的行为，情节严重时甚至属于违规、违法行为。中国商务人员在与日本商务人员交往的过程中要尊重对方国家的赠予文化，避免给对方增添不必要的麻烦。倘若我方收到昂贵的礼品或超额的交通费，应得体地回绝："せっかくですが、お気持ちだけ頂戴します"（非常感谢您的好意，我心领了）、"もう充分によくして頂きましたので…"（已经接受很多了，谢谢）。

接受或拒绝接待邀请的具体表达可参考表 11–4：

表 11–4　接受或拒绝接待邀请的注意事项与表达

＜接受对方的招待邀请＞ ● 向上司汇报 ◎　△△会社より、接待のお誘いを受けたのですが、お受けしてもよろしいでしょうか。先方とは、現在このようなプロジェクトを計画しています。ご同席頂けますか？ →　向上司汇报对方邀请事宜及有关对方的相关信息，争取与上司同往参加。毕竟有对项目具有决定权的上司在场比较放心。 ● 接受邀请 ×　行ってもいいですよ。 ○　ぜひご一緒させて頂きます。 ◎　ありがとうございます。喜んで出席させて頂きます。 →　尽早回复，注意谦虚谨慎的措辞。
＜拒绝邀请＞ 拒绝邀请时要陈述充分的理由让对方信服，比如：公司严禁请客、无法实现对方所期待的目标、无接受款待的合理事宜等。 ○　社の規則ではお受けできないことになっております。 →　日本近年严禁接受请客款待的公司逐年增加，如果属于这种情况，只需向对方诚恳地说明缘由即可。
○　お誘いありがとうございます。申し訳ございませんが、せっかくお席を用意して頂いても、当社としてご期待にそえかねます。 ○　ありがとうございます。残念ですが、外せない予定が入っており出席できません。申し訳ございません。 ○　上司に相談したのですが、社の方針として接待を受けることに自粛しております。 →　一种可取的应对方法是明确说出真实想法，即自己因满足不了对方提出的条件，彼此达成不了合意的结果而无法接受邀请；另一种是不明确说明无法出席宴会的理由。无论是明确还是委婉的表达对保持良好关系都行之有效，需根据实际情况而定。
○　ありがとうございます。せっかくですがお気遣いは無用です。 →　没有合理缘由却受到邀请时，应在表示感谢后立即回绝。

三、学习会·联谊会

学习会、联谊会（客户也参加）益处颇多，我们不仅能遇到许多优秀的人，获得有益的信息，还能与不同年代的人交往，碰撞灵感火花，甚至还有机会扩展人脉，结识良师益友。当然，对此类社交活动深感负担、疲于交流的人可能会采取敬而远之的态度。当下的日本社会，越来越多年轻人选择回避交流，甚至出现一批足不出户的“宅男宅女”。面对“社恐”人群不断扩大的势态，近年来日本社会不断呼吁年轻人要有挑战精神，鼓励年轻人积极参与工作以外的人际交往。

相比之下，我国的情况较为复杂，一部分年轻人在交际场上乐此不疲，急于兜售自己、结识朋友，而另一部分年轻人则类似日本的“宅男宅女”，对社交活动无感，回避现实世界的人际交往。今后，伴随生活和工作压力的日益增强与社交媒体的普及发达，中国后一部分的年轻人可能会越来越多。因此，如何适度地参与社交活动、进行得体有效的人际交流同样也是摆在中国年轻人面前的重要问题。

不同社会对“得体”和“有效”的解释是不同的。在日本社会，积极参与工作时间之余的人际交往，这样的年轻人通常能够得到正面的评价。尤其是那些在学习会或联谊会上能够遵守日本社会的社交礼仪，正确使用得体表达、措辞得当，会灵活运用敬语表达（可参见第二部分相关内容）的年轻人备受欢迎。

虽然学习会、联谊会的活动大抵安排在私人时间举办，但是这些交流会却有别于私人交往的朋友聚会。朋友聚会，通常是以朋友关系的私交身份出席，而学习会、联谊会的社交活动则通常默认是以公司一员的非私人身份参加。因此，我们有必要再次强调在日本社交场合中要注意“能说与不能说的话”。已发表的信息或已公开的数据属于“能说的话”，“不能说的话”是公司内部秘密、未公开的新项目、本公司的坏话、他公司的坏话、业务开展中获得的有关他公司的信息、谣言等。

在社交活动费用的承担方面，日本社会基本遵循“AA制”[①]，即使对方是年长者或客户也不例外。因为日本人认为同事间、客户间一切金钱上的借贷，都可能对工作关系产生不良影响。但是，现实中偶尔也会遇到对方执意替你垫付的情况，此时也不必过于教条，与其僵持不下，欣然接受对方好意也是一种礼貌的表现：

＜结账＞

× いえ、そういうわけにはいきません。絶対に払います。

○ 後日、何らかの形でお返しいたします。（带礼品回访表示谢意也是一种很常见的办法）

◎ それではお言葉に甘えさせていただきます。ありがとうございました。

四、商务派对

工作关系的商务派对是平时没有交点的人们之间创造交流、建立人际关系、拓展人脉的绝好机会。这个从西方传入东方国度的交流方式，一方面保留了西方派对的形式，另一方面也注入了日本本土化的文化色彩。通常参加商务派对前需要对参加者、派对主旨有所了解，对必须打招呼的人要了然于心，准备好适当的话题（话题的选择参见第二部分的相关内容）。参加派对时要尽可能与更多的人交流和互换名片，通过得体的自我介绍和交换名片，在更多人面前留下好印象。尚未习惯商务派对者可先在派对中寻找熟人，通过熟人的介绍与更多的人接触交流。与上司、前辈同行时，可紧跟其后交换名片，进行自我介绍。派对上的自我介绍、名片互换礼仪与一般商务情境基本相同，可结合第二部分相关章节的内容理解下文所列特定情境中的注意事项和表达例：

① 大多数研究都表明，日本社会有别于中国社会，在聚会付钱方面奉行“AA制”原则。其实，据笔者观察和亲身体验，日本人中也有一部分年长者并不喜欢“AA制”，而中国社会的年轻人也越来越多倾向于“AA制”的做法。

表 11–5　立餐酒会的注意事项

● 随身携带的包不宜太大 ● 准备充足的名片 ● 适度饮食 ● 不喧哗，不欢闹 ● 把握商机，但不宜久抓目标不放 ● 不要急于插话，打断他人的对话

表 11–6　宴会中的口语交际

＜宴会中的自我介绍＞ ×　こんにちは。鈴木です ○　私、△△会社の鈴木隆と申します。 ◎　初めまして。△△会社の鈴木隆と申します。□□という飲料の営業をしております。よろしくお願いいたします。
＜遇到想结交的人或想一起合作共事的人时＞ ×　あの、○○さんですよね？ ○　初めまして、私△△会社の鈴木隆と申します。失礼ですが、××さんでいらっしゃいますか？ ◎　失礼ですが、××さんでいらっしゃいますか。突然で恐縮ですが、ごあいさつさせていただいてもよろしいでしょうか。私、△△会社の鈴木隆と申します。××さんの□□という作品の～～の部分が大好きです。お会いできて、光栄です。

一般自我介绍只需自报公司名和自己姓名即可。接待情境中，款待方和被款待方可分别增加“本日はお忙しいところをご出席いただきまして、ありがとうございます”和“本日はお招きいただきまして、ありがとうございます”等寒暄语。

而在宴会中，若希望结交的人也在参加者名单中，可准备简短有力的自我介绍，寻找合适的时机打声招呼，寒暄前可说一句“ぜひ、ごあいさつだけでもさせて頂きたいのですが”（请允许我与您说几句话）。

五、受邀拜访上司家

接受邀请或谢绝邀请都要遵守一定的礼仪规范。决定前往拜访时，要注意：（1）带礼品，可选择大家都喜欢的食品；（2）避免长时间逗留；（3）避免提前到达。谢绝邀请时，要注意：（1）避免临近预定时间才取消受邀；（2）若不得不拒绝，应告知无法受邀前往的理由和表达遗憾之情；（3）避免在第三者面前提及拜访之事。

拜访之前，应提前了解上司的家庭成员构成、上司及上司家人的喜好、出生地，为选择话题、礼物提供参考。受邀造访上司家时，要有礼貌地向上司家属打招呼并自我介绍，期间要对招待之事表达感激之情，或带礼物，或提出帮忙准备食物。最好的赞扬方式莫过于向上司家人展示自己“乐不思蜀”的态度。自己要积极主动地与上司家人交流，表达自己对上司的尊敬之意。有关家族成员、休假及兴趣爱好的话题都是较为合适的，不宜在上司或上司家人面前说公司同事的坏话或对公司的怨言等，具体做客礼仪与得体表达如下：

＜主人亲自下厨款待自己的情况＞

× わざわざすみません。

○ おいしいです！塩加減が素晴らしいですね。

○ どうやって作るんですか?

○ 奥様はお料理がお上手で、課長がうらやましいです。

＜招待的菜肴中有自己不喜欢吃的情况＞

○ 申し訳ございません。△△は苦手なんです。代わりにこちらをたくさんいただきます。

对方拿出亲手做的菜肴款待自己时，不宜不予点评、埋头吃食，而应一边提问题，一边给予褒扬，推进对话；此外，还要留意中日餐饮习惯上的文化差异。与中国宴会“共食”习惯不同，日本社会习惯于“分餐”，即使是会餐，也是采取一人一份的形式。同时，日本人的饮食文化中存在“剩下食物=不喜欢主人做的菜肴”的意识，因此，如果不吃完自己餐盘中的食物将会特别碍眼，不符合日本的餐桌礼仪规范。这一点也截然不同于中国人的“全吃完=主人食物准备不足”的饮食意识。当然，你也不必勉强吃下不能接受的食物，此时可参考上述表达方式，坦诚地说明情况，而非默不作声地剩下食物或展露厌恶之颜。

结束款待回家后，应立即打电话致谢，第二天口头向上司表示谢意，除了口头表达之外，还需寄信、写明信片给上司夫人传达盛情款待的感激之情。

感谢信的内容可参考图 11–2。

○○様
先日はご自宅にお招きいただき
ありがとうございました。
奥様のお料理がおいしくて
時間がたつのを忘れてしまいました。
実家に帰った気持ちになり、
すっかりくつろがせて頂きました。
○○課長の学生時代の旅行の話も
とても面白く、会社とは違った面を知ることができました。
とても楽しい時間を過ごさせて
頂きました。
まずはお礼まで。

图 11–2　感谢信（结束款待后）

六、婚礼

在日本社会，一旦走上工作岗位，受邀参加上司、前辈、客户等的结婚典礼或结婚酒宴的机会就会不断增加。

日本“冠婚葬祭”的礼法规矩源远流长，不同地域、不同公司的礼法也不尽相同。作为商务社交的重要环节之一，出席“冠婚葬祭”仪式不是个人行为，而是作为公司一员代表公司的行为，具有一定的约束性，特别是在同公司或其他公司的相关人员也出席的场合，更需遵守一定的礼仪，寒暄方式和行为举止也都要符合一定的规范。不当的行为（违反婚宴礼仪的行为）不仅让自己丢脸，也会令婚礼、葬礼当事人或公司同事蒙羞。因此，新职员参加红白喜事前应多请教前辈或上司，了解有关的常识和注意事项。

在日本社会，人们习惯使用明信片完成“冠婚葬祭”邀请的通知和回复。受邀者收到明信片后应尽快回复（回信格式参考图 11–3），最迟不超过 3 日，因为举办方需要根据邀请人数的回复预约席位。无法出席者也应根据风俗习惯，赠送礼品、礼金或致电表达心意，具体做法可参考前辈或上司的建议和意见，避免自己的做法太过“与众不同”。

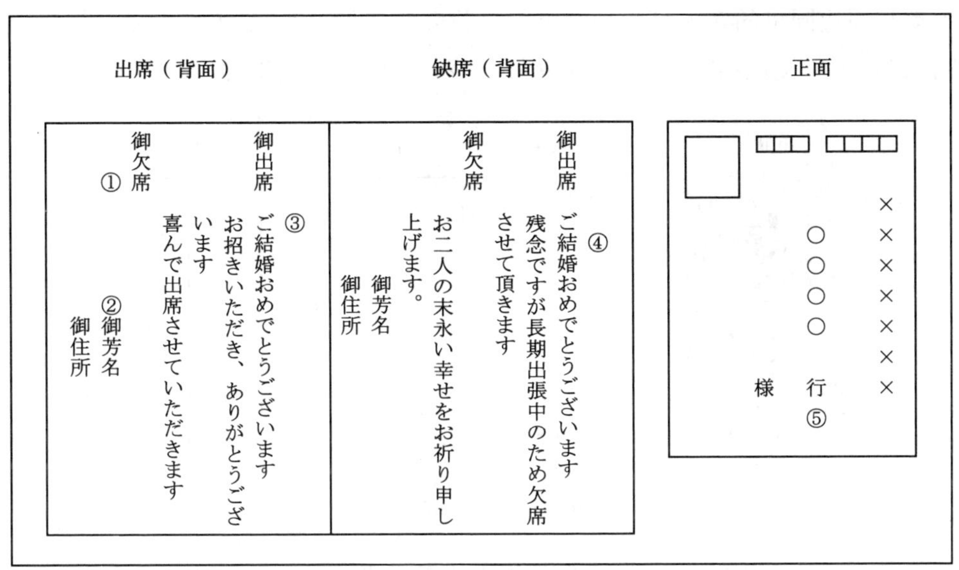

注：①若出席，就在“御出席”字上用双斜线（//）删去“御”字，同时用双竖线（‖）删去“御欠席”三个字。通常删除一个字用双斜线，两个字以上用双竖线。

②“御芳名”要注意不能仅删除“御”字，而应该连“芳名”都删除，因为“芳名”也是敬称。

③添加一句表达心意的文字。

④缺席的理由不能有失礼貌。丧事的理由不必公开，可用“所用のため”（因有事）。

⑤收件人名写于“様”字样前，同时删除“行”处的姓名。

图 11–3　邀请明信片的回函例

参加婚宴的服装原则上“不喧宾夺主”。如果邀请函上指明“平服でご出席ください”，这种情形招待方多数穿着“简易礼服”（略礼服，黑西装 + 正装领带 + 插在西装胸袋里的装饰手帕），那么被招待者不宜穿着比招待方规格更高的礼服，遵照对方的要求穿着稍微正式的普通服装便可。礼服按照正式程度大致可以分为“正装、準礼服、略礼服”三种。与新郎新娘关系越亲密，穿着越正式。日本男性的正装有晨礼服、燕尾服、五纹和服，未婚女性正装为振袖或长礼裙。男性一般穿着略礼服出席者较为普遍。同学、工作关系的朋友、同事出席者穿着接近略礼服。

婚礼当日，应提前 20 分钟左右到达会场，在接待处寄存行李。除手提包外，不将其他行李带入会场也是日本参加各种婚宴的礼仪。在接待处，对接待者代表道一声恭喜（本日はおめでとうございます），自报家名，交付“日式红包”（祝儀袋）并在登记名簿上署名（参见图 11–4）。进入会场入席后，

主动与周边同桌的客人打招呼，进行自我介绍，如："はじめまして、新郎の同僚の○○○○と申します！"（您好，我是新郎官的同事○○○○）

正面

正面

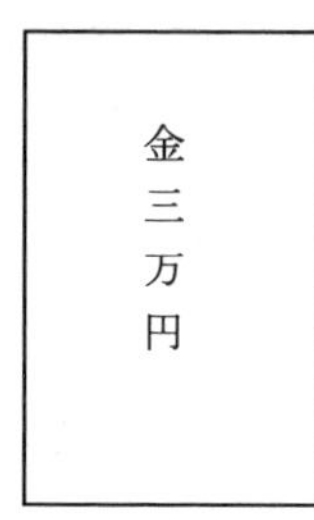

背面

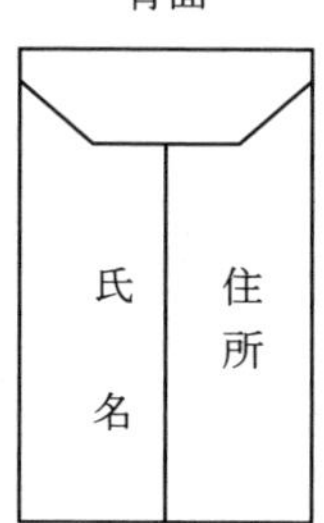

注：若3人联名，按职务高低从右往左依次排列，如果4人以上，右边写代表人的名字，左边写"他の名"（其他人），并在红包里附上所有人的名单。

图 11-4　红包的写法

整个婚礼中应基本保持微笑，即使关系亲密，也要注意不可说新郎新娘的坏话或提及新郎、新娘过往的异性关系史。干杯时，即使不会喝酒也要象征性地碰杯抿一下，不宜用果汁代饮，干杯之前不宜开食。婚礼一般都安排新人的亲朋好友代表做简短演讲。演讲开始、结束时都不忘鼓掌，如果自己就座附近有演讲者则应中断饮食认真倾听。中途退席者尽量选择在两段演讲的间歇悄悄离席。婚礼结束后退场时，应对邻座道谢并与排列在出口处的新郎新娘及双亲告别。

按参加婚宴先后顺序，各场景的具体表达如表 11-7：

表 11-7　婚宴中各场景的常用表达

＜接待处＞
本日はおめでとうございます。新婦の友人の山口奈々と申します。本日はお招きいただきまして、ありがとうございます。お祝いの気持ちです。

↓

＜等候室＞
おめでとうございます。本日はお招きありがとうございました。○○社の後輩の山口奈々と申します。いつも理恵さんにはお世話になっています。

↓

＜婚宴上＞
○○社で理恵さんの後輩の山口奈々と申します。

↓

＜退场时＞
本日はお招きありがとうございました。お幸せに。
素晴らしい披露宴でしたね。感動しました。
素敵な旦那様ですね。

如果受邀上台演讲，注意内容控制在3分钟之内，可根据如下脉络组织内容：

（1）祝词

（2）简短的自我介绍、介绍自己与新郎或新娘的关系

（3）褒赞新郎、新娘的人品，列举具体事例

（4）祝愿两人未来美好的婚姻生活及建议

（5）祝词结尾

演讲中避免谈及新郎、新娘过往恋爱史、失败经历或较为隐私的话题，措辞中应避免使用“別れる”（告别）、“切れる”（断开）等不吉利的词语，也要注意不使用包含“二度ある”（二次）意义的“叠词”等（其他禁语参见表11–8）。

表11–8　结婚仪式上避讳的词语

飽きる	壊れる	再び	いよいよ	最後	またまた
失う	再三	様々	皆々様	終わる	去る
戻る	返す	たびたび	破れる	帰る	つぶれる
別れる	欠ける	流れる	分ける	重ね重ね	なくなる
わざわざ	切る	離れる	割れる	繰り返す	冷える
うれぐれも	日々				

七、葬礼

与喜事不同，白事多数是在意想不到的情况下收到通知。因此，如何得体地应对突如其来的讣告，让自己（本公司）不失颜面也就成了社交中最重要的事情。

假设接到公司客户已故的通知，你应立即联系上司及相关部门，汇报：（1）故人的公司名、职位、姓名，（2）丧主（葬礼负责人）的姓名，（3）通夜、葬礼、告别式的时间和地点，（4）宗教形式。其中故人的身份（客户、同事、客户家属、同事家属等）决定了具体应对方式。而不同的葬礼形式（佛教式、神教式、基督教式等），其具体礼法也大相径庭。

一般情况下，出席守灵（通夜）的是家属、亲戚和关系亲密的朋友，普

通关系的会葬者列席告别式。因此，只能参加通夜而缺席告别式的并不失礼。如果因出差等原因，通夜和告别式都无法出席的人则可请别人代理出席或致电传递悲痛之情。

出席通夜者应在通夜开始前 10 分钟左右到达现场，在接待处登记奠仪；进入设有祭坛的房间，安静地跪坐在祭坛一侧等候烧香；轮到自己烧香行礼时，向后来者微微点头示意后，移至僧侣和逝者家属面前行礼，烧香结束后再次面向僧侣和家属行礼，最后回到原位。如果受邀出席通夜的宴席，则应欣然接受。

原本，奠仪应在出席葬礼、告别式时递交比较正式，但是现在不少人改为通夜时就递交了。具体金额根据与逝者生前交情、与其家属的亲疏关系、葬礼规模而定。一般交情的朋友的礼金通常为月收入的 2% ～ 3% 为宜。佛教奠仪封面字样按时间区分表示，如头七之前为“御霊前”，头七至四十九日之间为“御香料”或“御香典”，四十九日之后为“御仏前”。神教式奠仪封面的字样为“御霊前”“御神前”“御玉串料”，基督教则为“御霊前”“御花料”“御花輪料”。“御霊前”较为普遍，在各宗教的仪式中都可使用。奠仪封面的字统一使用淡墨书写。布面上用于包装奠仪用的小绸布参见图 11–5，各类奠仪封面参见图 11–6。

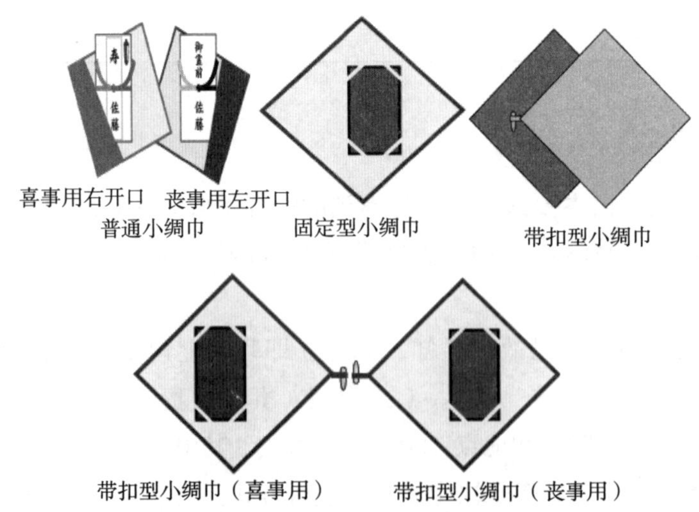

图 11–5　市场上出售的小绸巾种类

注：图片出自 https://later-life.jp/funeral/funeral-basics/1072282（获取日期：2018 年 12 月 23 日）

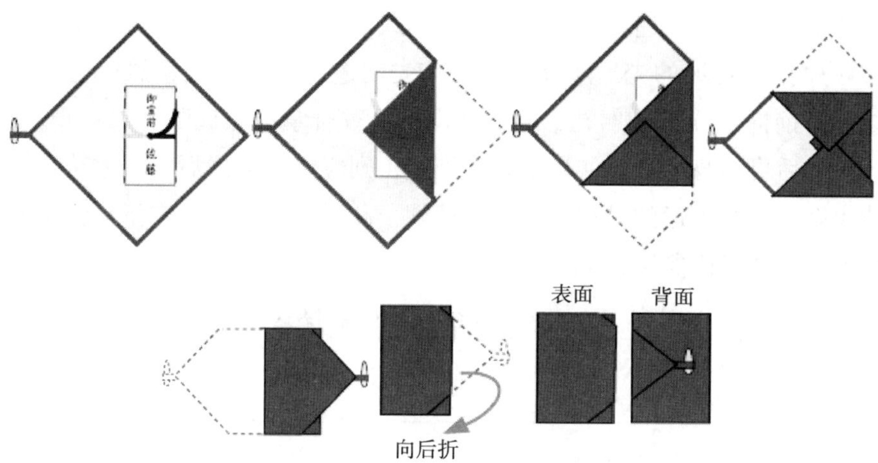

注：（奠仪）①从右向左折（奠仪的位置偏右，右角往中央折）→　②先折下角，后折上角→　③折左角
（祝仪）①从左向右折（奠仪的位置偏左，左角往中央折）→　②先折上角，后折下角→　③折右角
图片出自 https://later-life.jp/funeral/funeral-basics/1072282（获取日期：2018 年 12 月 23 日）

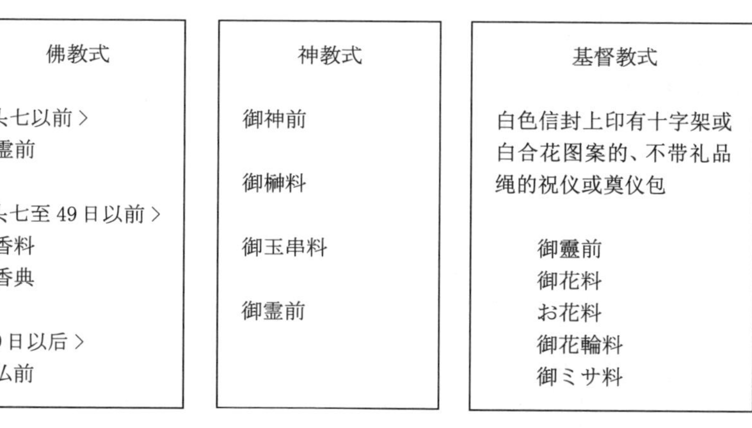

佛教式	神教式	基督教式
＜头七以前＞ 御霊前 ＜头七至 49 日以前＞ 御香料 御香典 ＜49 日以后＞ 御仏前	御神前 御榊料 御玉串料 御霊前	白色信封上印有十字架或白合花图案的、不带礼品绳的祝仪或奠仪包 御霊前 御花料 お花料 御花輪料 御ミサ料

图 11-6　奠仪的写法

出席葬礼的通常是家族、亲族或关系密切的朋友，一般人不便参加。而安排在葬礼之后的告别式是遗族接受全体出席者吊唁的仪式。出席葬礼时必须提前到达现场，仪式开始前 10 分钟入席，等待僧侣开始诵经。诵经开始后入场较为失礼。服装方面，男性选择黑色西装，搭配黑色领带、黑色皮鞋，女性则穿着黑色连衣裙或黑色西服，搭配黑色丝袜、黑色皮鞋，应避免无袖衫、短裙等，首饰也应选择黑色或白色的连串珍珠项链，手提包、鞋子、手袋、丝袜不可选择闪闪发光的黑色。

如果通夜时已经递交奠仪者出席告别式，只需在会葬者名簿上记名入场。烧香顺序按照到场的先后顺序进行，首先向遗族行注目礼，然后走近祭坛；在烧香台前向遗族行鞠躬礼，仰视遗像，上香合掌，然后下退二三步，向遗族行默礼后可转身退场。如果出席告别式，则应出殡完成后离开才符合礼仪。等待出殡、灵柩搬运的过程中，应摘掉帽子和手套，低头合掌祈福目送逝者。丧事期间具体表达参见表 11–9。

表 11–9　丧事各种场景的常用表达

＜收到讣告＞ 突然のことで、なんと申し上げたらよいのか…
＜接待处＞ このたびはご愁傷様でございます。 →在接待处行首礼并吊唁 ご霊前にお供えください。 →两手呈递奠仪，在会葬者名簿上登记信息，向接待人员再次行礼后，进入会场
＜基督教徒或无宗教徒＞ 安らかなお眠りをお祈り申し上げます。 どうぞお力を落とさずに。
＜常用吊唁用语＞ ● 通常情况 ○　この度は誠にご愁傷様でございます。心からお悔やみ申し上げます。 ○　どんなにお力落としのことか存じます。心中お察しいたします。 ○　ご冥福をお祈りします。 ○　御寂しくなられますね。 →小声、低沉，此刻即使表达不流畅，也不会被认为失礼。尽量用自己的语言，更能表达哀悼之情 ● 溘逝的情况 ○　思いがけないお知らせを頂きまして、まだ信じられない気持ちでございます。 ○　急なことで、なんと申し上げたらよいのか…。心からお悔やみ申し上げます。 ● 久病缠身的情况 ○　ご病気とは伺っておりましたが、こんなことになろうとは思っておりませんでし　　た ○　このたびはご愁傷でございます。お力落としのことと存じますが、ご看病のお疲れが一気に出ませんように

注：参考尾形圭子（2008）制表

应注意，葬礼、通夜等场合应避免使用“四”（音同“死”）、“九”（音同“苦”）等数字，暗喻不幸重重的叠词，“死ぬ”（死亡）、“生存する”（存活）

等直接与死活相关的词语等，其他禁语参见表 11–10。

表 11–10　葬礼避讳词语

浮かばれない	しばしば	追いかける	生存	返す返す
度々	重ね重ね	次に	共通	続けて
繰り返し	なお	くれぐれも	引き続き	再三
再び	死ぬ	迷う	死ぬ	

八、餐桌礼仪

或许不少人一提到“礼仪”一词，就会有死板、讲究形式的印象。其实，礼仪从来不会无缘无故产生，相反，人们是为了消除某些言行所带来的不快而订立这些形式和规范的。因此，所谓礼仪也不是一成不变的，一些形式随时代变迁而发生变化，但是寄托于礼仪中的“令人愉悦”“产生好感”的愿望是不变的。换句话说，所有令人不快的言行都是违反礼仪的。以下是日本社会对餐桌礼仪的普遍认知：

- 食物不塞满嘴巴
- 嘴里有食物时不说话
- 吃东西不发出声
- 不咳嗽、不打喷嚏
- 不用湿巾擦脸等
- 吃饭中不上厕所
- 姿势端正（不端着下巴或支着胳膊肘）
- 尽量避免自己先吃或提前离席
- 开心饮食，对厨师表达感激之情

（一）日本料理

1. 就座礼仪

日式房间的座位以壁龛前的座位为上座，其次是从壁龛方向看的右侧座位和左侧座位，远离壁龛的座位为下座（参见图 11–7）。

2. 用筷礼仪

正确使用筷子的顺序是：右手拿起筷子中间偏右的部分，左手从下托住筷子，右手调整握姿。放置筷子的顺序正好相反。

使用筷子的禁忌：

- 迷筷：不知夹什么为好，犹豫不决
- 泪筷：筷子尖部分有汤汁滴下
- 刺筷：用筷子扎刺食物
- 舔筷：过度舔舐筷子尖
- 探筷：从菜盘中间寻找食物

3. 就餐礼仪

- 打开碗盖时，左手扶着碗身，右手开盖后，将碗盖里朝上放置右侧。开食前将所有碗盖打开后开始进食，结束后将盖子还原归位。
- 酱汤、米饭、菜肴交替食用。
- 一般情况下，不端起较大的盘子，而是将食物夹到碟子或小碗中食用。
- 请他人帮忙添饭时，碗里剩下一口饭的量为宜。等待期间，应先将筷子放下，两手搁置膝盖上等待。两手接过饭碗，先放在桌子上后再开食。
- 用餐过程中不宜使用牙签，饭后使用牙签时注意用一只手挡住嘴。
- 结束就餐后，要寒暄一句“谢谢款待，非常好吃”（ご馳走さまでした。とてもおいしく頂きました）后才可离席。

4. 干杯礼仪

干杯或饮酒时，右手持杯，左手托杯。大家都倒满酒后，才开始干杯，即使不会喝酒，也要用嘴碰杯示意。

5. 饮食礼仪

- 加盐烤香鱼：用筷子除去背鳍后，将香鱼从头至尾用筷子夹住压一压，然后用手折断尾部，筷子插进头鳃处，左手按住鱼头，右手用筷子拉出肉身，剩下鱼骨和鱼头，最后蘸醋食用。
- 其他种类的烤鱼：沿着中央侧线开动，先吃背侧和腹侧的鱼肉，吃完上面部分的鱼肉后，取下中骨，折成两段，放置一旁，开始吃下面部分的鱼肉。
- 天妇罗：蘸着加有白萝卜碎末的天妇罗酱食用，从眼前的食品开始食用，不端起天妇罗酱，为避免酱汁滴下，用左手接着天妇罗食用。
- 带壳大虾：用手剥壳，先取下头部，然后剥去外壳，将剥好的虾放在碟子上后，将手擦拭干净，再用筷子食用。

（二）西式料理

1. 就座礼仪

原则上，西餐厅的座位顺序是远离入口的座位为上座，面向主座位的右侧为上座，左侧为下座（参见图 11–7）。男性应邀请女性入座后再就座，包放在后背和座椅靠背之间。

2. 就餐礼仪

- 上菜时将餐巾打开至两折程度，折痕面靠近身子，放在膝盖上。
- 先从置于外侧的刀和叉开始使用，用餐中放置刀叉的角度为时针位置的 8 时 20 分，就餐结束时的角度为时针位置的 4 时 20 分。
- 两手始终倚在桌面上，双手放置桌下是违反餐桌礼仪的。
- 斟酒时，酒杯放置在桌子上即可，不必端起。
- 就餐速度与周围的人步调一致即可，太快太慢都不合时宜。
- 食品与酒交替食用，饮酒时，为避免料理的油挂在杯口上，可擦拭嘴角后再饮酒。饮酒、喝汤时都不可出声，若不慎错误地使用刀叉也不必太在意，可继续使用。

- 食具掉落地上，可请侍者帮忙，不要自己弯腰去拾起。
- 如果口红沾在玻璃杯上，可使用餐巾纸擦拭干净，不可使用抽纸或手帕。
- 就餐中途离席时，将餐巾稍微折叠一下，放置椅子上后再离开。结束就餐时则将餐巾放置桌面的右侧。
- 就餐过程中禁止吸烟，结束就餐后也需征得相邻者同意才可吸烟。
- 西餐原则上不使用牙签，不得已的情况下一定记住要捂嘴挡住。

3. 饮食礼仪

- 前菜类：使用最外侧的刀和叉进食，加料土司、三明治、烤面包片等可以直接用手进食。
- 汤汁类：应使用勺子从面前向外舀，送入口中。碗盘中剩余少量汤食时，可稍微提起盘子一侧方便舀汤。有把手的盘子可将汤勺放置汤勺托盘后，两手持把手端起饮尽。
- 面包类：从奶油盒中取适量奶油蘸在切成一口大小的面包上。汤喝一半后开始吃面包。
- 米饭类：改用右手持叉，或左手持叉右手持餐刀辅助进食。
- 肉类：从左开始，将肉切成一口大小，切一块吃一块。全部切完后再进食也未尝不可，但是会影响肉味。调味汁不是浇在肉上，而是倒在盘子上，每切一块就蘸着汁吃。
- 沙拉：如果在肉类之前上，可间歇的时候吃，大块的蔬菜可切着吃，单独使用叉子就餐也可，不可端着盘子进食。
- 甜点：草莓、葡萄等水果可用手直接取食。如有用手抓取的食物时，侍者一般会上洗指钵。一只手一只手洗后用餐巾擦拭干净。甜瓜之类的水果，也像吃肉一样用餐刀切成小块吃。

（三）中餐

1. 就座礼仪

在中国，远离门口的座位为上座（参见图 11–7）。习惯上，最年长者（主客）坐上座，主人坐离门口近的下座。主客将餐巾打开放在膝盖上后，其他人才打开餐巾。

2. 就餐礼仪

- 进餐前先干杯，主客在先，然后按照主人安排座位的顺序依次干杯。
- 先等主客动筷。
- 中餐菜一般是大盘装，大家分而食之。主客开始取食，先取少量，轮完一遍后可自由添加。
- 转盘时留意是否有人正在取食或转盘上的盘碗碰到每人座前的玻璃杯。
- 就餐时取餐盘放在桌上，不可端在嘴边进食。
- 取餐盘要适时更换，用不净或堆满残食的取餐盘就餐，不仅影响菜肴的味道，也不礼貌。

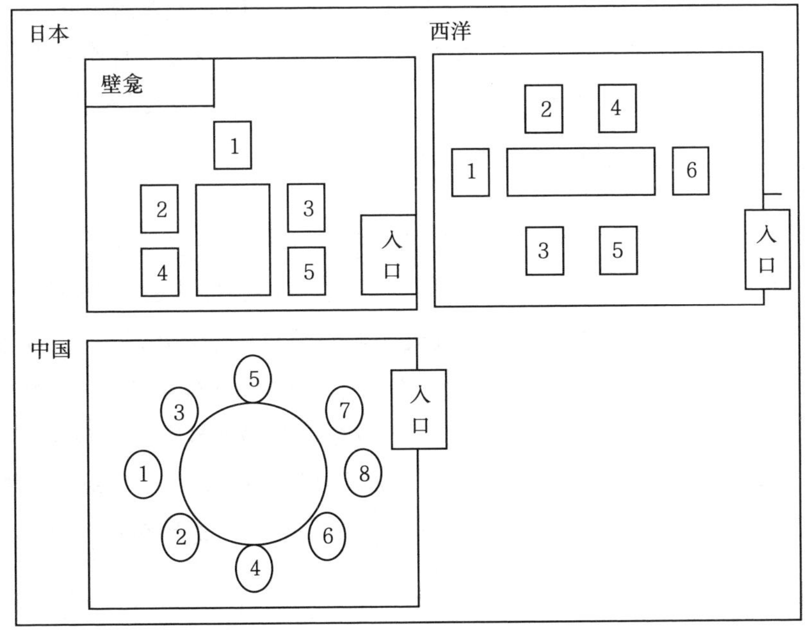

图 11-7　座位礼仪（数字①－⑧表示座位的主次序）

（四）立餐

立餐聚会的目的并非美食，而是享受交流与谈话，应尽量主动与更多的人交流。站着、走动着、主动聊天是享受立餐聚会的方式，不宜默默地坐着。相关就餐礼仪如下：

- 立餐菜肴一般按照类别，有序地摆放在大桌子上。一次取 2～3 种食物为宜，不可浪费食物。盘子脏了可更换新盘子。
- 入席与退席时间自由，离席时要与主人打声招呼。如果遇到主人正与他人谈话时，可悄悄离席。
- 离席时，邀请他人一同离席是失礼的。
- 接受款待后应尽早写信致谢。

九、送礼和还礼

在日常生活中，日本人有送礼的习惯，出差、休假回来要给同事带小礼物，搬家乔迁要给邻居送礼，情人节送义理巧克力，等等。日本社会的日常生活中处处存在“礼尚往来”，更不用说中元节、岁末送礼和探望病人送礼了。日本社会日常送礼讲究“等价”和“礼轻义重”。

1. 中元节、岁末送礼

根据地域不同，中元节赠送礼品的时间也不同。关东地区，中元节送礼一般集中在 7 月 1 日至 15 日，关西地区则是 7 月 15 日至 8 月 15 日。过了 7 月 15 日或 8 月 15 日，之后送的礼就成了暑期问候（暑中見舞い）、残暑问候（残暑見舞い）了。岁末送礼的时间则集中在 12 月 10 日至 25 日。送礼时可亲自登门或委托百货寄送，一般情况下，越是重要的人越需要亲自送礼。

中元节和岁末送礼的价值应该比平时要大些，可以送一些相对高档的礼品。一般情况下，对方是上司或提供过帮助的人的话可送约 5000 日元的礼物，若是其他人可送 3000 日元左右的礼物。

送礼时也要注意：礼物数量要避开“4”“9”，也尽量避免西方忌讳的“13”；赠送给长辈、上司的礼品不宜选择贴身物品，如内衣等；避免送日本茶，因为日本茶往往作为奠仪的返礼，面对有这一方面忌讳的人，也不适合在中元节和岁末赠送茶叶。

2. 还礼

虽然讲究礼尚往来，但还礼时间上不宜太接近，一般相隔 10 日左右，且在 1 个月之内比较合适。还礼的礼品不宜过于昂贵。如果是喜事，一般返还同辈或长辈一半左右，晚辈则应该同额返礼；如果是丧事，则不论上下辈分都同等返还 1/3 左右。

出席酒宴用的各种礼金（如中元红包、过年红包、入学红包、升学红包、毕业红包等）、探望伤病的慰问金、临别赠品等可不必还礼，但是需要表达谢意。

3. 探病送礼

生病静养是首要，因此探病时要注意时机和时间。根据情况，可亲自到医院看望病人，也可邮寄慰问品和慰问卡来表达慰问之情。

探病之前要事先征得家属同意，确定慰问时间，遵守医院的探病要求，如探病时间、探病人数等。日本医院一般探病人数控制在 2 人之内，探病时长为 10 ～ 15 分钟。若对方长期住院，可时常前去探望。适合探病的礼品为水果、花束、书籍等，送食物时需确认病人的饮食要求。送花时，注意避免香味过于刺激的花或者让人联想到“根つく＝寝付く”谐音的盆栽花等（植物“带根部”的日语发音与“卧床不起”同音）。若与病人关系亲密，可赠送与疗养相关的用品，如毛巾、拖鞋、睡衣、睡袍等。

附　录

1. 预备知识篇——日本各都道府县的特色

日本人似乎比较偏好询问对方的家乡（出身地），因此，如果我们能够知道对方的家乡，并在交谈中善意地谈论有关其家乡的土特产、名胜古迹、名人趣事等，必然有助于拉近彼此之间的心理距离，增进亲近感，促成更多有意义的对话。

表1　各都道府県の特色

都道府県（五十音順）	名所・名産・名物など
愛知県・名古屋市	三河湾、天竜奥三河、愛知高原が景勝。キャベツ、地鶏、守口漬（守口大根を塩・酒粕・みりん粕に付け替えて仕上げるもの）、きしめん。一宮「七夕祭り」も有名。
愛媛県・松山市	松山城、道後温泉と並んで、「天赦園庭園」は見事な藤棚で人気が高い名所。ミカンの生産量では、和歌山県とつねに全国1，2を争っている。ほかに伊予柑なども。伊予餅や真珠の産地でもある。
茨城県・水戸市	つくば～秋葉原間の結ぶ「つくばエキスプレス」が話題に。偕楽園は梅の名所。特産物にメロン、梅干し、納豆、常陸牛に加えて、「ローズポーク」というブランド豚肉があり、あんこう鍋も人気。
岩手県・盛岡市	リアス式の三陸海岸が見事な景観。盛岡市の石割桜と山岸かきつばた群落が花の名所。特産物に鮭、前沢牛、南部鉄器などがある。「わんこそば」（椀の中に次々とそばを移しいれてもてなす名物）がユニーク。
青森県・青森市	白神山地ほか、十和田湖、下北半島、津軽など。弘前城は桜、夏泊半島、椿山は椿の名所。りんご、にんにくの代表的な産地。「ねぶた祭」は青森市で行われる。弘前市では「ねぷた」と呼ばれる。
秋田県・秋田市	角館武家屋敷は桜の名所でもある。米、清酒、きりたんぽ、稲庭うどん、ハタハタ、比内地鶏、いぶりたくあんなどの特産物。秋田竿灯まつり、男鹿のなまはげ、横手地方のかまくらも有名。
石川県・金沢市	能登半島が名勝。特産物に、ブリを挟んだ「かぶら寿司」など。金沢は藩主・前田利家の下、加賀百万石の城下町として栄え、九谷焼、輪島塗、加賀友禅などの工芸品で有名。橋や塔にも粋を凝らし「兼六園」を有する。

续表

都道府県（五十音順）	名所・名産・名物など
茨城県・水戸市	つくば～秋葉原間を結ぶ「つくばエキスプレス」が話題に。偕楽園は梅の名所で有名。特産物にメロン、梅干し、納豆、常陸牛に加えて「ローズポーク」というブランド豚肉があり、あんこう鍋も人気。
岩手県・盛岡市	リアス式の三陸海岸が景観。盛岡市の石割桜と山岸かきつばた群落が花の名所。鮭、前沢牛、南部鉄器などの特産物。わんこそばがユニーク（椀の中に次々とそばを移しいれてもてなす名物）。
愛媛県・松山市	松山城、道後温泉と並んで、「天赦園庭園」は見事な藤棚で人気が高い名所。ミカンの生産量では、和歌山県とつねに全国１、2を争っている。ほかに伊予柑、伊予餅、真珠の産地でもある。
大分県・大分市	吉野梅園の臥龍梅は見事。特産品に、城下ガレイ、しいたけ、カボスがある。中でも冬季に育った肉厚のしいたけは「冬子」と呼ばれ、最高級品として干しシイタケに加工される。
大阪府・大阪市	大泉緑地かきつばた園は花の名所。食い倒れと言われるようたこ焼き、イカ焼きなどの庶民的味が豊富。岸和田だんじり祭りの荒々しさで人気。
岡山県・岡山市	瀬戸内海、氷ノ山後山那岐山国定公園、岡山市の後楽園などの名勝。特産物は桃やマスカット、備前焼。倉敷市の歴史的街並みも人気。サワラやアナゴなどの名物を詰めた駅弁「桃太郎祭りずし」も人気。
沖縄県・那覇市	特産物はさとうきび、にがうり、パイナップル、モズク、黒糖、泡盛、紅型、カツオだしの効いたスープ「ソーキソバ」、「ちんすこう」などの伝統的な菓子。
香川県・高松市	海上の守護神である金毘羅大権現を祀った金刀比羅宮は桜も見事。腰の強さが自慢の特産物「讃岐うどん」は、今や全国区で人気。ほかに漆器、手袋、うちわ、「栗林公園」の日本庭園も有名。
神奈川県・横浜市	箱根の景勝、鎌倉の史跡や文化財、近未来的な再開発地「みなとみらい」など多様な魅力に富む。特産物は、すいか、三崎港に上がるマグロ、箱根細工、鎌倉彫。平塚「七夕祭り」も有名。
鹿児島県・鹿児島市	名勝としては屋久杉の原生林が広がる屋久島、奄美群島国定公園などがある。桜島大根、サツマイモ、黒豚、深いあめ色の「山川漬」、山芋を原料とする「かるかん饅頭」などの名産物。焼酎や大島紬も有名。
京都府・京都市	金閣・銀閣・清水寺などの仏閣をはじめ、仏像や屏風絵など平安・室町時代の文化遺産が多数。宇治茶、京野菜、京菓子、西陣などの名産物。「千枚漬け」は冬の味覚。祇園祭の優美さで人気。
熊本県・熊本市	世界最大級のカルデラと多くの温泉を持つ阿蘇山を有する。花の名所としては、大畑梅園、日輪寺公園のつつじなどが挙げられ、特産物は、高菜、すいか、トマト、ミカン類。馬肉やイグサの産地。

续表

都道府県（五十音順）	名所・名産・名物など
群馬県・前橋市	日光、上信越高原国立公園と妙義荒船佐久高原国定公園。秋間梅林は梅、湯の丸高原はつつじの名所。榛名山は優美な姿の名山。こんにゃく、下仁田ネギと絹織物の産地で、高崎だるまも有名。
岐阜県・岐阜市	世界文化遺産の川郷合掌造り集落、飛弾木曽川国定公園などがあり、飛弾牛、柿、陶磁器、刃物が特産物。豪華な屋台（だし）が飛弾の町並みに映る「高山祭や「長良川鵜飼い」は観光客でにぎわう。
高知県・高知市	桂浜、五台山が有名な景勝地。ゆず、カツオ、土佐牛とサンゴ、和紙は特産物。カツオはおお皿に盛りつけた皿鉢料理として食する。幕末の志士・阪本竜馬は今も郷土の誇り。「高知よさこい」
埼玉県・さいたま市	長瀞は桜、越生うめの里は梅の名所。特産物に狭山茶と草加せんべいがあるが、ホウレンソウ、ネギ、ブロッコリーなど多種にわたる野菜や県産米の新品種「彩のかがやき」など、農産物も多い。
佐賀県・佐賀市	玄海国定公園や東松浦郡切木の牡丹が名所。特産物に、イチゴ、清見オレンジ、デコポン、クルマエビ、のり、有明海の干潟で採れるムツゴロウの加工品など。赤絵が鮮やかな有田焼、色絵で名高い鍋島焼も。
静岡県・静岡市	富士、伊豆の景勝。茶、ワサビ、ウナギ、桜エビ、わさび漬けが特産物として知られる。幕末から維新期の侠客・山本長五郎が出身地にちなんだ「清水次郎長」の通り名で親しまれる。
滋賀県・大津市	琵琶湖で有名。特産物に近江牛、アユ、フナなど琵琶湖産の淡水魚や信楽焼、浜ちりめん、フナ寿司がある。景観としては、池を中心とした造りの典型的な日本庭園の玄宮園庭園がある。
島根県・松江市	大国主命を祀る出雲大社が有名。特産物はメロン、清酒、シジミ、牛肉、ワインなど。瓦、木工品の産地もある。民間伝承にるよる「出雲神楽」や「出雲そば」など出雲大社ゆかりのものも多い。
千葉県・千葉市	南房総フラワーラインは、菜の花が見事。特産物は、落花生、梨、イワシをはじめとする海の幸、しょうゆやみそ。酪農も盛んで乳製品も豊富。幕張メッセや東京湾アクアラインは、関東近辺の新名所。
東京都	小笠原国立公園はホエールウォッチングで、線島が淵は桜、吉野梅郷は梅、大島公園は椿で有名。特産物としては、のり、くさや、佃煮、うど、べったら漬け、アサリを炊き込んだ「深川めし」などがある。
徳島県・徳島市	瀬戸内の豊かな景勝に恵まれ、香り高いすだち、鳴門金時、鳴門ワカメが特産物。潮の干満に伴って潮流が渦巻く「鳴門の渦潮」、にぎやかな囃子とともに踊り歩く「阿波おどり」が有名。

续表

都道府県（五十音順）	名所・名産・名物など
栃木県・宇都宮市	東照宮や二荒山、中禅寺湖、華厳の滝、戦場ヶ原などの観光名所を含む日光国立公園を有する。イチゴ、かんぴょうの産地、民芸陶器の益子焼でも知られる。近年は宇都宮が餃子の町として有名に。
鳥取県・鳥取市	大山隠岐、鳥取砂丘を含む山陰海岸国立公園、氷の山後山那岐山、比婆道後締釈国定公園を有する。特産物は、松葉ガニと梨。境港には妖怪のオブジェが飾られた水木しげるロードがある。
富山県・富山市	五箇山の合掌造り集落は、世界文化遺産に登録されている。老谷は椿の花で有名。特産物はホタルイカ、マス、チューチップ、医薬品、銅器。笹で包まれた駅弁「ますのすし」「ぶりのすし」もある。
長崎県・長崎市	雲仙天草の景勝に加え、長崎港の女神大橋も新名所に。特産物はびわ、カステラ。エビやちくわなど具だくさんの「長崎ちゃんぽん」も。「長崎くんち」には、異国情緒にあふれた竜踊りが登場する。
長野県・長野市	南アルプスなど自然の景勝が豊かで、善行寺を始めた高遠城址の桜、飯山市瑞穂の菜の花、あんずの里、前山寺の牡丹など名所も多い。特産物は、りんご、そば、ワサビ、みそ、馬肉、野沢菜漬など
奈良県・奈良市	吉野山は、桜の名所。優れた仏教美術を生んだ天平文化の文化遺産を多数所有。奈良公園は放し飼いの鹿で知られる。特産品は、茶、奈良漬け、柿の葉寿司、三輪そうめん、吉野杉、金魚、筆、墨など。
新潟県・新潟市	盤梯朝日、上信越高原、佐渡弥彦山、越後三山只見国定公園などの名勝。コシヒカリなどの米、米菓、餅、清酒、笹団子などの特産物
広島県・広島市	多くの国宝を蔵する厳島神社、原爆ドームは世界遺産に登録された名所。特産物は、広島湾で養殖されるカキ、のり。お好み焼きや薄味が特徴の「広島菜漬」が人気。「もみじ饅頭」はお土産の定番。
兵庫県・神戸市	神戸市には、異人館と呼ばれる洋風建築の文化財が数多くあり、アンティークの調度品や陶磁器も見られる。豚肉、オリーブ、清酒、播州織、そろばんなどが特産物。阪神甲子園球場や夜景の美しさでも知られる。
福井県・福井市	白山国立公園、景勝で知られる越前岬を含む越前加賀海岸、若狭湾国定公園や足羽川の桜の花が名所。特産物の越前ガニを用いた駅弁「かにめし」、ラッキョウ、メガネのフレーム、和紙、漆器なども。
福岡県・福岡市	白砂青松の弧状海岸、リアス式海岸、海侵洞が名勝。特産物は明太子、万能ねぎ、豚骨スープの「博多ラーメン」、博多人形、博多織、久留米餅。祭りは「博多どんたく」「博多祇園山笠」が知られる。

续表

都道府県（五十音順）	名所・名産・名物など
福島県・福島市	須賀川牡丹園や福島盆地の桃など花の名所多数。中でも推定樹齢1000年を超えるといわれる三春の滝桜は、幽玄の美そのもの。なめこ、柿、桃とともに会津漆器、張り子など伝統工芸品も特産物。
北海道・札幌市	知床半島、大雪山、阿寒、釧路湿原ほか名勝多数。ジャガイモ、トウモロコシ、アスパラガス、鮭、ホタテ貝、昆布、乳製品など特産物も豊富。「札幌雪まつり」やオホーツク海の流水が有名。
宮城県・仙台市	「ひとめぼれ」などの米、海産物のカキ、ホヤ、仙台の「長なす漬け」が特産物。伊達政宗は今も愛され続ける名武将。「仙台七夕まつり」では、大小3000本にも及ぶ華やかな笹飾りが街を彩る。
三重県・津市	紀伊山地の霊場と参詣道は世界文化遺産。伊勢志摩国立公園内にある伊勢神宮は、皇室の祭祀を執り行う社格を超えた最高の存在として信仰を集める。特産物は松阪牛、伊勢エビ、ハマグリ、真珠など。
宮崎県・宮崎市	日南海岸、日豊海岸、九州中央山地国定公園など海岸地形が楽しめる。かぼちゃ、焼酎のほか、宮崎完熟マンゴー、宮崎牛、宮崎ハマコウポークなど「宮崎ブランド」を前面に出した特産物が多い。
山形県・山形市	すべての市町村に温泉がある。磐梯朝日国立公園、鳥海、蔵王、栗駒国定公園などが名勝。特産物のサクランボは日本一の生産量を誇り、食用菊、そば、米沢牛も人気。芋煮はアウトドアの魅力も。
山口県・山口市	豊かな自然に囲まれ、下関には壇ノ浦、赤間神宮などの史跡も。関門海峡にかかる橋や白壁の美しい街並みも有名。特産物は、有名な下関のフグ、ウニ、車エビ。萩焼、赤間すずりや大理石の加工品も。
山梨県・甲府市	つつじケ原の桜、甲府盆地の桃の花が見事。特産物は、ブドウ、桃、ワイン、水晶。小淵沢駅の「元気甲斐」は駅弁の中でも人気の一品。山梨県立美術館は「種まく人」などミレーの名画で知られる。
和歌県・和歌山市	紀伊山地の霊場と参詣道は、世界文化遺産。南部梅林や椿も人気。特産物に、ミカン、梅、ホロホロ鳥、クジラ肉、ハモなどがある。醤油発祥地とされるほか、近年和歌山ラーメンの人気が高い。

2. 预备知识篇——日本各年代的主要事件

任何人的成长都深深地被烙上了时代的印记，如果能够了解交际对象的孩童时代、青少年时代的历史背景知识，在交谈中恰当地谈论能够代表那个时代的标志性事件或符号人物等，相信一定能够引起共鸣，引发更多的话题和交流。

表 2　日本各年代的主要事件

年代	主な出来事	説明
1950年代	朝鮮特需ブーム	1950 ～ 54 年の朝鮮戦争が始まると、好景気の波が押し寄せる。終戦とともに大企業が合理化をはかり始め、各地でストライキが多発した。
	「日本銭」から「日本円」へ	1954 年、通貨の単位「銭」硬貨の使用が禁止となった。1950 ～ 58 年にかけ千円札・5 百円札・5 千円札・1 万円札・百円硬貨も発行された。
	「君の名は」	1952 年から放送された伝説的人気となったＮＨＫラジオドラマ。同映画（1953 年）大ヒットし、ヒロインのファッションを真似たショールの「真知子まき」が流行する。その後、1962 年、1966 年、1976 年、1991 年、2012 年続々とテレビドラマに改編された。2016 年 8 月新海誠監督の『君の名は』とは別作。
	「ローマの休日」大ヒット	1954 年大ヒットとなった「ローマの休日」の主演女優オードリー・ヘップバーンにあこがれる女性が続出。ヘアスタイルやファッションが流行。
	街頭から家庭へ。テレビ時代到来	1959 年皇太子ご成婚。民間から出た最初の皇太子妃・美智子様を家庭で見るために、テレビを購入する人が急増。「一家に 1 台」の時代へ。
	太陽族と石原裕次郎	「太陽の季節」（1956 年）がデビュー、一世を風靡した。若者像を演じた石原裕次郎の人気が爆発。カミナリ族、ビート族も登場。
1960年代	テレビ放送カラー化	1960 年んからテレビ発売。17 センチが約 42 万円。電気冷蔵庫、マイカーとともに、憧れの「三種の神器」と呼ばれた。
	「ダッコちゃん」人大ブーム	1960 年、空気を入れて膨らませるビニール製のマスコットが人気を博し、ファッションの一部として腕につけて歩く女性が、街にあふれた。
	インスタントラーメンが登場	お湯をかけるだけで食べられる画期的な食品のインスタントラーメンが 1960 年に発売、手軽さが喜ばれる世の風潮ともマッチして、人気商品に。

续表

年代	主な出来事	説明
	「スキヤキソング」アメリカでヒット	1963年、坂本九の人気曲「上を向いて歩こう」が、アメリカでも大ヒット。日本人らしく分かりやすいように、タイトルは「すき焼きソング」。
	東京オリンピック	1964年開催をきっかけに新幹線や高速道路などのインフラ設備が整備され、街の景観も一新。世界に戦後の廃墟から再建した日本の新しい姿を披露。
	ミニスカート登場	若い女性のい間に大流行（1966年）。ブームのきっかけとなった人気モデルのツゥイギーも来日（1967年）し、細身であるかとが美しさの条件に。
	フォークソングブーム到来	1966年、マイク真木の歌う「バラが咲いた」がヒットし、ギター弾きながら自作の歌を歌う、フォークソングが音楽シーンを席巻。
	3億円事件	1968年、白バイ警官のふりをした犯人に、元気輸送車ごと盗まれた。大胆で巧妙な手口による大金の窃盗事件は、現在も未解決のまま。
	アポロ11号が月面着陸	1969年宇宙からの映像に、だれもテレビの前に釘つけた。カラーテレビの契約台数が飛躍的に伸び、メイカーの在庫も品薄状態に。
1970年代	大阪で万博博覧会が開催	岡本太郎作「太陽の塔」をシンボルに、「月の石」等が展示される（1970年）。高度成長期の上昇気流に乗り、日本中がお祭り気分に。
	ホットパンツ流行	ミニスカートも古い。大胆なホットパンツが最先端のファッションとして注目される（1971年）が、長いブームに至らず。
	札幌オリンピック	スキーのジャンプ競技で、笠谷幸三をはじめとする日本人選手が表彰台を独占（1972年）。フィギュアのジャネット・リンがアイドルに。
	空前のパンダブーム	上野動物園でジャイアントパンダ公開（1972年）。初日に1万8000年が詰めかけた。日中友好雰囲気づくりにパンダ外交の役割が大きい。
	ピースマークが流行り	黄色く丸い笑顔デザインで現在でも知られるスマイルバッジが、世代を問わず人気を集める（1972年）。アクセントとして胸に付ける人が多かった。
	ブルース・リーが引き起こしたカンフーブーム	ブルース・リー主演の映画「燃えよドラゴン」のヒット（1973年）で、カンフーブームに。ヌンチャクを持って奇声を発する真似が流行った。
	「ベルばら」ブーム	池田理代子原作の人気漫画「ベルサイユのばら」が、宝塚の舞台でも大ヒット（1974年）。その後の宝塚ブームにまで及ぶほどの人気を博す。

续表

年代	主な出来事	説明
	長嶋茂雄引退	ミスタージャイアンツとして親しまれた長嶋茂雄選手が引退（1974年）「巨人軍は永遠が不滅です」「永久欠番」等の流行語も生まれた。
	世界のホームラン王	1976年、巨人の王貞治選手が715号を放ち、ベーブルースの保持していたホームラン記録を超える。78年には800号を達成した。
	インベーダーゲーム大人気	テレビゲームの走りともいえるインベーダーゲームが、喫茶店等のテーブルを中心に大流行（1978年）。店内に電子音の洪水に。
1980年代	一億円の落とし物	東京・銀座で大貫久男が、厳禁1億円を拾った（1980年）。警察に届けるが、規定の日になっても持ち主は名乗り出てこなかった。
	コンパクトディスク登場	1982年音楽をデジタル化して録音したコンパクトディスク用のプレーヤーが発売。アナログレコードの市場は、一気に縮小へと向かう。
	グリコ・森永事件	製品に青酸ソーダー等の毒物を混入するという脅迫が「かい人21面相」を名乗る犯人によって繰り返された（1984年）が、未解決のまま沈静化。
	ゆとり教育が実施	1970年代以降の詰め込み教育の反省に立って導入するゆとり教育が実施された（1980年から）
	アイドルの新時代	アイドルは1980年代に新時代を迎える。松田聖子・河合奈保子・たのきんトリオ（田原俊彦・近藤真彦・野村義男）などがデビューし、1980年代の黄金時代を築く。松田聖子を典型としたブリッコ・聖子ちゃんカットが若い女性の間で流行。
	山口百恵引退	数多くの映画で共演した俳優・三浦友和との結婚と同時に、芸能界を引退（1980）人気トップのままの引退劇により、伝説のアイドルに。
	千代の富士が横綱昇進	ウルフと称される人気力士・千代の富士が大相撲人気を支える（1981）。89年には国民栄誉賞を受賞。千代大海等の有名力士を育った。2016年ガンで亡くなった。
1990年代	家庭用ゲーム機登場	任天堂から家庭用ゲーム機ファミリーコンピュータ（ファミコン）が発売（1983年）
	東京ディズニーランド開園	1983年、東京ディズニーランド開園
	新紙幣発行	「一万円札福沢諭吉」、「五千円札新渡戸稲造」、「千円札夏目漱石」（1984年）
	ジャンプ黄金時代	少年漫画誌『週刊少年ジャンプ』が空前の人気に。「北斗の拳」「ドラゴンボール」「シティーハンター」などが連載された。

续表

年代	主な出来事	説明
	国鉄民営化	国鉄が分割・民営化、JRグループが発足（1987年）
	時代は「昭和」から「平成」へ	1989年1月7日昭和天皇が病気のため崩御。皇太子明仁親王が即位。元号が昭和（1926年—1989年）から平成へ。
	国民漫画家の手塚治虫が死去	戦後を代表する漫画「鉄腕アトム」で知られる国民的漫画家・手塚治虫が死去（1989年）。
	バブル景気はじける	1991年のバブル景気（1986年12月から）が終了、「失われた20年」が始まる。
	アニメ『美少女戦士セーラームーン』・『新世紀エヴァンゲリオン』の放送	アニメ『美少女戦士セーラームーン』（1992年）・『新世紀エヴァンゲリオン』（1995年）が放送開始。大ブームになり、多くの影響をもたらした。
	皇太子徳仁親王ご成婚	皇太子徳仁親王と小和田雅子の結婚の儀は、1993年（平成5年）6月9日に日本の皇居にある宮中三殿において、国事行為として行われた皇室の儀式（結婚の儀）である。本儀式により日本の皇太子・徳仁親王（当時33歳）と小和田雅子（当時29歳）は結婚し、雅子は皇太子妃となった。
	大江健三郎ノーベル賞	1994年、大江健三郎はノーベル文学賞を受賞した。受賞理由は、詩的な言語を用いて現実と神話の混交する世界を創造し、窮地にある現代人の姿を、見る者を当惑させるような絵図に描いた。
	「名探偵コナン」（少年サンデー）連載開始	『週刊少年サンデー』にて1994年5号より『名探偵コナン』の連載が開始され、人気作品になっている。
	米不足	冷害によるコメ不足のため、スーパー等では開店と同時に売り切れる事態が続出（1993年）。200万トンの外国産米が緊急輸入された。
	関西国際空港開港	日本初の海上、24時間営業の空港が誕生（1994年）ショッピングアーケードとしての機能も充実し、空港自体が観光地としいての性格もある。
	初の宇宙飛行士	1991年、当時TBSの記者であった秋山豊寛がソ連のバイコヌール宇宙基地より宇宙飛行へ出発。日本人では初の宇宙飛行士となり、ジャーナリストでは世界初となる。
	世界遺産登録	1993年、法隆寺、姫路城、屋久島、白神山地が、日本で初の世界遺産に登録。

续表

年代	主な出来事	説明
	阪神・淡路大震災	1995年1月17日、明石海峡を震源とするM7.3の直下型大地震、兵庫県南部地震が発生。6,434人の死者を出したほか、多くの建造物が倒壊するなど兵庫県南部・淡路島を中心に甚大な被害を出した
	地下鉄サリン事件	1995年、地下鉄サリン事件が発生。オウム真理教による一連の凶悪事件が次々と明るみに出る。
	北野武の映画	1996年、北野武の映画「HANA-BI」がヴェネツィア国際映画祭の金獅子賞受賞。
	アジアでサッカーワールドカップ開催	日本と韓国の招致合戦から、2カ国共催へ。「アジアでワールドカップを」というアジアサッカーファンの長年の夢が叶った（1996年）。
	長野オリンピック開催	長野オリンピックは、1998年（平成10年）2月7日から2月22日まで日本の長野県長野市を中心とする地域を会場として開催された20世紀最後の冬季オリンピックである。
	和歌山毒入りカレー事件	和歌山毒物カレー事件とは、1998年（平成10年）7月25日夕方に和歌山県和歌山市の園部地区で行われた、夏祭りにおいて提供されたカレーに毒物が混入された事件である。和歌山カレー事件とも呼ばれる。
2000年代	2千円札発行	2000年、ミレニアムおよび九州・沖縄サミットを記念して2,000円札（二千円券）が発行された。表面には、沖縄県の首里城の城門の1つ「守礼門」を描いている。
	小泉内閣発足	2001年、森喜朗首相が辞任、小泉内閣発足。「小泉ブーム」が巻き起こる。
	民間企業からノーベル賞受賞者が	2002年田中耕一（島津製作）がノーベル化学賞を受賞。民間の研究所における活動が評価されたことでも意味深い。同年小柴昌俊がノーベル物理学賞を受賞。ノーベル賞初のダブル受賞
	アジアでFIFAワールドカップ開催	日本と韓国の招致合戦から、2か国共催へ（1996年）。「アジアでワールドカップを」、というサッカーファンの長年の夢を叶った。
	日本人外交官が銃撃され死亡	2003年、イラク北部で、日本人外交官2人とイラク人計3人が銃撃され死亡する。
	六本木ヒルズ オープン	2003年、多彩なジャンルのアートやカルチャー、ビジネスやエンターテイメントが一堂に会し、知的な刺激に満ちた街、六本木ヒルズ。
	愛・地球博開催	2005年、愛・地球博が愛知県名古屋市で開催される。

续表

年代	主な出来事	説明
	JR福知山線の列車脱線	2005年4月25日、兵庫県尼崎市のJR福知山線のカーブに快速列車が制限速度を大幅に超える時速約115キロで進入、脱線し、線路脇のマンションに激突した。乗客106人と運転士が死亡、562人が負傷した。日本鉄道の神話
	郵政公社が解散	2007年、日本郵政公社が解散。日本郵政株式会社が発足。
	デジタル放送開始	高画質・高音質が楽しめる地上デジタル放送が始まる（2003年）。2011年には、すべての放送がデジタルへと切り替えることに。
	悠仁親王誕生	2006年、文仁親王妃紀子が皇室に41年ぶりの男子、悠仁親王を出産。
	非自民の政権 誕生	2009年、麻生内閣が総辞職し、民主・社民・国民の3党による鳩山由紀夫内閣が成立。15年ぶりの非自民政権が誕生する。
2010年代	プレイステーションネットワーク個人情報流出事件	2011年4月17日から4月19日にかけて受けたシステムへの不正侵入により、PSN 利用者の個人情報が流出した。個人情報の流出数はPSN 全利用者のおよそ 7,700 万人と、個人情報流出事件の記録としては過去最悪の件数。日本では7月6日からサービス全面再開。
	東日本大震災	2011年3月11日、地元の日本時間午後14時46分に、リヒタースケールの9.0の地震が日本の北東海域を襲って津波を引き起こし、重大な死傷者と財産の被害を引き起こした。
	東証と大証が合併	統合に向けては、東証が大証にTOB（株式公開買い付け）を実施して大証を子会社化。両社が合併して、持ち株会社「日本取引所グループ」を設立した。
	消費税が8%から10%に増税	日本政府は消費税率を2014年4月に8%、15年10月に10%に引き上げる消費増税法案を閣議決定した。
	製造業大手の不祥事が多発	日産自動車で完成検査を無資格者が行っていたことが発覚。神戸製鋼所が品質データを改ざんし出荷していたことが発覚。 三菱マテリアルの子会社、東レの子会社でも同様の問題が発覚。
	東北新幹線の国内最速320km/h運転	JR 東日本は、2013年3月に東北新幹線「はやぶさ」が国内最高速となる 320km/h 運転を開始するなど、3月16日からダイヤ改正を実施すると発表した。
	ノーベル物理学賞（赤崎・天野・中村）	2014年のノーベル物理学賞に、日本人の赤崎勇氏、中村修二氏、天野浩氏の3名が選ばれた。青色発光ダイオード（LED）の発明によるもの。この発明によって、寿命が長く低消費電力の LED で、白色が開発できるようになり、照明機器やスマートフォンに使われる液晶パネルなど、さまざまな分野に技術革新をもたらした

续表

年代	主な出来事	説明
	19年ぶり日本出身横綱誕生	第72代横綱が正式に誕生した。日本相撲協会は2017年1月25日午前、東京・両国国技館で臨時理事会を開き、大関稀勢の里の横綱昇進を決めた。若乃花（66代）以来、長くモンゴルやハワイ出身の横綱独占局面を打開。
	星野仙一死去	日中、阪神、楽天の三球団と日本代表の監督として活躍し、2018年1月に死去した。「77」のユニフォーム姿がファンに深い印象が残された。
	国民アイドルアイちゃんが引退	ロンドン、リオデジャネイロ両五輪の卓球女子団体で2大会連続のメダルを獲得し、21日に自身のブログで現役引退を表明した福原愛さん（29）が2018年10月23日、東京都内で報道陣の取材に応じ、「考え抜いて決断できたと思う。今は晴れやかな気持ち」と心境を語った。
	築地市場移転	1983年の歴史を持つ東京・築地市場（中央区）が2018年10月に江東区豊洲へ移転する。最後の初競りで、注目を集めたクロマグロの競りは、例年より入荷が多かったため人気が割れ、前年の初荷の半値（史上2番高値）以下でさばかれた。

3. 商务基础用语篇——经济、金融、法律、劳动、经营管理、财会、IT

アルファベット順

ビジネス用語	説明
AI	Artificial Intelligence　人工知能。人間にしかできなかったような高度に知的な作業や判断をコンピュータを中心とする人工的なシステムにより行えるようにしたもの。
APEC	Asia-Pacific Economic Cooperation　アジア太平洋経済協力会議。東南アジア諸国連合（ASEAN）と日本、アメリカ、オーストラリアなど19か国2地域からなる協力体制。
ARF	ASEAN Regional Forum　アセアン地域フォーラム。東南アジア諸国連合（ASEAN）加盟国と日本・アメリカ・中国など26か国及びEUの外相による太平洋地域の安全保障問題に関する会合。
B/S	Balance Sheet　貸借対照表。決算時の会社の財産を表したもので、右側には集めてきたお金である「負債」と「純資産」が書かれ、左側にはその集めてきたお金の状態である「資産」が書かれる。

续表

ビジネス用語	説明
BPR	Business Process Re-engineering　企業活動や業務の流れを分析し、最適化すること。
BSI	Business Survey Index　景気動向指数。景気や業況の動きを捉えるための指数。景気動向指数や業況判断指数など。
BtoB	Business to Business 企業間の取引　製品メーカと商社の取引や、卸問屋と小売店の取引がBtoBに該当する。
BtoC	Business to Consumer　企業と消費者の取引、あるいは企業が個人向けに行う事業のこと。一般消費者向けの製品の製造・販売や、消費者向けサービスの提供、個人と金融機関の取引などがこれに含まれる。
BRICs	近年、世界平均を上回る高水準の経済成長を遂げているブラジル（Brazil）、インド（India）、中国（China）の頭文字を合わせたもの。sは複数形を表すが、南アフリカ（South Africa）をさす場合もある。
CEO	Chief Executive Officer 最高経営責任者。株主の委託を受けて経営上の意思決定を行う取締役会で選任され、企業の経営方針について最終責任を負う。
COO	Chief Operating Officer 最高執行責任者。CEO（最高経営責任者）が定めた経営方針や戦略に沿って企業の日常業務を執行する責任者。CEOに次ぐナンバーツーの存在。
CRM	Customer Relationship Management 顧客情報管理。企業の様々な部門がバラバラに持っている顧客情報を一元管理し、顧客一人一人のニーズに合ったきめ細かなサービスを提供する経営手法。顧客の満足度を高め、自社の製品やサービスを継続的に買ってくれる「お得意さん」を増やすことが目的。
CS	Customer Satisfaction　顧客満足度、消費者満足度。購入した商品に対する顧客の満足度を探る指標。企業の成長には欠かせない顧客の獲得に直結しているだけに、昨今、特に注目されている。
CSR	Corporate Social Responsibility　企業の社会的責任。環境報告書や持続可能性報告書の発行など、環境への配慮や社会的公正を取り入れ利害関係者への責任を果たす経営理念のこと。
EAP	Employee Assistance Program　従業員支援プログラム。具体的には、従業員の心の健康管理のこと。企業は従業員の心の健康に配慮することで、生産性を高め、企業利益につなげることができると考えられる。
EC	Electronic Commerce　電子商取引（Eコマース）インターネットなどのコンピュータネットワーク上での電子的な情報交換によって、商品やサービスを分配したり売買したりすること。店舗などのコストが節約でき、地理的に関係なく商売ができるというメリットがある。

续表

ビジネス用語	説明
ES	Employee Satisfaction 従業員満足度。従業員一人一人が、職場内に置いての環境や職種、責任など、あらゆる方面から、満足して仕事に携わることができているかどういう指標。
EOS	Electronic Ordering System 電子発注システム。企業が仕入元に対して、コンピュータと通信回線を介してオンラインで発注情報を伝達するシステム。
EU	European Union 欧州連合。加盟国の政治的・経済的統合を推進するヨーロッパの地域統合で、NAFTA（北米自由貿易協定）と並ぶ巨大経済圏をつくる。共通通貨は「ユーロ」。
FA	Factory Automation 工場活動の自動化。工場における生産工程の自動化を図るシステムのこと。 日本では実用化の初期にオートメと略称されていた。
FTA	Free Trade Agreement 自由貿易協定。二国間または地域内において貿易障壁や外資規制などを徹廃し、貿易や投資などを自由化することを目的とした協定。
GDP	Gross Domestic Product 国内総生産。国民総生産（GNP）から、「海外からの純所得」を引いたもの。国内で生産されたものの合計。国内の経済活動の水準を示す指標となる。
IMF	International Monetary Fund 国際通貨基金。国際収支の悪化に陥った加盟国に対して融資を行う国際機関。特定の条件ならびに、厳格な政策上の約束により融資を提供する。本部は米国のワシントンにある。
IOC	International Olympic Committee 国際オリンピック委員会
IPO	Initial Public Offering 新規株式公開（株式上場）企業が証券取引所に株式を新たに上場して、不特定多数の一般投資家が自由に売買できるようにすること。
IR	Investor relations 投資家向け広報活動。資金市場での評価を得るために、株主や投資家、アナリストなどを対象として発信する情報活動。前略的財務広報ともいう。
ISMS	Information Security Management System 情報セキュリティマネジメントシステム。情報の 機密性、完全性及び可用性をバランスよく維持・改善し、情報資産に対するリスクを適切に管理する組織的な取り組みのこと
ISO	International Organization for Standardization 工業製品の国際標準化機構。1947 年に設立され、スイス・ジュネーブに本部が置かれている。工業製品をはじめ、文字コード、通信規格、プログラミング言語、マネジメント手法に至るまで、幅広い活動範囲を持つ。
JIS	Japanese Industrial Standards 日本工業規格。工業標準化法に基づき、日本工業標準調査会の答申を受けて、主務大臣が制定する工業標準である。

续表

ビジネス用語	説明
JIT	Just in time　ジャスト・イン・タイム、トヨタ自動車が考案した看板方式。「必要なものを、必要な時に、必要なだけ」生産するという生産管理の手法。在庫を圧縮し、納期を短くする多種多様の少量生産と、コストダウンの実現を目指すもの。現在は物流や大規模小売店、コンピにエンスストアなどでも実践されている。
KGI	Key Goal Indicator 重要目標達成指標。重要な経営目標数値の達成をベンチマークするための指標のことで、「重要目標達成指標」と言われる ゴールとは、企業の経営目標を意味する。
KPI	Key Performance Indicator　重要業績評価指標。目標の達成度合いを計るために継続的に計測・監視される定量的な指標のこと。組織や個人が日々活動、業務を進めていくにあたり、「何を持って進捗とするのか」を定義するために用いられる尺度である。
LAN	Local Area Network　構内ネットワーク。限られた範囲内にあるコンピュータや通信機器、情報機器などをケーブルや無線電波などで接続し、相互にデータ通信できるようにしたネットワークのこと。
M&A	Mergers and Acquisition 企業の合弁&買収の総称。その手法としては、合併、株式の譲渡・取得、営業譲渡・譲受、株式移転・交換、会社分割などがある。
MRP	Material Requirements Planning 資材所要量計画。工場などで使われる生産管理手法の一つ、資材管理で生産を計画する手法のこと。
NGO	Non-Governmental Organization 非政府組織。人権・環境・文化等多分野において国際的な活動を行う非営利の民間国際協力機構。日本では、政府の代表ではない民間団体をさすときに使う。
NPO	Non-Profit Organization　非営利事業体。政府・自治体や私企業から離れた存在として、市民の支援を受けて社会的な公益活動を行う組織・団体、民間非営利組織。
ODA	Official Development Assistance 政府開発援助。贈与・借款・賠償などの資金援助と、技術援助などの形で、先進国の政府機関から、開発途上国や国際機関へと行われる。
OJT	On the Job Training　就業訓練を実務を通して行うこと。日常の仕事を通じて上司が部下を指導、教育していく、企業における教育法。教育はできるだけOJTで行われることが理想とされている。主に作業職についてについてなされるが、管理職や専門職にも適用可能。
OECD	Organization　for Economic　Co-operation and Development　経済協力開発機構。貿易・資本の自由化、経済政策の調整などを目的に発足した国際経済協力機構。アメリカ、日本など30か国で構成。

续表

ビジネス用語	説明
OPEC	Organization of the Petroleum Exporting Countries 石油輸出国機構。欧米の石油カルテルに対抗し、石油価格決定の主導権を握るべくアラブ首長国連邦など 11 か国が 1960 年に結成した組織。
P/L	Profit & Loss 損益計算書。会社が一定期間にどれだけ「収益」を上げたか、そのためにどれだけ「費用」が必要だったかを明記し、その期間の「純利益(赤字の場合は純損失)」を算出した計算書。
PL 法	製造物責任法。製造者の責任を定めた法律の一つ。製品の使用中に、消費者が生命、身体、または財産に損害を受けたとき、それが製品の欠陥によるものであったことを証明できれば、製造者の賠償を受けられるという法律。
PDCA	Plan Do Check Action 計画・実行・検証・改善の頭文字を取ったもの。4 つのステップを一つのプロセスとして継続していくことによって、さまざまな取り組みを改善していこうというもの。ビジネスや研究活動など様々な場面で活用されている。
QC	Quality Control 品質管理。品質とは、製品の内容の良し悪しの程度を意味するものだといえる。そして、それぞれの職場において、品質を適正に管理する自主的活動のことを QC 活動という。
R&D	Research and Development 研究・開発。自社の事業領域に関連する科学分野の研究や新技術の開発、既存技術の改良、新製品開発などを行う業務や部門を指す。 メーカーなどの研究所や製品開発部などがこれにあたる。
ROA	Return On Asset 総資産利益率。利益をどれだけ獲得したかを示す指標です。また、事業の効率性と収益性を同時に示す指標。
ROE	Return on Equity 自己資本利益率。収益性分析で用いられる株価指標の一つであって、株主資本(払込資本金と内部留保との和)に対する当期純利益の比率である。
SCM	Supply Chain Management 供給連鎖管理。物流システムをある 1 つの企業の内部に限定することなく、複数の企業間で統合的な物流システムを構築し、経営の成果を高めるためのマネジメント手法である。
SFA	Sales Force Automation 営業支援のための情報システム。企業の営業活動を支援し営業プロセス全体の効率化を図る手法、またそれを実現するツールの総称。
SWOT 分析	Strength Weakness Opportunity Threat 強み・弱み・機会・脅威の略語。周囲を取り巻く環境を「強み・弱み」といった内部環境と「機会・脅威」という外部環境の 2 軸に分解して分析する手法。企業の経営戦略を立案する際に使われる。
TOB	Take Over Bid 株式公開買い付け。企業の経営支配権の獲得や強化のために、不特定多数の株主に対して株式の価格や数などを公告し、証券市場の外で大量の株式を買い付けること。

续表

ビジネス用語	説明
TOPIX	Tokyo Stock Price Index 東証株価指数。第一部の市場の時価総額（全上場株をある日の終値で評価したもの）を用い、1968年1月4日を基準時に置き100として計算している。日経平均株価とならぶ重要な株価指数である。
TQC	Total quality control 総合的品質管理。研究、技術、生産、販売、流通など企業の一連の仕事全体の品質の管理を行うもの。品質管理とは、製品・商品などのみを対象としているのではなく、事務や販売などのサービスも対象としている。
TQM	Total quality management 総合的品質経営。製造現場による品質管理活動を指すQCや、そこに間接部門に加わり全社的に品質管理活動を展開するTQCなど現場サイドが自発的に進める品質管理の考え方に経営的視点をプラスし、トップダウンで全社に展開されるのが特徴。
URL	Uniform Resource Locator コンテンツがある場所の表記。インターネット上の情報資源の場所とその属性を指定する記述方式。情報資源の種類やアクセス方法、情報を提供するウェブサーバーの識別名、ファイルの所在を指定するパス名などで構成される。
VPN	Virtual Private Network 仮想専用ネットワーク。通信事業者の公衆回線を経由して構築された仮想的な組織内ネットワーク。また、そのようなネットワークを構築できる通信サービス。
WHO	World Health Organization 世界保健機関。保健事業に対する援助や伝染病対策といった保健衛生問題に、国際協力を持って取り組むよう設立された、国際連合の専門機関。
WTDC	World Telecommunication Development Conferences 世界電気通信開発会議。技術協力などを行い、開発途上国における電気通信技術の向上に努めるITU-Dの最高意思決定機構

五十音図順

ビジネス用語	説明
アイドマの法則	広告は、注目させ「Attention」、興味を持たせ「Interest」、欲しがらせ「Desire」、記憶させ「Memory」、買わせる「Action」ように働きかけると考える法則。
アイドルコスト	工場の操業率が低いとき、設備や労働力が生かされず遊休化するためにこうむる損失のこと。遊休費、不働費。同様に、労働力が空費されている時間をアイドルタイムという。
アセスメント	評価、査定。または事前評価。「環境アセスメント」と言えば、地域開発などが行われる場合、周囲の自然環境に及ぼすと思われる影響を、事前に測定評価することを意味する。

续表

ビジネス用語	説明
アルファブロガー	多くの読者を持つブログを運営している人。製品やサービスがアルファブロガーのブログで紹介されると、それだけで訴求力が高まる。そのため、マーケティング戦略の一つとして、アルファブロガーによる情報発信を狙う企業もある。
イニシャルコスト	初期費用、初期投資。技術開発費や機械・設備の購入費・取り付け費など、製品開発から製造開始までにかかる費用のこと。反対に、運用する費用のことをランニングコストという。
イノベーション	技術革新や経営革新。新しいアイデアによって、企業に新たな利潤をもたらすすべての変革を指す。単に記述革新を指すだけでなく、販売までの一連のプロセスの構築により、利益を生み出すかどうかといったことも含まれる。
インセンティブ	動機付け。具体的には、会社が従業員に対して、より多くの売り上げを達成するよう売上金額に応じて出す賞金や、消費者などに対して、多くの購入を促すために出すキャッシュバック・景品などを指す。政府などが出す補助金なども、これにあたる。
インフラ	インフラストレクチャーの略。社会的な基盤を築く上での“構造物”のこと。私たちが生活していく上での生活的基盤、社会的な資本（電力など）を含めたものすべてを指す。
インフレ	物価が継続的に上昇していくこと。この状態が続くと、人々は買い物に使ったほうがよいと貯蓄を控える。すると、金融機関は資金不足から企業への融資がしにくくなるため、企業は事業を縮小して余分な人員を整理する。結果として、失業者の増加を招いてしまう。
エージェント	代理人、代理店、取次業者などの意味を持つ言葉。代理人は、主に他人の代理をすることをサービス内容として利益を得る。代理店や取次業者は、主に商品に対する付加価値を生み出したり、物流などの後方支援をサービス内容として利益を得る。
オピニオンリーダー	社会や集団の意見を形成するうえで、大きな影響力を持っている人のこと。世論や特定の団体における倫理的な指導者のことも示し、世論形成者とも称される。
カルテル	企業連合。同一業種の企業間における自由競争を避けて利益を確保するため、価格・生産量・販売方法などについて協定を結ぶ連合形態。独占禁止法上は、原則として禁止。
議員特権	国会議員の職務遂行を保証する憲法上の特権。現行犯などの場合を除く会期中の不逮捕特権、議院での発言などに対する免責特権のほか歳費・文書通信交通費などの手当てがある。

续表

ビジネス用語	説明
企業再生	過剰な設備や債務を抱える企業を立て直すこと。1999年に産業再生法が施行され、その適用を受けると、企業再生のための税制支援措置、日本政策投資銀行からの低利融資などが適用される。
キャッシュフロー	一定期間内に企業が出し入れした資金の額。税引き後の利益から配当金と役員賞与を差し引いて減価償却費を加えた、企業の自己資金。経営状態の指標となる。
クライシスマネジメント	様々な災害などによる被害を最小限に止めるために行う対策のこと。通常のリスクマネジメントに含まれるが、一般的にリスクマネジメントは発生させないようにする予防と分析が中心であり、クライシスマネジメントは発生した場合の処理方法が中心となる。
グリーン・コンシューマリズム	消費者の立場から企業や政府に環境保全を訴える活動。もともとは、地球環境を破壊しない商品、環境保全に貢献している企業の製品を購買しようという運動。これに加え、企業や政府に環境保全を要求したり、リサイクルへの協力を呼び掛けたりする運動を指す。
景気動向指数	内閣府が発表する、景気指標となる指数。景気とほぼ同時に動く「一致指数」、先んじる「先行指数」、遅れる「遅行指数」があり、現状判断・予測・確認に役立つ。
コア・コンピタンス	他社に対して圧倒的な優位性を持つ。その企業ならではの技術やノウハウなどのこと。技術や商品開発能力だけでなく、販売までの流れをコントロールする物流管理能力や顧客の購買パンターンを効果的な営業に結び付けるマーケティング能力などもこれにあたる。
公定歩合	その国の中央銀行（日本銀行）が、民間の金融機関に貸し出しや手形割引を行うときに適用される基準金利。金融市場の通貨量や金利を調節する、最も機動的な手段とされる。
コーポレートガバナンス	企業統制。会社の経営が適正に行うように、監視・監督する仕組み。企業が経営破綻や不祥事を防ぐために、経営陣の独断的な経営を許さないようにする。具体的な方法としては、社外取締役の導入や執行役員制度の設置などがある。
コーチング	相手に質問するなどして、潜在能力を引き出し、目標に到達させる手法。指導する際に1から10まで説明して導くのではなく、本人の能力や問題の解決策を自主的に出すようにして、業務遂行できるよう「手伝い」をする。人材開発を進める技術として使われる。
個人情報保護法	個人情報やプライバシーを守ることを目的とした法律。2005年より施行。

续表

ビジネス用語	説明
コミットメント	責任を伴う約束。個人もしくは組織の目標を明確にコミットメントした際、達成できなければ、その責任を明らかにする。達成責任を伴う久目標を上げることで、個人や組織の意識に良い緊張感を生み出し、会社を活性化させることを狙うもの。
5S	整理・整頓・清掃・清潔・躾の頭文字を取って、5Sという。
コンピテンシー	高い成果を上げる社員の行動特性で、企業の人材評価の新しい基準になっている。部門やポストごとにできる社員のモデルを示し、社員の採用や幹部への登用の際に判断基準にする。これを導入することで、企業は人物を客観的に評価することができる。
コングロマリット	複合企業。自社とは業種の異なる企業を吸収合併して巨大化した、多角経営企業を指す。企業内に蓄積された経営資金の有効活用を目指して行われる場合が多い。
裁量労働制	業務遂行の方法や時間配分などについて、管理者が指示を出さずに担当者の裁量に委ねる就労形態を裁量労働という。その裁量労働を、一定の時間勤務したものとみなす制度。
シナジー効果	相乗効果。ある事業とある事業が、販売や製造などの会社の機能を共有することによって、それぞれ単独で事業を行うよりも経営効率が高まることを指す。例として、飲食店チェーンの食材の一括大量仕入れなどによるコスト削減などが挙げられる。
ジニ係数	所得や資産の分配の不平等度を測る指標の一つ。0～1の値をとり、1に近いほど不平等度が高いことを示す。日本では80年代ごろから緩やかな上昇傾向にある。
先物取引所	将来、一定期日に現品の受け渡しか決済かを行うことを約束した売買取引をするために開設された機関。日本では商品の種類によって法規制が異なるため、取引所も分かれている。
自己資本比率	銀行などの金融機関が保有する貸出残高や保有有価証券などに対する、資本金や引当金などの自己資本の比率。自己資本比率が高いほど、企業の経営状態が安全であるといえる。
純顧客価値	商品・サービスの購入により顧客が得られる金銭的・心理的価値から、支払いなどのコスト部分を差し引いてもまだ残る部分のこと。顧客は、通常、2つの商品がある場合、純顧客価値が大きい方を選択するとされている。
情報リテラシー	リテラシーとは、識字能力・読み書き能力のこと。コンピュータなど情報関連技術を習得し、情報化社会の中で積極的に多様な情報を収集処理し活用していくことができる能力。

续表

ビジネス用語	説明
ステークホルダー	株主・取引先・従業員・消費者など、企業に対して利害関係を持つ人や法人を意味する。広く企業を囲む地域社会までを含めて使われる場合が多く、企業の社会的責任（CSR）の考え方に導入されている。
スピンアウト	企業から一部の人材やビジネスアイデアを切り離し、別会社として独立させること。事業の継続や新規の事業化が困難である場合、撤退を避けてその事業を分離・独立して存続させる方法。これにより、事業発展の可能性を広げる。
政令指定都市	政令によって指定された人口50万人以上の都市。福祉・衛生・都市計画・国道や県道の管理など市民生活に直結する事務や権限が都道府県より委譲され、行政区も設けられる。
セーフガード	ある品の輸入量が自国の生産者に重大な損害を与えるほど急増した場合、生産者を保護するために、関税の引き上げや量の調整などによりその品の輸入を一時的に制限する措置。
ゼロ・エミッション	廃棄物を出さない社会を作っていこうという考え方。廃棄物の出ない材料を使って製品を作ったり、出してしまった廃棄物は再利用したりといった努力がされている。また、同時に廃棄物を出さない製造技術の開発も進められている。
ソーシャルネットワーク	人と人とのつながりを促進・サポートすることを目的として、コミュニケーションを円滑に運ぶための手段や場所を提供する、会員制のネットワークサービス。
ソリューション	「解決」という意味で、主にIT技術を応用して企業が抱える問題を解決、抜本的な効率化を図ることを指す。ソリューション営業という言葉もあり、これは顧客の抱える問題を解決するための商品やサービスを提供しようというもの。問題解決型営業ともいう。
第三セクター	国や自治体（第一セクター）と民間企業（第二セクター）が共同出資し設立する事業体、第一セクターが行うべき事業に、民間の資金と技術を投入するもの。
タスクフォース	ある課題を達成するために結成される組織のことをいい、緊急性の高い問題を処理する。プロジェクトチームと同義だが、こちらは長期にわたる大きなテーマを取り扱うもの。
ダンピング	ある商品を輸出する際に、国内における価格よりも安く取引することをいう。不当な低価格によって公正な競争を防げ、輸出国の同業者に損害を与えるものとされる。
知的財産権	人の知的・精神的活動の所産である創作物に対する権利。特許、実用新案、商標といった産業財産権や著作権、営業秘密・商号などに対する権利も含む。

续表

ビジネス用語	説明
地方自治体（地方公共団体）	一定の地域と住民を基礎として、住民の自治によりその地の行政を行う団体。都道府県や市町村などの普通地方公共団体のほか、特別区、財産区などの特別地方公共団体がある。
デフレ	物価が継続的に下がること。この状態が続くと、企業の収益は悪くなり、従業員の給料をカットするようになる。すると、人々は消費を控える傾向になり、企業の業績はますます悪化する、結果として、企業はコスト削減のために人員削減を行うことになってしまう。
ディスインフレ	景気循環の過程において、インフレーションを脱し、デフレーションになりつつある過程をいう。長短ともに金利は低下傾向となり、インフレ中よりも利益は上がりにくい。
ディスクロージャーシステム	企業内容開示制度。企業が株主や取引先、従業員などの利害関係者に、経営内容に関する情報を公開する制度。一般投資家の保護、株主への受託責任などを目的として行われる。
デジタルデバイド	コンピュータやインターネットなどのITを使いこなす者と、そうでない者との間に生じる待遇や機会、貧富の格差を示す。個人間だけでなく、国家や地域間にも当てはめられる。
ディベート	討論。あるテーマについて、異なる立場に分かれて討論する。オフィスでの研修方法の一つとして行うこともある。自分の意見をしっかり最後まで守ることが前提であり、途中で意見を変化させることがないのが、ディスカッションとの違い。
デューデリジェンス	資産評価手続き。物件や企業の買収を行う場合、その資価値や収益力、リスクを詳細に調査する。これにより、買収の意思決定や適正な買収価格の算定に役立てる。会計士、弁護士、金融機関の専門家などがチームを編成して行うことが多い。
7つのムダ	ムダを「付加価値を高めない各種現象や結果」と定義し、「作り過ぎのムダ」「手待ちのムダ」「運搬のムダ」「加工のムダ」「在庫のムダ」「動作のムダ」「不良を作るムダ」の7つのムダを削減するという考え方。より効率的な生産を目指す。
ナレッジ	特殊な経験を通じてのみ得ることができる専門的な知識。この個人が個別に持っている知識や経験に基づくノウハウなどを社内で共有し、より創造的な仕事につなげることやその仕組みのことをナレッジマネジメントという。
ニッチ戦略	マーケットにまだ他企業が参入していない、すきま（ニッチ　niche）的な新しいニーズを探し、特定市場でのリーダーとなるようなニュービジネスを目指す考えをいう。

续表

ビジネス用語	説明
パレートの法則	経済学者パレートが発見した法則で、80 対 20 の法則とも呼ばれる。全体の 20%が全体の 80%を独占するという意味で使われる。例えば、この法則によると、店頭の 2 割の売れ行き商品が、商品全体の売り上げの 8 割を占めているというように考えられる。
バーター取引	もともと、物々交換による取引のこと（人材やサービスも含む)。ビジネスシーンで、お客に何かを買ってもらう際に交換条件として、何かお客から買うなどの条件付けの取引についても言われる。支払いに充てる通貨を持たない場合に有効である。
ビジネスモデル	企業が行っている事業活動、もしくはこれからの事業構想を表現するモデルのこと。言い換えれば、「儲けを生み出すビジネスの仕組み」。仕組みの中でも特に独創的なものは「ビジネスモデル特許」として知的財産とすることもできる。
ヒューマン・アセスメント	企業が従業員に対いて職務の適正に対する事前査定、または能力や業績の測定を行うこと。研修の中で数種のエクササイズを課し、そのプロセスを観察することによって職務適正や管理能力を評価するここもある。
不良債権	金融機関が貸し出し・保有する債権のうち、元本や利息の回収が不能なもの、6 か月以上滞納しているもの、金利を減免しているものを指す。新規融資を抑制し、景気回復を防げると考えられる。
ファンド	投資信託。多数の人から資金を募り、それによって投資を行う集団投資の手法を指す。また、集めた資金を先物市場で運用する「商品ファンド」、集めた資金を不動産に投資する「不動産ファンド」などもある。
フィールドワーク	現地調査。実際に調査対象に見合った場所を訪れ、観察、聞き取り、アンケート調査、試資料の採取などを行い、文献からでは確認できない、現地ならではの調査に成果を求めるもの。
フレックスタイム制	自由勤務時間制。勤務時間数のみを定め、出退社時間は各自の自由とする勤務制度。必ず就労していなければならない時間帯「コアタイム」を設ける場合もある。
ブレイクスルー	本質的な課題を打ち破る革新的な解決策のこと。これを見出すには、ある課題の表面的な症状に振り回されるのではなく、そうした症状を引き起こしている真の原因を探り当てなければならない。そして、大胆な発想の転換を行う必要がある。
ブレインストーミング	会議の手法の一つ。会議参加者がそれぞれのアイディアを出し合うことにより、それぞれの連鎖反応や新発想の誘発を図ろうとする。参加人数は 5 ～ 10 人程度がよいとされる。ビジネス会話では「ブレスト」と呼ばれることもある。

续表

ビジネス用語	説明
フレームワーク	何かを考えるための枠組みのこと。例えば、SWOT 分析は戦略策定のフレームワークに当たる。何かを考える際のチェックリストとして利用できれば、大きな視点を見失わず、見落としを防ぎながら、効率よく分析や解決策の立案を行える。
フローチャート	仕事の手順や流れを図式化して説明する流れ図のこと。フローチャートは記号の意味や用法が統一してあり、それを見れば、だれでも同じように作業することができる。現状を可視化することで、問題を特定できるため、業務改善の検討にも有効である。
ベンチャーキャピタル	ベンチャービジネスを専門に相手をしている金融機関。実績が乏しく銀行がなかなか融資をしないベンチャービジネスを行っている企業の株を買うことで、資金提供をする。そして、ビジネスの成功によって価格が上昇した株を売るなどして利益を得る。
ペイオフ	預金保護。金融機関の破綻に際し、預金者に対して預金保険機構が代わりに払い戻しをする制度。1人当たりの預金保護限度は、元本1千万円とその利息までとされている。
ホットスポット	ホテル、レストラン、カフェ、ガソリンスタンドや駅、空港などの公共スペースにインターネットのアクセスポイントを設置し、無線接続サービスを利用できるようにした場合。
マネーサプライ	金融機関を除く、企業や個人などによって保有される通貨の総量のこと。通貨の流通量は、多過ぎても少なすぎてもインフレなどの問題の原因となってしまう。そのため、日本銀行はマネーサプライを常に把握し、管理する必要がある。
マネーロンダリング	不正な取引や犯罪によって得た資金を、多数の金融機関の口座を転々と移動させるなどして、資金の出所や受益者が分からなくなるように画策すること。資金洗浄と訳される。
見える化	問題点が常に"見える"ようにすること。多くの部門で取り入れられている考え方。問題が発生しても、すぐに解決できる環境を実現すると同時に、ビジネスの現場を問題が発生しにくい環境に変えるための、組織内の体質改善や業務改革の取り組み全般を指す。
持ち株会社	他社の株を持つことで、経営を支配することを事業にする会社。近年では、親会社が持ち株会社となり、その傘下に事業分野別の子会社が連なるタイプの企業グループ全体の経営を監視することに専念できるという利点がある。
モラルハザード	もともとは保険業界の用語で、危機に対する補償が、かえって危険回避を防げてしまう状況のこと。例えば、危機におけるセーフティーネットの存在によって、銀行の経営者やその関係者が、危機管理を怠りがちになるという問題などがこれに当たる。

续表

ビジネス用語	説明
メガバンク	大規模な統合や合併によって生まれた巨大銀行グループのこと。「三菱UFJファイナンシャル・グループ」「みずほフィナンシャルグループ」「三井住友フィナンシャルグループ」などがある。
リコール	設計・製造上の過ちなどによる製品欠陥があることが判明した場合、製造者などが公表して、製品を無料で回収、修理すること。自動車の場合、生産者が運輸省に届け出て、消費者に製品の回収を伝える。
リスクマネジメント	危機管理のこと。企業は災害やテロ、相場の変動など無数のリスクを抱えている。そのリスクについて統計学の手法を使って、発生の確立と被害額を計算して数値化し、リスクを回避する保険などのコストを考慮したうえで、リスクをコントロールする。
ルーチン	決まりきった手続きや手順のことで、ルーチンワークとは、日常的に決まっている作業・業務のことを言う。管理者には①ルーチンワークを標準化する、②ルーチンワークを改善する、③ルーチンワークと業務改革とのバランスを考えることが求められる。
連結決算	親会社と子会社、関連会社の決算を合算して、グループ全体を一つの会社と見なして決算を行うこと。これを行うことで、1社だけの決算である単独決算では分からないグループ全体としての経営状況が明らかになるというメリットがある。
ユビキタス	「いつでもどこでも」を意味するラテン語。インターネットなどの情報ネットワークに、時間や場所を問わずにアクセスできる環境をいう。パソコンの常時接続や携帯情報端末もその一環。
ワークシェアリング	雇用対策として、1人当たりの労働時間を減らし、仕事や賃金を多くの人で分け合うこと。不況時に一時的に行う「緊急対応策」、雇用形態を増やす「多様就業対応型」などがある。

4. 中日词汇 / 词组对照表

中	日	页	中	日	页
行动力	アクション・行動力	003	安全需求	安全欲求	008
思考力	シンキング・思考力	003	生理性需求	生理的欲求	008
合作力	取り組む力	003	角色意识	役割意識	008
主体性	主体性	003	年功序列制	年功序列制度	009
调动力	働きかけ力	003	终身雇佣制	終身雇用制度	009
执行力	実行力	003	企业工会	労働組合	009
问题意识	問題発見力	003	感觉	センス	010
规划力	計画力	003	权衡	バランス	010
创造力	創造力	003	自我勉励	自分を奮い立たせる	013
沟通力	発信力	003	杂事	雑用	016
倾听力	傾聴力	003	工作热情高涨	モチベーションが上がる	016
理解力	理解力	003	晋升	昇進・昇格	016
灵活性	柔軟性	003	会计	日本式簿記	017
规律性	規律性	003	定价	販売価格	017
控压力	状況把握力	003	原价	仕入れ値	017
业务操行能力	テクノロジー・スキル	005	毛利润	粗利益	017
人际关系能力	ヒューマン・スキル	005	损益计算表	損益計算書	018
概念化能力	コンセプト・スキル	005	借贷对照表	貸借対照表	018
经营层	トップマネジメント	005	经营指标	経営指標	018
监管层	ローマネジメント	005	平均购买金额	平均購入金額	018
中间管理层	ミドルマネジメント	006	咨询件数	問い合わせ件数	018
自我实现需求	自己実現欲求	008	数据分析	データ解析	018
尊严需求	尊厳欲求	008	数值预测	数値予測	018
社会性需求	社会的欲求	008	数字魔术	数字のマジック	018

续表

中	日	页	中	日	页
乘法	掛け算	018	希望成为的人	目指す人物像	033
除法	割り算	018	发牢骚	愚痴を言う	033
归纳同类数据	同類の数字のグループ化	018	电话应对得体	電話の対応が丁寧	033
数字图表化	数字のグラフ化	018	态度温和	物腰が柔らかい	033
截止时限	締め切り	022	提高技能	スキルアップ	034
日式记事本	手帳	022	资格认证（企业）	認定資格	034
Excel 格式	フォーマットエクセル	024	官方认证	公的資格	034
确认邮件	メールチェック	026	笔记训练法	メモトレーニング	036
浪费	無駄	026	定位	位置づけ	037
制作报价单	見積書作成	026	股份公司	株式会社	037
收集信息	情報収集	026	合同公司	合同会社	037
碰头 / 事前准备	打ち合わせ	026	合资公司	合資会社	037
到家	帰宅	026	合股公司	合名会社	037
健康管理	体調管理	027	私营企业	私企業	037
焦虑	イライラが募り	027	法人企业	法人企業	037
疲劳	疲怠感	027	个人企业	個人企業	038
食欲不振	食欲不振	027	生鲜店	魚屋さん	038
汇报	報告	028	国营企业	国営企業	038
联系	連絡	028	公共企事业	公的企業	038
商讨	相談	028	邮政	郵便事業	038
假装思考	考えているふりをする	029	公库	公庫	038
客户	取引先	030	住宅金融贷款机构	住宅金融公庫	038
换位思考	「あの人なら」と考える	030	公团	公団	038
逆向思维	逆転の発想	031	住宅和城市建设公团	住宅公団	038
擅长的事情	得意なこと	032	地方公营企事业	地公営企業	038

续表

中	日	页	中	日	页
公立医院	公立病院	038	财会部门	経理部門	041
公司上市机制	株式上場の仕組み	038	总务部门	総務部門	041
证券交易所	証券取引所	038	后勤 / 调度	庶務・用度	041
股票上市	株式上場	038	秘书 / 文职	秘書・文書	041
融资	資金調達	038	矩阵组织	マトリックス組織	041
买家	買い手	038	项目	プロジェクト	041
出资	出資	038	负责人	担当	042
股东	株主	038	公司债券	社債	044
股东大会	株式総会	039	销售额	売上	044
股息	配当	039	利润	利益	044
董事会	取締役会	039	成本	コスト	044
总监会	監査役会	039	劳务费	人件費	045
董事长	代表取締役	039	所必需费用	必要な経費	045
章程的变更	定款の変更	040	产量	製造量	045
合并与解散	合併と解散	040	资材	機械や設備	045
任命与解任	選任と解任	040	工资	給与	045
审批	承認	040	销售量	販売量	045
会计监察	会計監査	040	餐饮费	飲食代	045
业务监察	業務監査	040	结算	決算	046
任职的监督	職務執行の監督	040	结算报表	決算書	046
产品部门	ライン部門	041	资产负债表	貸借対照表	046
生产部门	生産部門	041	利润表	損益計算書	046
质量检查与管理	品質管理・検査	041	流动资金表	キャッシュフロー計算書	046
销售	販売	041	记账	帳簿記入	046
事务部门	スタッフ部門	041	报表	報告書	046

续表

中	日	页	中	日	页
工资明细	給与明細書	047	支出金额	支給額	048
出勤栏	勤怠欄	047	扣除合计	控除合計	048
支出栏	支給欄	047	剩余支出金额	差し引き支給額	048
扣除栏	控除欄	047	休假	休暇	049
基本工资	基本給	047	法定休假	法定休暇	049
补贴	手当て	047	法定外休假	法定外休暇	049
住房补贴	住宅手当	047	年度带薪休假	年度有給休暇	049
家庭成员补	家族手当	047	护理休假	介護休業	049
交通补贴	通勤手当	047	产假	育児休業	049
出勤情况	勤務状況	048	暑假	夏季休暇	049
职务补贴	役職手当	048	婚丧休假	慶弔休暇	049
资格补贴	資格手当て	048	征收	徴収	049
超工作时补贴	時間外勤務手当て	048	提振休假	リフレッシュ休暇	049
深夜工作补贴	深夜勤務手当て	048	征收所得税	源泉徴収	049
节假日工作补贴	休日出勤手当て	048	预缴	仮納付	049
规定内工资	所定内賃金	048	职工灾害补偿保险	労働者災害補償保険	050
扣除	差し引く	048	国民养老金	国民年金	050
健康保险	健康保険	048	互助养老金	共済年金	050
养老保险	厚生年金保険	048	自主营业者	自営業者	051
劳动保险	雇用保険	048	公务员	公務員	051
所得税	所得税	048	被抚养配偶	被扶養配偶者	051
居民税	住民税	048	投接球	キャッチボール	055
财产积累储蓄	財形貯蓄	048	言语沟通	言語コミュニケーション	056
宿舍费	社宅費	048	非言语沟通	非言語コミュニケーション	056
集体生命保险	団体生命保険	048	顾客至上	顧客ロイヤル	058

续表

中	日	页	中	日	页
仪表仪态	身だしなみ	060	引导话题	話を引き出す	076
自查表	チェックリスト	061	打断谈话	話を途中を遮る	076
公司徽章	社章	061	草率	投げやりな	076
月票	定期入れ	061	学生气十足的	学生気分な	076
名片夹	名刺入れ	061	拖沓啰嗦的	うるさくに繰り返す	076
制服	制服・ユニフォーム	061	缺乏活力的	やる気がない	076
眼影	アイシャドウ	061	轻视的	小馬鹿にする	076
假睫毛	つけまつ毛	061	宣传	キャンペン	077
指甲油	マニキュア	061	直接前往客户处	直行	081
保养	手入れ	061	直接回家	直帰	081
托着腮帮	頬杖をつく	062	电话铃声三响	3 コール	085
两臂交叉在胸前	腕組する	062	接听电话	電話の取り方	085
跷二郎腿坐	脚を組んで座る	062	打错电话	間違い電話	086
大叉腿坐	大股で座る	062	紧急来电	緊急電話	086
笔谈	筆談	062	不挂断	保留にする	086
弓着背	背筋が伸びていない	062	挂断电话	電話を切る	086
点头礼	会釈	063	推销电话	セール電話	087
普通礼	敬礼	063	索赔电话	クレーム電話	087
尊敬礼	最敬礼	063	重复	復唱	087
刺耳	耳障り	071	代传电话	取り次ぐ	088
注视对方的眼睛	アイコンタクト	074	总机	代表番号	090
反应	リアクション	075	直拨	直通番号	090
点头示意	うなづく	075	早会	朝礼	091
确认	確認する	075	重拨	掛け直す	091
随声应答	相槌を打つ	075	拨打方	かける側	091

续表

中	日	页	中	日	页
接听方	受ける側	091	个人信息	個人情報	115
缓冲语句	クッション表現	092	未发布	未発表	115
紧急情况	緊急の件	094	谣言	噂話	115
电话留言	留守電にメッセージを残す	094	牢骚	愚痴	115
提问	質問する	096	被追问不止	しつこく聞かれる	116
委托	依頼する	098	干脆的态度	きっぱりとした態度	116
交货期	納期	098	发表	プレゼンテーション	116
起头	前置き	098	预演	シミュレーション	116
结束语	締めの言葉	099	手势或姿势	ジェスチャー	117
主张	主張する・自分の意見を通す	099	洽谈	商談	118
			闲聊	雑談	118
佐证	裏付け	099	暖场	ウオーミングアップ	118
总结	まとめ	099	交谈	話し合い	119
指导	指導する	102	有诚意	誠意を持つ	120
安慰说法	慰め方	106	不卑躬屈膝	卑屈にならない	121
批评之后的安慰	叱った後のフォロー	106	不妄自尊大	横柄にならない	121
情绪低落	落ち込む	106	言行自相矛盾	言っていることが矛盾している	121
感谢与致歉	お礼とお詫び	111	任性	自分勝手	121
辞职当日	退職日	111	咄咄逼人	威圧	121
预约客户	アポイントを取る	112	易怒易爆	怒りっぽい	121
紧急联系方式	緊急連絡先	112	胶着状态	こう着状態	123
同行人	同行者	112	拒绝邀请	誘いを断る	124
拜访客户	取引先へ訪問する	113	想尽快结束话题	早く切り上げたい	124
前台／接待处	受け付け	113	暂时离席	席を中座する	124
交换名片	名刺交換	114	后续电话	フォローアップの電話	125
企业秘密	企業秘密	115			

续表

中	日	页
酒店・茶室	ラウンジ・ティールーム	127
门槛	敷居	127
个人住宅	個人住宅	127
打圆场	上手なかわし方	128
模糊问题	質問をうやむやにする	128
道歉	謝る・謝罪する・お詫びする	130
失误	ミス	132
辩解	弁解する	132
修补失误	ミスを取り戻す	132
修缮关系	関係を修復する	133
反驳	反論する	133
误解	誤解される・意見を取り間違えられる	133
拒绝	断る	134
私人性邀请	プライベートな誘い	135
酒会	飲み会	135
馈赠	贈り物	136
委托	頼む	136
催促	督促	137
过程性汇报	中間報告	137
工作进度	進捗状況	137
回款	請求する	139
压价	値切る	139
缴集会费	会費を集める	139
不满	苦情を言う	139
订单	注文	140
请假	休みを取る	140
带薪休假	有給休暇	140
指出	指摘する	142
性骚扰	セクシャルハラスメント	144
欺凌	パワーハラスメント	145
请示书	稟議書	147
报告书	報告書	147
联络书	連絡書	147
申报书	届書	147
纪要	議事録	147
提案书	提案書	147
咨询函	照会状	147
寄送件	送付状	147
合同书	契約書	147
企划书	企画書	147
报价单	見積書	147
收货单	納品書	147
账单	請求書	147
收据	領収書	147
催促单	督促状	147
道歉信	謝罪文書	147
问候信	挨拶状	147
喜（庆）事通知	祝い状	147
介绍信	紹介状	147

续表

中	日	页	中	日	页
邀请函	招待状	147	按钮控盘	操作盤	174
感谢信	礼状	147	送客	見送り	175
开头语	頭語	150	5点之后的聚会	アフター5	182
结束语	結語	150	联谊会	懇親会	188
问安寒暄	安否のあいさつ	151	商务派对	ビズネスパーティ	189
正文的结束	主文の結び	152	立餐酒会	立食パーティー	190
末文	末文	153	婚礼	結婚式	192
商务信函	ビジネスレター	155	双斜线	斜めの二重線	193
折叠方法	折り方	156	双竖线	縦の二重線	193
装入信封的方法	入れ方	157	普通服装	平服	193
明信片	ハガキ	157	简易礼服	略礼服	193
正面	表	157	红包	祝儀袋	193
背面	裏	157	婚宴	披露宴	194
插图	イラスト	159	葬礼	葬式	195
图标	フローチャート	159	白事	弔事	195
接待客人的方式	接し方	171	佛教式	仏式	195
普通客人	一般客	172	神教式	神式	195
熟客	常連客	172	基督教式	キリスト式	195
指定人	指名者	172	奠仪	香典	196
礼节性拜访	礼儀的訪問	172	小绸巾	ふくさ	196
会客室	応接室	173	讣告	訃報	198
向内推门	内開き	173	溘逝	急逝	198
向外拉门	外開き	173	久病缠身	長患い	198
电梯	エレベーター	174	吊唁用语	悔み言葉	198
扶梯	エスカレーター	174	餐桌礼仪	テーブルマナー	199

续表

中	日	页	中	日	页
迷筷	迷いばし	200	前菜	オードブル	202
泪筷	涙ばし	200	主客	主客	202
刺筷	刺しばし	200	转盘	回転台	202
舔筷	ねぶりばし	200	取餐盘	取り皿	202
探筷	さぐりばし	200	壁龛	床の間	203
就餐礼仪	食べ方のマナー	200	送礼	贈り物をする	204
就座礼仪	席次マナー	201	还礼	答礼する・返礼する	204
餐巾	ナプキン	201	暑期问候	暑中見舞い	204
刀和叉	ナイフとフォーク	201	探病	お見舞い	205
中途离席	中座する	202			

参考文献

[1]青塚純子等．ビジネス／マナー&エチケット [M]．東京：一橋出版株式会社，1999.

[2]池上彰．会社のこと よくわからないまま社会人になった人へ [M]．東京：海滝社，2005.

[3]泉正人．あなたの財布には穴があいていませんか [M]．東京：PHP 研究所，2010.

[4]尾形圭子．場面別電話の正しい受け方・かけ方 [M]．東京：大和出版，2006.

[5]尾形圭子．敬語トレーニングビジネスマナー編 [M]．東京：PHP 研究所，2007.

[6]尾形圭子．ビズネスマナー社会常識の正解 [M]．東京：サンクチュアリ出版，2015.

[7]尾形圭子．冠婚葬祭ことばのマナー [M]．東京：PHP 研究所，2008.

[8]唐沢明．敬語すらすら book[M]．東京：成甲書房，2003.

[9]唐沢明．敬語これだけ book[M]．東京：成甲書房，2004.

[10]小口忠彦訳．人間性の心理学—モチベーションとパーソナリティ [M]．東京：産能大出版部，1971.

[11]坂田岳史．イラスト図解　会社のしくみ [M]．東京：日本実業出版社，2007.

[12]篠田弥寿子．冠婚葬祭常識辞典 [M]．東京：きょうせい株式会社，2003.

[13]下條一郎．仕事の基本 正しいビジネスメールの書き方 [M]．東京：日本能率协会，2012.

[14]下條一郎．仕事の基本 正しいビジネス文書の書き方 [M]．東京：日本能率协会，2012.

[15]下條一郎．仕事の基本 正しい報告書・レポートの書き方 [M]．東京：日本能率协会，2012.

[16]鈴木孝夫．ことばと文化 [M]．東京：岩波書店，1973.

[17]古谷治子，「仕事の基本」が身につく本 [M]．東京：かんき出版，2001.

[18]土居健郎．表と裏 [M]．東京：弘文堂，1985.

[19]中根千枝．タテ社会の人間関係——単一社会の理論 [M]．東京：講談社，1967. マズロー著，

[20]松田修一．会社のしくみ [M]．東京：日本実業出版社，1992.

[21]弘兼憲史、前田信弘，知識ゼロからの会社の数字入門 [M]．東京：幻冬舎 2009.

[22]山崎政志監修．ビジネス文書の書き方とマナー [M]．東京：高橋書店，2007.

[23]马斯洛著．动机与人格 [M]．许金声，等译．北京：中国人民大学出版社，2013.

[24]宁德辉等编译．文书信大全 [M]．北京：湖南科技技术出版社，1988.

[25]http://www.meti.go.jp/policy/kisoryoku/aboutNouryokunozentaizou.pdf. 下载时间 2018-6-5.

[26]http://pmstyle.biz/column/pmstyle/pmstyle80.htm. 下载时间 2018-6-5.

[27]http://syokubapress.com/freshmaneducation. 下载时间 2017-08-22.

[28]https://cktt.jp/78134. 下载时间 2017-9-11.

[29]https://mannernoiroha.com/ojigi. 下载时间 2017-9-11.

[30]https://biz-note.jp/outside-document. 下载时间 2018-3-16.

[31]https://www.letter110.net/orikata/2017-11-26.

[32]https://tap-biz.jp/lifestyle/letter/1026765.

[33]https://later-life.jp/funeral/funeral-basics/1072282. 下载时间 2018-12-23.